Lipp · 100 Tipps für Training und Seminar

Ulrich Lipp

100 Tipps für Training und Seminar

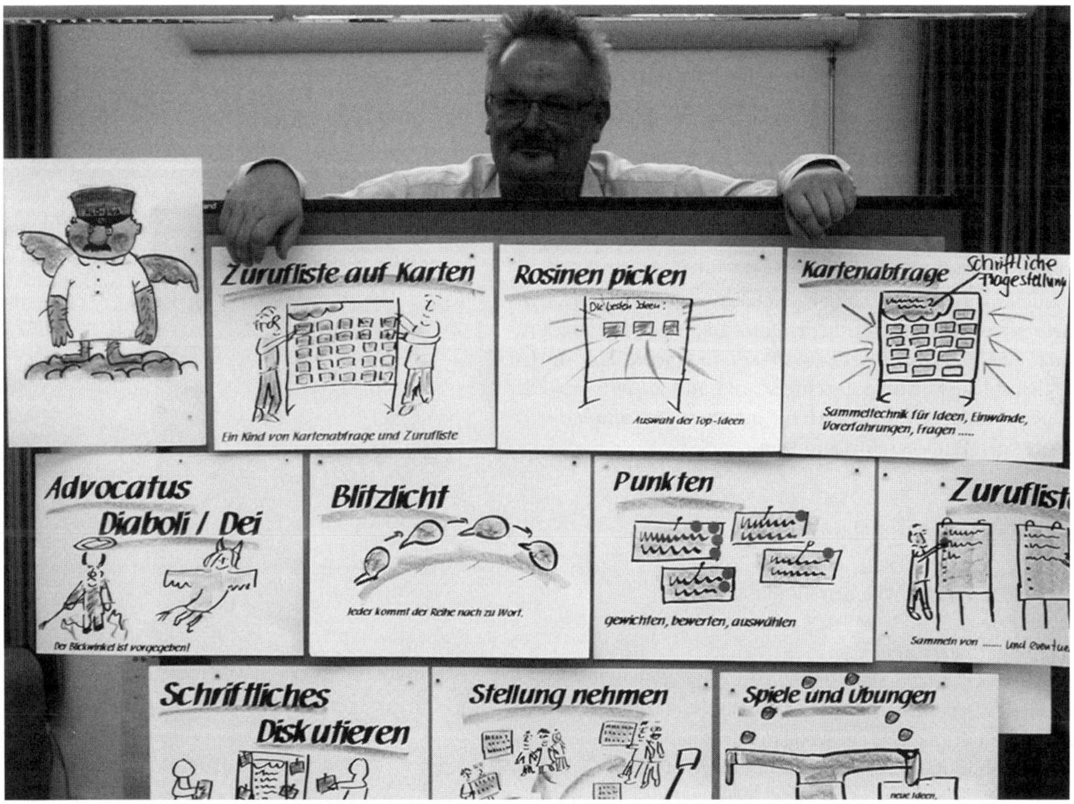

Beltz Verlag · Weinheim und Basel

Über den Autor:
Ulrich Lipp, Jg. 1953, Pädagoge, arbeitet seit vielen Jahren erfolgreich als Trainer, Moderator und Berater für Industrieunternehmen, Management-institute und verschiedene Bildungseinrichtungen.

Kontakt:
Geigenkofen 11, 94419 Reisbach
lipp@wup.info oder Lipp-Reisbach@t-online.de

Jokers Sonderausgabe

Lektorat: Ingeborg Sachsenmeier

www.beltz.de
Herstellung: Klaus Kaltenberg
Satz: Beltz Bad Langensalza GmbH, Bad Langensalza
Druck: Beltz Druckpartner GmbH & Co. KG, Hemsbach
Umschlaggestaltung: glas ag, Seeheim-Jugenheim
Umschlagabbildung: PantherMedia GmbH, München
Zeichnungen: Lena Lipp, info@LenaLipp.com
Printed in Germany

ISBN 978-3-86800-503-5

Inhaltsverzeichnis

Vorbereitung und Planung

Methoden

Medien

Seminarschluss und danach

Trainings im Ausland

Tipp-Fundgrube

Vorwort

Entstanden sind diese Tipps aus Notizen im Training, Gedanken im Zugabteil auf dem Nachhauseweg, aus Gesprächen mit Kolleginnen und Kollegen, aus Eingebungen auf der Gartenbank.

Deshalb erheben die Tipps keinen Anspruch auf Vollständigkeit und bauen auch nicht aufeinander auf. Jedes Kapitel ist für sich abgeschlossen. Im Buch sind die Tipps lediglich grob in zehn Bereiche geordnet.

Sie können das Buch aufschlagen, wo Sie wollen, und zu lesen beginnen. Es ist als Fundgrube gedacht mit Erfahrungen aus vielen, vielen Jahren Training und Seminar.

Natürlich taucht auch bei mir die Frage nach einer Klammer auf, die die Tipps verbindet. Meine Antwort ist das Motto meiner Trainingsarbeit:

- Teilnehmer sollen effektiv lernen, und das tun sie am besten, wenn Seminare und Trainings so nahe wie möglich an ihrer Praxis sind. Das bedeutet auf keinen Fall einen Verzicht auf Theorie und wissenschaftliche Fundierung. Im Gegenteil, sie sind Voraussetzungen.
- Lernen auf der Teilnehmerseite und Lehren auf der Trainerseite dürfen und sollen Spaß machen. Ohne Humor und Freude kann ich mir Training nicht vorstellen.

Wer die Tipps zählen will, findet mehr als 100. Der Umfang ist sehr unterschiedlich. Für manchen Tipp brauchte ich zwei Sätze, für andere reichten zwei Seiten nicht. Das liegt in der Natur der Sache.

Ein Trainer ist immer auch Jäger und Sammler. Natürlich sind nicht alle Tipps und Einfälle nur von mir. Ich freue mich, dass so viele Menschen an diesem Buch mitgearbeitet haben. Deshalb hier ein dickes Dankeschön an alle Teilnehmerinnen und Teilnehmer, Auftraggeber, Kolleginnen und Kollegen für die vielen Anregungen und Beiträge, ohne die diese Sammlung nie entstanden wäre.

Ulrich Lipp

Grundlagen

Seminar, Training, Schulung ... – Alles dasselbe?

Als meine Tochter Lena in der zweiten Klasse der Grundschule gefragt wurde, was denn eigentlich ihr Papa beruflich so macht, antwortete sie im Brustton der Überzeugung: »Mein Papa ist Lehrer für große Leute, die in der Schule nicht aufgepasst haben.«

Schön wäre es, wenn die Trainerarbeit so einfach zu definieren wäre. Es gibt allein schon für unseren Beruf die verschiedensten Bezeichnungen: Trainer, Dozent, Schulungsleiter, Referent, Seminarleiter. Noch komplizierter wird es, wenn man die verschiedenen Begriffe für die Veranstaltungen vergleicht, in denen wir tätig werden.

Die einfache Erklärung: Viele Begriffe für das Gleiche!

Seminare, Trainings, Schulungen, Kurse, Fortbildungen, Lehrgänge, Unterweisungen, Einweisungen ... sind Synonyme für Veranstaltungen, in denen Erwachsene unterrichtet werden.

Begriffliche Unterscheidungen bei genauer Betrachtung

Nur wer sie ganz genau betrachtet, findet Unterschiede zwischen diesen Begriffen. Oft sind das allerdings nur Nuancen.

- *Seminar:* Obwohl das Wort von der lateinischen Bezeichnung von Baumschule herstammt, ist meist theoretisch-wissenschaftliches Arbeiten wie an den Universitäten unter der Leitung eines Dozenten gemeint. Seminare gibt es nicht nur in der Weiterbildung, sondern als feste Institution auch in der Ausbildung von Priestern und Lehrern.
- *Training:* Ein international gebräuchlicher Begriff, der hierzulande von Leuten anstelle von »Seminar« verwendet wird, denen dieser Begriff zu altbacken klingt. Training lässt zudem auf Übungsphasen hoffen, durch die Teilnehmer im betreffenden Thema »fitter« werden. Das muss aber nicht sein. Wieder ein Begriff, der von anderen Lebenswelten (Sport) mitbesetzt ist.
- *Lehrgang:* Der Teilnehmer muss hier etwas Zeit mitbringen. Es gibt zwar Lehrgänge, die nur aus einem Termin bestehen, meistens umfasst ein Lehrgang aber mehrere Module über einen längeren Zeitraum.
- *Weiterbildung oder Fortbildung:* Diese Begriffe stammen vom Deutschen Bildungsrat und bezeichnen das Lernen sowie Bildungsmaßnahmen nach der schulischen, universitären oder betrieblichen Ausbildung. Die Lerninhalte beziehen sich dabei in der Regel auf berufliche Kenntnisse und Fertigkeiten.

Minimale Unterschiede

- *Schulung:* Das ist ein etwas antiquierter Begriff für eine Veranstaltung, in der vor allem neues Wissen weitergegeben wird. Man assoziiert mit diesem Begriff schnell Frontalunterricht. Neue Software wird zum Beispiel geschult und der Umgang mit einem neuen Verfahren oder einer neuen Maschine. Bei Themen wie Teamentwicklung oder Führung würde niemand von Schulung sprechen.
- *Kurs:* Der Begriff steht häufig in Verbindung mit dem Inhalt: Bei Radio Bremen gibt es einen Plattdeutschkurs. Ich habe sowohl im PowerPoint-Kurs als auch im Baumschnitt-Kurs viel gelernt. In Kursen wird der Praxisbezug großgeschrieben.
- *Unterweisung:* Hier geht es um eine meist gesetzlich vorgeschriebene Bildungsmaßnahme. So gibt es beispielsweise die notwendige Unterweisung bezüglich des allgemeinen Gleichbehandlungsgesetzes oder die Fluchtwege im Brandfall.
- *Einweisung:* Dieser Unterricht braucht meistens weder Seminarraum, noch Pinnwand. Da geht es um die Bedienung einer neuen Maschine, die vor Ort erklärt wird. Einweisung heißt oft die Einführung eines neuen Mitarbeiters durch einen Kollegen.

Abgrenzungen

Die acht Begriffe von Seminar bis Einweisung unterscheiden sich minimal. Anders ist das mit den Bezeichnungen Workshop, Präsentation, Vortrag.

Workshops ohne Lernziele

- *Workshop:* Ein Workshop ist ein Arbeitstreffen, bei dem Betroffene oder Experten im Team meist unter der Leitung eines Moderators eine Aufgabe bewältigen oder ein Problem lösen (s. Lipp/Will [8]2008). Workshops sind im Kern keine Lehrveranstaltungen, und daher gibt es dabei keine Lernziele sondern »nur« Arbeitsziele.
  In der Praxis wird der Begriff Workshop gerne verwendet, wenn eine großes Plenum etwa bei einer Tagung oder einer Konferenz in Kleingruppen aufgeteilt wird und man den Begriff Arbeitsgruppe vermeiden will. Es kann schon mal passieren, dass man dann in einem 60-Minuten Workshop einen Vortrag hört, ohne irgendwie aktiv zu werden. Leider!
- *Präsentation und Vortrag* sind einerseits Unterrichtsmethoden, bei denen Wissen hauptsächlich frontal und in Einweg-Kommunikation (aber hoffentlich nicht nur) vermittelt wird. Andererseits können das ganz eigenständige Veranstaltungen sein, bei denen man zu Recht erwarten darf, eine begrenzte Zeit zuhören zu dürfen, ohne selbst aktiv zu werden.

Das ist bei Weitem noch nicht alles. Trainer sind ein kreatives Volk. So entstehen laufend neue Begriffe: Lern-Events, World-Café, Action-Learning, Learnshop und vieles mehr.

Was heißt das für uns Praktiker?

Keine falschen Erwartungen!

Aufpassen sollten wir nur, dass wir durch die Wahl des Begriffs für unsere Veranstaltung keine falschen Assoziationen und Erwartungen wecken. In der Ankündigung und Einladung legen wir ohnehin weniger Wert auf die Worthülse, sondern informieren die Teilnehmer mit ein paar Sätzen über Inhalt und Arbeitsweise.

Fünf Basics beim Erwachsenenlernen

Auf der Wunschliste pädagogisch und psychologisch »unvorbelasteter« Fachleute, die ich auf Trainer- und Dozentenaufgaben vorbereiten soll, steht ein Punkt regelmäßig ganz oben: Grundlagen des Lehrens und Lernens bei Erwachsenen. Ich beschränke mich auf folgende fünf Grundregeln für den Erwachsenenunterricht.

Konsequente Visualisierung aller Inhalte: Von allen Informationen, die wir nur mit Sprache vermitteln, geht der Großteil verloren. Weniger als ein Viertel von allen nur erzählten Lerninhalten wird im Gedächtnis gespeichert. Wenn wir das Auge als zweiten Eingangskanal nutzen, wird die Ausbeute deutlich höher, auch wenn immer noch weniger als die Hälfte ankommt. Deshalb die erste Grundregel: Nutzen Sie Medien! Die Teilnehmer müssen das, was Sie sagen, auch in irgendeiner Form sehen können.

Für die sehr kurze Halbwertszeit rein mündlicher Informationen gibt es in vielen Kulturen Sprichwörter. In Deutschland sagt man: Ein Bild sagt mehr als tausend Worte. In Vietnam heißt das: Einmal gesehen ist besser als 100-mal gehört.

Aktivierung der Teilnehmer: Das vietnamesische Sprichwort geht noch weiter: Einmal gesehen ist besser als 100-mal gehört. Einmal getan ist besser als 100-mal gesehen. Das verweist auf die Königswege des Lernens: Lerninhalte selbst aktiv erarbeiten oder Gelerntes sofort aktiv anwenden.

Aktivierung der Teilnehmer als Grundregel für die Trainings und Seminare fängt aber schon weit vor diesem ganz praktischen Lernen an. Der gute Trainer nutzt jede Chance, um die Teilnehmer aus der Passivität herauszureißen. Er weiß: Teilnehmer, die aktiv mitarbeiten, sind konzentrierter »bei der Sache«. Sie lernen besser als die, die sich zurücklehnen und sich berieseln lassen.

Teilnehmer zu aktivieren, sie selbst arbeiten zu lassen braucht Zeit im Training und noch mehr in der Vorbereitung. Es ist oft einfacher, Vorträge zu halten, als ein Design mit vielen sinnvollen Aktivierungsphasen zu entwickeln. Aber diese Investition rentiert sich.

Verankerung der Lerninhalte in den Teilnehmerköpfen: Wissen ist ein leicht flüchtiger Stoff. Wenn wir es nicht schaffen, Lerninhalte auch zu verankern, das heißt in den Köpfen festzumachen, geht die Lernausbeute der Teilnehmer gegen null. Visualisierung und Aktivierung unterstützen Verankerung, aber das allein reicht noch nicht aus. Verankerungsphasen müssen so selbstverständlich sein wie die Inhaltsvermittlung selbst.

Methodisch gibt es zahlreiche Möglichkeiten: Wiederholungen, aufschreiben lassen, Zusammenfassung durch die Teilnehmer, Lerntagebuch, Anwendungen suchen, Eselsbrücken entwickeln, Rätsel, Quiz und noch viele andere Methoden.

Gestalten einer emotional anregenden Lernatmosphäre: Auch die moderne Lernpsychologie sagt uns: Lernen bedeutet Anstrengung und Arbeit. Lernen ist manchmal mühsam und funktioniert keinesfalls beiläufig oder »im Vorbeigehen« ohne Konzentration.

Das heißt allerdings nicht, dass Lernen keinen Spaß machen darf. Auch Erwachsene lernen in einer angenehmen Atmosphäre besser. Am besten gelingt Lernen, wenn die Emotionen gleichermaßen angesprochen werden.

Für eine emotional anregende und angenehme Atmosphäre zu sorgen ist Traineraufgabe. Das betrifft ein breites Spektrum. Es beginnt bei so trivialen Dingen wie dem richtigen Lüften der Seminarräume und geht über die Entwicklung der zufällig zusammengewürfelten Teilnehmer als Lerngruppe, die der Trainer beeinflussen kann, bis zur abwechslungsreichen Gestaltung des Trainings. Langeweile darf erst gar nicht aufkommen. Langeweile ist das Gegenteil einer emotional anregenden Lernatmosphäre und zugleich einer der schlimmsten Lernkiller.

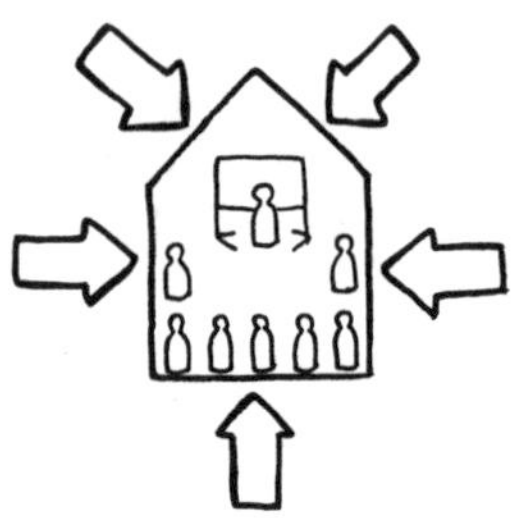

Praxisbezug und Verknüpfung mit Erfahrungen: Die meisten Erwachsenen besuchen Fortbildungen, um unmittelbar davon zu profitieren. Sie lernen anders als zum Beispiel Schüler oder Studenten nicht auf Vorrat für Lebenssituationen, in die sie vielleicht einmal kommen. Sie wollen das Gelernte möglichst direkt in ihrer Arbeit umsetzen. Wenn Teilnehmer Inhalte weder mit ihren bisherigen Erfahrungen verknüpfen können, noch ihre Bedeutung für zukünftige Aufgaben verstehen, schalten sie weitgehend ab. Wenn doch etwas ankommt, bleibt es isoliertes Wissen ohne Verknüpfungen und damit wirkungslos.

Praxisbezug heißt nicht Verzicht auf Theorie. Erwachsene setzen sich gerne auch mit ganz abstrakten und komplexen Sachverhalten auseinander, aber nur, wenn wir als Dozenten vermitteln können, warum dieses Wissen notwendig ist. Wir müssen die Verknüpfungspunkte des Inhalts mit dem Interesse der Lernenden suchen und zeigen. Dann wollen die Teilnehmer lernen. Was scheinbar so mühsam und anstrengend war, wird plötzlich ganz leicht und geht wie von selbst, weil es vom Interesse getragen wird.

Die Liste der Basics ließe sich fortsetzen. Ich mache das nicht, denn erfahrungsgemäß tun wir Menschen uns schwer, mehr als fünf Punkte einer Aufzählung zu behalten.

Tipps aus der Wissenschaft – ein Interview

Andreas Krapp hat als Wissenschaftler nicht nur durch die Arbeit am Lehrbuch »Pädagogische Psychologie« (Krapp/Weidenmann [5]2006) den Überblick über den aktuellen Stand der Wissenschaft, gleichzeitig kennt er auch unsere Trainingswelt. Ich unterhielt mich mit ihm.

Andreas Krapp gibt Tipps als Wissenschaftler

Was sind die wichtigsten Befunde der Pädagogischen Psychologie für uns Trainer?

Lernen ist mühsam

Andreas Krapp: »Ich greife drei mir wichtige Ergebnisse heraus: Wissenserwerb und Lernen sind vom Beginn bis zur Anwendung verwoben mit nicht so ohne Weiteres sichtbaren *emotionalen Begleitprozessen*. Das ist deshalb so wichtig, weil man oft auf der kognitiven Ebene Ursachen für Probleme sucht, obwohl sie auf der emotionalen liegen. Es ist ein Irrtum zu glauben, gute Gefühle fördern das Lernen und negative Gefühle sind grundsätzlich schlecht. Manchmal bringen uns negative Gefühle dazu, auch etwas genauer hinzuschauen.

Wir müssen uns von der schönen Idee verabschieden, Lernen ginge beiläufig, nebenbei ohne größere Anstrengung. Das funktioniert nur beim Alltagslernen. Wenn ich einen Sachverhalt systematisch erarbeiten will, wenn ich komplizierte Dinge durchdringen will, wenn ich ganz neue Dinge in mein Gedächtnis integrieren will, dann ist das *mühselige, anstrengende Arbeit,* nicht selten mit Ärger und Frustrationen verbunden.

Als drittes wichtiges Ergebnis möchte ich die Bedeutung langfristiger Lernstrategien erwähnen. Es ist gar nicht so leicht, dass man als Lernender auf der Mikroebene das Lernen so organisiert, dass es mit dem übergeordneten Plan übereinstimmt. Das gilt für den Studenten, der in seinem Studium oft weniger an den kleinen Schritten scheitert, sondern an einem fehlenden Plan für das ganze Studium. Das trifft ebenso für andere Lerngruppen zu – zum Beispiel in der beruflichen Aus- und Weiterbildung. Auch für die Veränderung von Organisationen sind weiter reichende Formen der Lernplanung nötig.«

Wie sehen diese emotionalen Begleitprozesse optimal aus?

Flow als idealer Lernzustand

Andreas Krapp: Eine von vielen möglichen Vorstellungen ist die *Flow-Theorie* (Czikszentmihalyi 1996). Sie beschreibt das Zustandekommen eines besonders günstigen psychischen Zustandes, der als Flow bezeichnet wird. Man kann das mit einem Automotor vergleichen. Da gibt es einen Bereich, wo er optimal läuft, wo alles in sich richtig greift und das Auto davonsaust. So etwas Ähnliches können wir uns für unseren kognitiv-emotionalen Apparat vorstellen. Es gibt Situationen, da sind wir hellwach. Wir konzentrieren uns voll und können länger durchhalten. Wenn das eintritt, dann ist unser Organismus so eingestellt, dass er sagt: Du bist jetzt toll drauf! Das ist der Flow-Zustand. Ihn gibt es nicht nur beim Lernen, sondern ebenso bei der Arbeit oder im Sport. Das ist das Optimum!

Wie komme ich in diesen Flow-Zustand?

Kompetenz, Autonomie und soziale Eingebundenheit

Andras Krapp: »Da hilft uns eine andere Theorie weiter: die *Theorie der ›Basic Needs‹*. Gemeint sind psychologische Grundbedürfnisse. Damit wir optimal ›funktionieren‹ und in den Flow kommen, müssen drei Bedürfnisse befriedigt sein. Erstens: das *Erleben von Kompetenz.* Ich versuche etwas, ich mach es, und es klappt! Das ist ein sehr subjektives Gefühl der eigenen Tüchtigkeit und darf nicht mit der Beurteilung der eigenen Leistungsniveaus verwechselt werden. Dazu kommt zweitens das *Gefühl der Autonomie:* Ich bin derjenige, der das macht und ich kann es allein. Ich hab das Heft in der Hand.

Beide Bereiche sind eng miteinander verwoben, weil ohne Autonomie das Kompetenzerleben schlecht möglich ist. Das ist wie bei einem Kind, das Laufen lernt, aber immer an der Hand gehalten wird. Es kann den Erfolg nicht richtig erleben. Wenn ich auf dem Selbstständigkeitslevel, den ich will, etwas mache und es klappt, das macht mich high. Autonomie im Training kann schnell falsch verstanden werden. Das heißt nicht: Jetzt geht mal in die Gruppe, macht mal! Ihr seid ja autonom! Der Trainer gibt der Gruppe vorher so viel Anregungen, dass die Teilnehmer im Rahmen ihrer Möglichkeiten erfolgreich agieren können.

Das dritte psychologische Grundbedürfnis ist die *soziale Eingebundenheit.* Ich möchte von anderen anerkannt und so, wie ich bin, akzeptiert werden. In der Seminarsituation heißt das: Ich fühle mich in dem Umfeld, in dem ich gerade bin, sicher. Ich blamiere mich nicht, ich gehöre dazu, samt meiner Macken.«

Wie sollen sich Seiteneinsteiger aus lernpsychologischer Sicht auf ihre Trainertätigkeit vorbereiten?

Andras Krapp: »Als jemand, der von der Uni kommt, denkt man natürlich an *Bücher und Texte.* Ab und zu ein neueres Lehrbuch oder ein Handwörterbuch in die Hand zu nehmen, und ein bisschen zu schmökern vermittelt dem Seiteneinsteiger einen guten fachlichen Hintergrund. Der Seiteneinsteiger findet auch in der praxisnahen Literatur (wie zum Beispiel in der Beltz-Reihe für Weiterbildung), die sich direkt an den Praktiker wendet, wertvolle Tipps. Sinnvoll ist sicher, zudem einen *Kompaktkurs ›Train-the-Trainer‹* zu besuchen.

Zone der nächsten Entwicklung

Fachtrainer sollen in ihren eigenen Kursen und Schulungen auch ein Gefühl dafür entwickeln, wo etwas noch nicht 100%ig klappt. Nach der Idee der *›Zone der nächsten Entwicklung‹* nehmen sie sich dieses Feld gezielt vor. Wenn ich zum Beispiel bisher als Fachmann nur Vorträge mit PowerPoint gemacht habe, frage ich: Welche Möglichkeiten habe ich, das zu optimieren? Das liegt jetzt auf der handwerklichen Ebene, aber dazu gibt es ebenfalls Hintergrundinformationen.«

Der »theoretische« Anteil zur Vermittlung psychologischen Hintergrundwissens ist in unseren Train-the-Trainer-Kursen zugunsten der Praxisorientierung immer mehr in den Hintergrund getreten. Ist das eine falsche Entwicklung?

Andreas Krapp: »In den Kursen, die ich mitgestaltet habe, habe ich die gleiche Erfahrung gemacht. Wir haben den Anteil wissenschaftsbezogener Aussagen immer mehr reduziert, und das war durchaus richtig. Dennoch halte ich einen professionellen Kurs ganz ohne wissenschaftsbezogenen Input nicht für das Optimum. Allerdings bleibt die Frage, wie man das am besten macht. Soll man einen theoretischen Teil vorschalten oder immer dann, wenn entsprechende Themen auftauchen, den Hintergrund dazu liefern? Das setzt eine offene und sehr variable Gestaltung der Veranstaltungen voraus. Ich glaube nicht, dass es dafür ein didaktisches Patentrezept gibt.«

Theoretischer Input ist nötig!

Warum werden in Trainerkreisen Ergebnisse zum Beispiel der Hirnforschung viel bereitwilliger aufgenommen als die der Pädagogischen Psychologie?

Andreas Krapp: »Das ist vor allem eine *Imagefrage*. Hirnforschung ist eine Naturwissenschaft. Das ist etwas Solides. Da gibt es gesicherte Technologien der Erkenntnisgewinnung, denn die Forschung machen Physiker und Mediziner. Man glaubt, dass damit die Gesetzmäßigkeiten des Lernens besser abgesichert werden können, als wenn sich Psychologen mit ihren ›weichen‹ Forschungsmethoden mit dem Lernen befassen.

Verlockend sind auch die *klaren Aussagen* in den populärwissenschaftlichen Schriften mancher Autoren. Doch häufig wird aus Grundlagenbefunden voreilig auf mögliche Anwendungen geschlossen. Da gibt es allerdings viele Schnellschüsse bei der Übertragung wissenschaftlicher Befunde auf die Praxis, die nicht gerechtfertigt sind. Und es gibt Plattitüden. Zum Beispiel wenn behauptet wird, dass beim Lernen immer mit mehreren Sinnen gleichzeitig gearbeitet werden muss oder dass die Emotionen eine wichtige Rolle spielen. Das ist nichts Neues. Interessant wäre zu wissen, welche Art oder welche Qualitäten von Emotionen wichtig sind, wie sie konkret wirken und wie man sie beeinflussen kann. Doch da erweist sich die Neuropsychologie als ziemlich hilflos.

Schnellschüsse und Platitüden

Auch *NLP*, das ist die Abkürzung für Neurolinguistisches Programmieren, fasziniert viele Trainer, die ja in der Regel keine Fachleute sind. Man glaubt, NLP würde auf ganz neuen Gesetzmäßigkeiten des Lehrens und Lernens beruhen. Das kann man so nicht behaupten!

Höchst fragwürdig ist auch die naive *Hemisphärentheorie*, die behauptet, dass bestimmte Prozesse des Lernens generell mit der linken und andere mit der rechten Gehirnhälfte verbunden sind. Daraus wird dann eine sehr vereinfachte dichotome Vorstellung menschlichen Lebens abgeleitet, die man angeblich auch noch im Gehirn lokalisieren kann. Solche Ideen kann man gut verkaufen. Mit Wissenschaft hat das nichts zu tun!

Die Pädagogische Psychologie bietet keine einfachen Wahrheiten an. Deshalb kommt sie oft zu Aussagen wie ›unter den Bedingungen ist das so, aber unter anderen Bedingungen ist das ganz anders‹. Das wird dann schnell so wahrgenommen, als wüssten die Wissenschaftler selbst nicht, was Sache ist.«

Warum bleibt die Wirkung von Training begrenzt? Warum wird nicht mehr von dem umgesetzt, was wir vermitteln?

Andreas Krapp: »Zur Beurteilung der Wirksamkeit von Trainings werden zu anspruchsvolle *Kriterien* angelegt, wenn man zum Beispiel erwartet, dass sich Training unmittelbar in einer Veränderung des Handelns im bisherigen Praxisfeld niederschlägt.

Grenzen der Trainerverantwortung

Kann ich das psychologisch überhaupt erwarten? Das alltägliche Handeln wird ja nicht allein oder primär von meinem Wissen und Können bestimmt. In der Regel handelt man, ohne groß nachzudenken, auf der Grundlage bewährter Routinen. Und es gibt Regeln, Normen, Erwartungen und andere Einflussfaktoren, die das Handeln prägen. Zwischen dem Wissen eines Menschen und der Anwendung des Wissens in der Praxis ist oft eine tiefe Kluft. Das gilt generell, und man kann dafür nicht allein den Trainer verantwortlich machen.

Ein zweiter Aspekt sind die schon angesprochenen emotionalen Begleitprozesse, die parallel zum Wissenserwerb ablaufen und die damit verbundenen motivationalen Effekte. Haben die Teilnehmer nach dem Training das Thema als etwas *Wichtigeres und Bedeutungsvolleres* im Hinterkopf abgespeichert und haben sie gelernt, sich mit dem Themenfeld wieder auseinandersetzen *zu wollen?* Dieser Aspekt scheint mir oft wichtiger zu sein als der Erwerb kurzfristig abrufbarer Wissensbestände.

Eine Schlüsselfunktion bei der Umsetzung haben *Erfolgserlebnisse*. Wer zum Beispiel neue Methoden gelernt hat, braucht beim Einsatz der Methoden im eigenen Praxisfeld relativ früh massive Erfolgserlebnisse mit der Rückmeldung:

Ich kann es! Ich habe etwas bewirkt und bin auf dem richtigen Weg. Mit zu hoch gesteckten Evaluationskriterien, zum Beispiel dass sich die Wirkung des Trainings in wirtschaftlichen Kennziffern zahlenmäßig erfassen lassen muss, stellt man sich dabei meist selbst ein Bein.

Gutes Training behandelt vorausschauend die Situationen, in denen das neue erworbene Wissen eingesetzt werden soll. Das garantiert aber nicht, dass dies in der Praxis tatsächlich geschieht. Dafür gibt es viele Gründe, zum Beispiel die Erfahrung, dass Veränderungen oft mit einem Einbruch an Verhaltensunsicherheit einhergehen und sich am Anfang die Effektivität des Handelns sogar verschlechtert. Das grundlegende Bedürfnis nach Kompetenzerfahrung ist mit Schuld daran, dass man etwas wieder bleiben lässt, wenn es nicht gleich funktioniert.

Tandems trainieren

Hier wären *Organisationsentwicklung und Coaching* nützlich, aber das ist teuer. Als sehr nützlich hat sich die Etablierung von Tandems oder kleinen Arbeitsgruppen erwiesen, die auch nach den Trainings kooperieren. Meine Empfehlung an Firmen und Auftraggeber: *Schickt nicht einen allein,* schickt am besten die ganze Gruppe, wenn es geht. Oder: Macht Trainings vor Ort, direkt in der Ernstsituation.«

Wie halten Trainer Kontakt zur Wissenschaft? Hat die Pädagogische Psychologie eine Hotline?

Andreas Krapp: »Es gibt bei der Deutschen Gesellschaft für Psychologie tatsächlich eine Homepage mit Experten für verschiedene psychologische Bereiche (http://www.dgps.de/dgps/fachgruppen/paedagog/), die man fragen kann.

Eine enge Anbindung der Pädagogischen Psychologie an die Trainingspraxis vergleichbar der Medizin gibt es allerdings nicht. Sie versteht sich in erster Linie als eine wissenschaftliche Disziplin, die allgemeine Wissensgrundlagen für die Praxis bereitstellt, aber nicht selbst in die Praxis eingreift. Der ›*Elfenbeinturm*‹ ist leider immer noch eine zutreffende Metapher. Es stellt sich daher die Frage: Wie kann ich mich als Trainer über die Wissenschaft informieren?

- Einen guten Überblick geben Lehr- und Handbücher der Pädagogischen Psychologie. Da gibt es inzwischen eine reichhaltige Auswahl.
- Um sich über spezielle Themen der Forschung zu informieren, empfehle ich das Internet. Das ist oft ergiebiger und aktueller als der Blick in die einschlägigen Handbücher. Im Netz gibt es natürlich viel Schrott. Ein relativ sicheres Terrain sind Homepages von Universitäten und Bildungseinrich-

tungen wie das Max-Planck-Institut für Bildungsforschung in Berlin. Vielfach findet man auf den Homepages der Kollegen gute Übersichten und manchmal auch Hinweise für die Praxis.

- Ihr Trainer könntet eigentlich selbst die Initiative ergreifen und die Wissenschaft stärker, als dies bislang der Fall ist, in Veranstaltungen integrieren, die ihr zu eurer eigenen Weiterbildung organisiert.
- Ich vermisse auch die Mitwirkung von Trainern in wissenschaftlichen Organisationen. Bei uns sind das noch immer weitgehend getrennte Kulturen. Das ist in Amerika anders. Dort nehmen Praktiker an den jährlichen wissenschaftlichen Tagungen der Pädagogischen Psychologen teil, und es gibt spezielle Workshops für die Anliegen der Praktiker. Bei deutschen Kongressen der Pädagogischen Psychologen oder der Arbeitsgemeinschaft der Empirisch Pädagogischen Forschung sehe ich ganz selten Leute aus der Trainingswelt.

Ich würde mir jedenfalls künftig eine engere Verzahnung von Trainingswelt und Wissenschaft wünschen.«

Trainerverhalten ist Modell

Teilnehmer imitieren das Verhalten von Trainern. Bei uns fällt das besonders auf. Wir vermitteln Lehrmethoden, indem wir sie vormachen, in einem zweiten Schritt erklären und dann üben lassen. Genauso, wie wir die Methoden vormachen, werden sie in der Übungsphase nachgeahmt, obwohl wir bei der Erklärung auf viele Variationsmöglichkeiten hinweisen. Visualisieren wir das Lehrgespräch mit einem Mind-Map, machen das die Teilnehmer ebenfalls. Arbeiten wir in der Zurufliste mit zwei Schreibern, tun das die Teilnehmer auch. Schreiben wir schlampig auf dem Flipchart, bemühen sich die Teilnehmer gleichermaßen wenig um eine ordentliche Schrift.

Trainerverhalten wird imitiert

In Vietnam führte ich das Blitzlicht in einer Spezialvariante vor. Da gab nicht einer nach dem anderen der Reihe nach seinen Kommentar ab. Ich inszenierte es als Kurzinterview von einem fiktiven Radio-Sender »Radio Hanoi«. Die Erklärung, dass das nur eine verspielte Variante der Methode Blitzlicht ist, und die Beschreibung der Methode ohne »Radio Hanoi« kamen gegen das Modell nicht an: Jeder, der das Blitzlicht einsetzte, imitierte »Radio Hanoi« bis hin zum dicken Edding-Stift, den ich kurzerhand als Mikro nutzte. Das ging so weit, dass die Vietnamesen die Methode von Blitzlicht in »Radio Hanoi« umtauften.

Die Pädagogische Psychologie kennt dieses Modell- oder Imitationslernen. Verhalten wird meist ganz unbewusst, aber sehr lernwirksam nachgeahmt.

Unsere Erfahrungen zeigen: Die Bedeutung des Imitationslernens wird bei Erwachsenen oft unterschätzt. Das hat auch wenig mit z.B. asiatischer Lernkultur zu tun, es läuft in Europa genauso. Es ist auch weitgehend unabhängig von der Art der Schulungen und ist nicht auf Verhaltenstrainings, wie wir sie durchführen, beschränkt. Wie zum Beispiel ein Trainer für Gefahrguttransporteure mit dem ins Training mitgebrachten explosiven oder leicht entzündlichen Stoffen umgeht, ist lernwirksamer als die verbal vermittelten und im Skript aufgeführten Regeln. Selbst IT-Trainer sind Modell. Wie sie die neue Software bedienen, das ist Modell. Erklärungen darüber hinaus haben weniger Wirkung.

Mich hat diese Erfahrung anfangs erschreckt. Sind wir Menschen tatsächlich so einfach gestrickt, dass wir Verhalten von anderen ohne große Reflexion nachahmen? Ja, es ist so!

Modellverhalten bewusst gestalten!

Was heißt das für uns Trainer? Wann immer wir etwas vorführen, vormachen oder zeigen, sind wir – ob wir wollen oder nicht – Modell. Wir werden imitiert. Ich muss also ein gutes Modell liefern. Gerade bei unseren Methoden- und Verhaltenstrainings bemühen wir uns deshalb, Beispiele »wie aus dem Lehrbuch« zu zeigen.

Trainer-Leben

Der gute Trainer ...

Ich bat einige Weiterbildungsprofis um eine kurze Antwort auf die Frage: Was ist ein guter Trainer? Herausgekommen ist folgende bunte Sammlung.

Teilnehmer gestalten mit

»Der gute Trainer predigt keine Dogmen, sondern unterstützt die Teilnehmer in ihrer Arbeit. Durch viele Übungen aus deren Alltag wird das Seminar wesentlich von den Teilnehmern mitgestaltet.« *Dr. Markus Weingärtner, Leiter Managementtraining, IHK-Akademie Westerham*

Pünktlichkeit

»Der gute Trainer merkt, wann er nachlegen oder pausieren muss, um sein inneres Feuer am Lodern zu halten. Er bezieht die Erfahrungen der Teilnehmer mit ein. Er denkt daran, dass man über alles reden kann, nur nicht über 45 Minuten. Und er ist in Sachen Pünktlichkeit ein Vorbild.« *Hans-Peter Henne, BMW Group, Leiter Leistungszentrum Training, Dingolfing*

»Der gute Trainer ist aufmerksam (muss mitbekommen, was in der Gruppe passiert), kreativ und strukturiert.« *Dr. Karl Bever, Leiter Training und Coaching in einem Unternehmen der pharmazeutischen Industrie*

Humor als Gleitmittel

»Der gute Trainer hat erkannt, dass Humor das beste Gleitmittel für *alle* Fragestellungen ist. Das hat mit Seriosität nichts zu tun, auch wenn die Themen Herzinfarkt, Diätwahnsinn oder sexuelle Unzufriedenheit heißen. Auf die Frage, war es ein Seminar oder ein Kabarett ist 50/50 ein guter Schnitt.« *Professor Bernhard Ludwig, Wien, Seminarkabarettist, der nach Jahren als »normaler« Trainerkollege sehr vergnüglichen »Unterricht« auf der Bühne macht*

Respekt und Verehrung

»Ein guter Dozent muss hohe Fachkenntnisse und gute Didaktikfertigkeiten haben. Er muss vermitteln können, was die Teilnehmer lernen wollen, und er sollte von den Teilnehmern respektiert und verehrt werden.« *Professor Dr. Dinh Van Tien, Senior Dozent, Vizepräsident der Nationalen Akademie für öffentliche Verwaltung, Hanoi*

Raus aus der Komfortzone

»Der gute Trainer ist Entertainer, Moderator, Motivator aber auch ergebnisgetriebener Zielverantwortlicher in einem. Er hat Respekt vor seinen Teilnehmern, aber nicht zu viel – manchmal traut er sich, die Teilnehmer aus der Komfortzone herauszuholen und zu verstören. Trainingsziel geht vor Wiederbeauftragung – und das können nur wirklich unabhängige Trainerpersönlichkeiten leben.« *Stefan Kirchpal, Personalentwicklung, Magna Steyr Fahrzeugtechnik, Graz*

Sparsam mit PowerPoint

»Der gute Trainer sollte sich unbedingt über seine ›Zielgruppe‹ informieren und deren Bedürfnisse kennen. Nur so kann er sie dort abholen, wo der Schuh drückt, wo Probleme bestehen, wo der Grubenhund liegt. Sein Training wird die Teilnehmer dadurch wirkungsvoller ansprechen. Tipp: PowerPoint-Folien sollten den Vortrag nur stichpunktartig unterstützen und leiten. Sie sollten nicht die verbale Botschaft an die Zuhörer ersetzen. Zuhörer folgen einem gut strukturierten Vortrag wesentlich besser als einem langatmigen ausschweifenden Vortrag. Tipp: Ein knappes Fazit in drei bis fünf knackigen Punkten rundet jeden Vortrag optimal ab und steigert den Erinnerungswert.« *Dipl.-Ing. Uwe Adlunger, Referent Mitarbeiter- und Kundentraining, Deutsche Doka Schalungstechnik GmbH, Maisach*

Bewegung

»Der gute Trainer redet über alles, nur nicht über zehn Minuten, lässt die Teilnehmer nicht zu lange sitzen, sondern setzt sie immer wieder in Bewegung. Er verbindet bei den Teilnehmern Wissen und Erfahrung mit dem Erleben von Gefühlen und lässt die Teilnehmer gezielt untereinander reden.« *Professor Dr. Heiner Ellgring, Diplom-Psychologe, Universität Würzburg*

Persönlichkeit

»Der gute Trainer ist der oder die, bei denen die Persönlichkeit spürbar wird und weniger die perfekte Beherrschung einmal von ihnen entwickelter Dramaturgien. (Wenn in Trainernetzwerken gefragt wird: ›Weiß jemand eine begeisternde Übung, damit die Teilnehmer am Ende zufrieden nach Hause gehen?‹, dann würde ich bei diesem Trainer nicht buchen). Wichtig sind meiner Meinung nach erlebte Erfahrungen mit gestandenen Trainern, die einen immer wieder ermutigen, diesem Vorbild näherzukommen. Ein schlechter Trainer ist in meinen Augen der, der darauf aus ist, die Teilnehmer zu faszinieren, aber nicht in derLage ist, in ihnen etwas zu bewegen.« *Professor Dr. Leopold Stieger ist der Pionier der Personalentwicklung in Österreich und Gründer der GfP-Gesellschaft für Personalentwicklung GmbH in Wien. Heute konzentriert er seine Arbeit auf die Zielgruppe »rund um die Pensionierung« und hat dazu die Plattform »seniors4success« gegründet*

Nimmt nicht jeden Auftrag

»Ein guter Trainer, eine gute Trainerin weiß aus Erfahrung wo die eigenen Stärken und Schwächen liegen. Er/sie hat bereits Spezialgebiete und nimmt nicht jeden Auftrag an! Gute Trainerinnen und Trainer machen ihre Werte und Haltungen sichtbar – sie arbeiten nicht gegen ihre Überzeugungen, und sie haben Humor! Gute Trainerinnen und Trainer haben nicht aufgehört zu lernen!« *Magistra Eva-Susanne Krappel, Leitung Personal- und Organisationsentwicklung (POE) der Kammer für Arbeiter und Angestellte für Niederösterreich, Wien*

Waldschrat statt Roboter

»Der gute Trainer gibt den Überblick, was wichtig ist – damit man nicht im Stoff ertrinkt. Er vermittelt so, dass Lernen Spaß macht – Blut und Tränen gibt es anderswo. Er sorgt sich ums Sichern – damit mehr als Eintagsfliegen bleiben. Er behält seine Eigenheiten – ist lieber Waldschrat als Roboter. Und er ist neugierig auf seine Teilnehmer – auch wenn die anders sind.« *Dr. Hermann Will, WUP WILL UND PARTNER*

Mit Teilnehmeraugen

»Der gute Trainer fordert und fördert seine Teilnehmer in einem geeigneten Ausmaß. Der gute Trainer ist immer neugierig. Der gute Trainer kann in die Rolle der Teilnehmer schlüpfen und mit den Teilnehmeraugen beobachten.« *Helmut Wiepurger, Nickname »Wipsi«, zuständig für die Trainerausbildung in der Bank Austria, Wien*

Das erste Training

Mein erstes Training liegt lange zurück. Dennoch sind mir viele Einzelheiten gerade aus der Vorbereitungsphase im Gedächtnis geblieben. Mein Thema war Foliengestaltung und Folienpräsentation. Auftraggeber war eine der Weiterbildungsabteilungen von Siemens. Für die zwei Tage Training saß ich mindestens drei Wochen an der Vorbereitung. Obwohl mir der Umgang mit Overheadprojektor und Folien aus meinem Lehrerleben vertraut war, obwohl ich bei einem Kollegen den gleichen Inhalt intensiv »gekiebitzt« hatte, las ich alle Fachliteratur, die ich bekommen konnte, und füllte einen dicken Ordner mit Material. Ich zehrte davon viele Jahre bis zum Ende der Folien- und OHP-Ära. Ich hatte einfach die Angst, fachlich nicht kompetent genug zu sein.

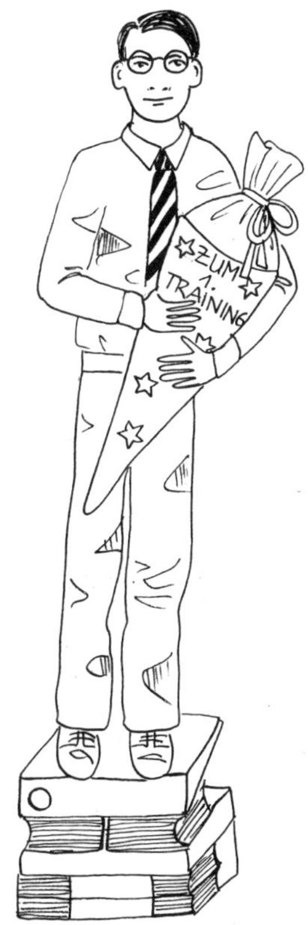

Über eine Frage zermarterte ich mir den Kopf zusätzlich: Soll ich den Teilnehmern sagen, dass dies mein erstes richtiges Seminar ist? Ich tat es nicht, weil ich an etliche Lehrerfortbildungen dachte, die ich vorher schon allein bestritten hatte.

Gleich am Anfang des Seminars gab es bei der Abfrage der Erwartungen eine Schrecksekunde. Eine Teilnehmerin meinte: »Ich sitze seit fünf Jahren in einer Abteilung, deren Hauptaufgabe darin besteht, Folien zu gestalten.« Sie sei gespannt, ob »der junge Mann« ihr etwas Neues erzählen könne. Ich konnte. Sie hatte die Folien immer nur auf dem Papier angesehen und nie an der Wand. Der Unterschied überraschte sie, und sie ging ganz glücklich aus den zwei Tagen mit dem Vorsatz, keine Folie mehr herauszugeben, die sie nicht an der Wand gesehen und geprüft hat. Auch sonst konnte ich mit dem »ersten Mal« zufrieden sein. Aus heutiger Sicht geriet der Vortragsanteil viel zu lang. Natürlich wollte ich all mein Wissen an den Mann und die Frau bringen. Heute hätte ich mir mehr methodische als inhaltliche Gedanken gemacht, aber es ist ja noch kein Meister vom Himmel gefallen.

Jüngere Kolleginnen und Kollegen über ihr erstes Training

Seit meinem Debüt hat sich viel verändert. Trainerausbildungen im heutigen Stil steckten damals noch in den Kinderschuhen. Heute ist das alles anders. Deshalb habe ich auch einige jüngere Trainerinnen und Trainer nach ihrem »ersten Mal« und nach Tipps für das erste Training befragt.

Zeitgefühl fehlt

»Bei meinem ersten Training hatte ich die Aufgabe, zwölf Leute mit medizinischem Grundwissen zu versorgen. Das Erste, was ich gelernt habe, ist, dass ein Training etwas beschwerlich in Gang kommt, wenn man nicht vorher abfragt, welchen Stand die einzelnen Teilnehmer haben. Dadurch wurde das Training anfangs etwas konfus, da eben alle erst mühsam auf den gleichen Stand gebracht werden mussten. Das Zweite war, dass es sehr viel leichter ist, ein Training als Teilnehmer langweilig und uninteressant zu empfinden, als es als Trainer dann automatisch besser zu machen. Der wichtigste Punkt war bei dieser Lernerfahrung vor allem, dass ich als Trainer überhaupt noch kein Zeitgefühl hatte, das heißt, Pausen habe ich selbst nie gebraucht (Adrenalin lässt grüßen!), und ich hatte auch noch kein Auge für die Teilnehmer. Dadurch wurden die Teilnehmer müde und konnten nicht mehr aufmerksam folgen. Die Lehre, die ich daraus gezogen habe, ist, dass ich einen ›Stundenplan‹ brauche, den ich auch einhalte, selbst wenn die Teilnehmer noch nicht geschwächt zusammenbrechen.« *Klaus Seidler; Trainer in einem Pharmaunternehmen*

Vorbereitung gibt Sicherheit

»Natürlich war mein erstes Training erst einmal aufregend, und ich kann nur sagen: Vorbereitung ist alles! Die Spontaneität kommt mit der Erfahrung, aber für den Anfang ist ein gutes Konzept, das doppelt und dreifach durchgedacht ist, einfach das A und O. Lieber ein paar Informationen mehr dabei, lieber ein paar Flipcharts zu viel gepinselt, aber das gibt am Anfang Sicherheit. Und wenn es dann wirklich gleich losgeht, ein paar nette ›Gesichter‹ im Seminar im Training suchen und mit einen Lächeln beginnen ... Bei mir kribbelt es gleich wieder, wenn ich ›mein erstes Mal‹ nochmals lese.« *Ronja Burghardt, Allianz Deutschland AG*

Kennenlernen im Vorfeld

»Das Wichtigste bei meinem ersten Training war die wirklich intensive und detaillierte Vorbereitung. Ich habe mir einen genauen Ablaufplan geschrieben. Dabei hat es mir sehr geholfen, diesen mit meinen erfahrenen Kollegen im Vorfeld durchzusprechen. So konnten auch noch einige ›Stolpersteine‹ aus dem Weg geräumt werden.

Um dann während meines ersten Trainings (dreitägig)nicht den roten Faden zu verlieren, habe ich die Flipcharts und Metaplan-Wände bereits im Vorfeld vorbereitet (manche komplett, manche halb fertig und manchmal auch nur eine Überschrift zur besseren Orientierung für mich!).
Bis heute versuche ich (falls sich die Gelegenheit ergibt!), die Teilnehmer im Vorfeld kennenzulernen; es hilft schon, vorher die Gesichter mal kurz gesehen zu haben!« *Gabi Gerstl, Trainerin in der Pharma-Branche*

Beratung durch Profis

»1) Die Vorbereitung war wesentlich aufwendiger, als ich gedacht habe. Das Planen der einzelnen Abschnitte und die dazugehörige Zeit ist für Anfänger schwierig einzuschätzen.
2) Positive Erfahrungen waren: Genaue Planung und ein Notfallplan gaben Sicherheit. Bücher waren zur Unterstützung super. Es sind oft die Kleinigkeiten die den reibungslosen Erfolg garantieren (zum Beispiel bei Kartenabfrage: Nur eine Antwort auf eine Karte.)
3) Beim ersten Training fand ich es sehr hilfreich, dass eine ›Assistenz‹ zur Verfügung stand zum Beispiel zum Befestigen der Poster, Einsammeln der Karten usw.
4) Energizer machten mehr Spaß, wenn es kleine Preise zu gewinnen gab.
5) Das Ambiente war super wichtig. Das fing schon bei vorbereiteten ›Empfangspostern‹ an. Sie gaben Sicherheit und schufen eine gute Atmosphäre.
6) Mein erstes Verkaufstraining hat auch deshalb hervorragend geklappt, weil ich mir Beratung von Profis geholt habe.« *Beate Fuchs, BSN medical*

Weniger ist mehr

»Der Erfolg eines Seminars hängt maßgeblich von einer guten Auftragsklärung ab. Finden Sie daher im Vorfeld heraus, was genau der Kunde will: Was soll nach dem Training anders sein und woran würde er es konkret merken?
Machen Sie sich für Ihr erstes Seminar einen besonders detaillierten Ablaufplan mit Aussagen zu Zielen, Inhalten, Methoden, Zeiten und Materialien. Das gibt Sicherheit und ermöglicht es Ihnen, bei Bedarf flexibel zu reagieren: Wo kann ich eventuell etwas weglassen, wo Zeit sparen, welche Inhalte will ich auf jeden Fall ansprechen? Nur wer einen Plan hat, kann ihn über den Haufen werfen!
Achten Sie bei Ihrem ersten Training auch darauf, nicht zu viel auf einmal zu wollen. Als Trainerneuling ist man leicht versucht, das Seminar mit den unterschiedlichsten Methoden zu überfrachten. Hier gilt: Weniger ist mehr.
Bei Fragen an die Gruppe: Formulieren Sie diese so präzise wie möglich! Je klarer die Fragen, desto besser die Antworten.

Wenn möglich, sollten Sie Ihr erstes Training zu zweit halten, so kann einer auf den Inhalt, der andere auf den Prozess, die Gruppe und deren Bedürfnisse achten.
Seien Sie rechtzeitig im Seminarraum, um die Technik zu prüfen und alles vorzubereiten! Ihr erstes Training wird so schon aufregend genug sein, da brauchen Sie nicht auch noch den zusätzlichen Adrenalinstoß, wenn der Beamer wieder einmal nicht funktioniert.
Seien Sie sich bewusst, dass nicht Sie allein dafür verantwortlich sind, dass die Teilnehmer etwas lernen. Wenn Sie während des Trainings einmal unsicher sind, ob Sie beispielsweise eine Diskussion abbrechen oder weiterverfolgen sollen (mit der Gefahr, den Zeitplan nicht einhalten zu können), geben Sie die Verantwortung in die Gruppe, indem Sie fragen, was den Teilnehmern jetzt wichtiger ist.
Zu guter Letzt, bereiten Sie das Seminar nach: Was ist gut gelaufen? Wo hat die Zeit nicht gereicht (im Ablaufplan vermerken!)? Was will ich das nächste Mal anders machen? So lernen Sie und werden sich mit jedem Seminar mehr und mehr zum ›Profitrainer‹ entwickeln.« *Tobias Pabst, heute Leiter der Personalentwicklung bei der Plansee AG in Reutte*

Für die Seiteneinsteiger

Pädagogisches Know-how

Bei vielen Kolleginnen und Kollegen findet das erste Training nicht in jungen Jahren statt. Sie sind Seiteneinsteiger und Spätberufene, die irgendwann gebeten werden: »Sie sind doch inhaltlich in Ihrem Thema ein absoluter Experte. Geben Sie doch bitte Ihr Expertenwissen weiter!«

Da fehlt natürlich das ganze pädagogische Know-how. Erstaunlicherweise beobachte ich, dass diese Seiteneinsteiger sich vor allem fachlich vorbereiten, obwohl sie da ohnehin schon fit sind.

- Die Ideallösung: Besuchen Sie mit dem Auftrag für das erste Training im Kopf ein Train-the-Trainer-Seminar!
- Quetschen Sie erfahrene Trainerkollegen aus und holen Sie sich Rat! Diskutieren Sie Ihren Ablaufplan in einem möglichst frühen Stadium!
- Bauen Sie auf Ihre Stärke und das ist Ihr Fachwissen! Versuchen Sie neben dieser fachlichen Expertensicht gleichermaßen die didaktische Sichtweise zu entwickeln: Wie vermittle ich dieses Wissen so, dass die Teilnehmer davon profitieren. Die Fünf Basics (s. S. 15) sind eine nützliche Orientierung.

- Anfängern drücke ich gerne die folgende Checkliste in die Hand.

Schnell-»TÜV«
für Seminarplanung

Methoden- und Medienwechsel?

Jede Chance zur Aktivierung der Teilnehmer genutzt?

Visualisierungen für alle wichtigen Inhalte durchgeführt?

Rede ich frontal mehr als 20 Minuten am Stück?

Sicherungsphasen eingebaut?

Pausen? Leistungskurve (Mittagsloch) berücksichtigt?

Das »letzte« Training

Ein »Renteneintrittsalter« für Trainer gibt es nicht. Kann man überhaupt sagen, wann ein Trainer besser ans Aufhören denken sollte?

Meinungen zum Aufhören

Ich habe einige meiner Auftraggeber gefragt, die schon lange im Geschäft sind: Wann sollte ein (alternder) Trainer ans Aufhören denken?

Interesse an Teilnehmern

»Solange ein Trainer sich selbst als Lernender versteht, der Interesse an den Fragen und Bedürfnissen der Teilnehmer hat und auf diese sowohl aus dem Fundus der Erfahrungen wie auch mit Wissen ›state of the arts‹ reagieren kann, dann wird er wirkungsvolle Trainings bieten können.« *Johann Pavelka, Organisationsberater und ehemaliger Leiter der Weiterbildung Siemens Österreich*

Frisch und witztig mit 70

»... wenn er das Mitleid aus den Augen der Teilnehmer blitzen sieht (falls er das wenigstens noch wahrnimmt). Dabei hab ich mir aber heftig schwergetan, mich in der Antwort auf das ›alternde‹ zu beziehen, denn eigentlich liegt es ja weniger am Alter, sondern viel mehr an der Einstellung. So wirkte Dr. Baldur Kirchner noch frisch und lebendig und witzig, obwohl er schon Mitte 70 war. Ich denke, die Frage nach dem Aufhören eines Trainers ist alters-, geschlechts- und zeitlos. Macht ein Trainer nur ein eng definiertes Thema, kann er bereits mit vierzig schon müde und ausgebrannt sein.« *Hans-Peter Henne, BMW*

With a smiling face

»Wann sollte man abtreten? ›Without a smiling face you must not open a seminar.‹ Das kann natürlich ziemlich lange dauern, wie der Humorist Art Buchwald beweist, der noch im Sterbehospiz ein Buch verfasste: Ich hatte keine Ahnung, dass Sterben so viel Spaß machen kann.« *Seminarkabarettist Professor Bernhard Ludwig*

»... wenn seine tollen Praxisbeispiele bei den Teilnehmern nur Stirnrunzeln oder verdrehte Augen auslösen.« *Dr. Markus Weingärtner, IHK-Akademie*

Je älter, desto besser

»Trainerinnen und Trainer werden besser, je älter sie sind – daher ist Aufhören nicht das Thema, sondern ein sorgfältiger Umgang mit Zeit, Kraft und Lust!« *Magistra Eva-Susanne Krappel, Arbeiterkammer Österreich*

Das innere Feuer

»Aus meiner Sicht ist das keine Altersfrage, sondern eher eine Frage des ›inneren Feuers‹. Kann ich vor einem Training noch was spüren, noch etwas Aufgeregtheit, noch etwas Energie? Bin ich schon völlig abgeklärt und schiebe das mal so zwischendurch ein zum Geldverdienen? Bedeuten mir die Inhalte meiner Trainings noch etwas, habe ich noch einen inneren Auftrag zur ›Weltverbesserung‹? Glaube ich noch an die Lernfähigkeit und Lernbereitschaft meiner Teilnehmer? Je nachdem wie die Antwort ausfällt, sollte man früher oder später Abstand von der Trainertätigkeit nehmen und Neues versuchen, aber mit Alter hat das nicht unbedingt was zu tun. Gerade der Trainerberuf wäre dazu geeignet, besonders in hohem Alter ausgeübt zu werden.« *Stefan Kirchpal, Magna Graz*

Rückzug in die Höhle

»Ein Trainer sollte an das Aufhören denken, wenn der eigene Energielevel nur mehr bedingt auffüllbar ist oder wenn der Zeitpunkt kommt, an dem es neue Werte und Ziele gibt und die Wichtigkeit, sein Wissen weiterzugeben, abnimmt. Als Metapher glaube ich daran, dass sich der Weise gegen Ende seines Lebens in eine Höhle zurückzieht.« *Helmut Wiepurger, Bank Austria*

Altersgerecht arbeiten

»Ein älterer Trainer sollte nie aufhören, aber er sollte radikal seine Arbeit und seine Technik laufend ändern, um so ein altersgerechtes und altersadäquates Angebot bieten zu können. Statt Techniken junger Trainer nachzuahmen, sollte er seine persönlichen Stärken längst entdeckt haben, stets seiner Entwicklung anpassen und so Wirkung erreichen. So nehme ich als 68-Jähriger jährlich an einem Seminar teil, dessen Trainer derzeit 87 ist. Wir fragen uns regelmäßig, ob wir etwas davon haben – und bejahen dies Mal für Mal.« *Professor Dr. Leopold Stieger, Gründer der Gesellschaft für Personalentwicklung, Wien und heute aktiv mit dem Projekt seniors4success*

Durch fast alle Statements zieht sich eine Erkenntnis dieser erfahrenen Personalentwickler: *Das Alter ist kein Kriterium, den Trainerberuf an den Nagel zu hängen.* Andere Faktoren spielen eine größere Rolle.

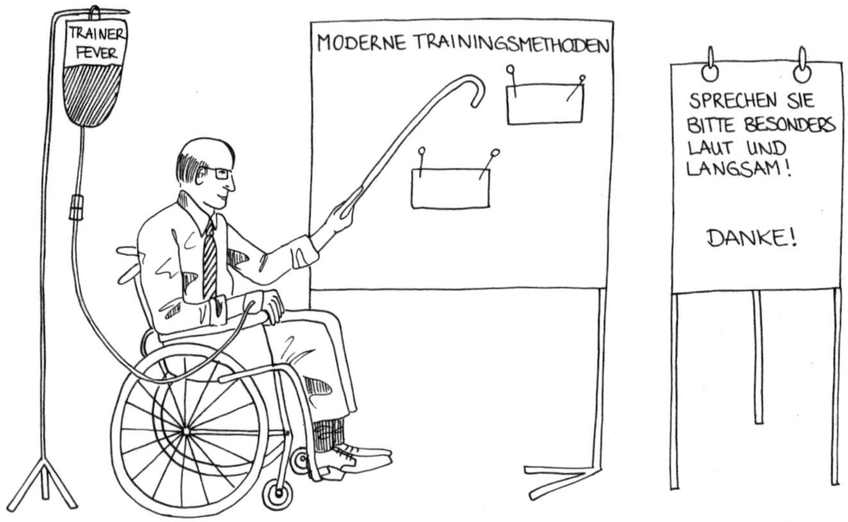

Stopp-Signale

Es gibt einige Anzeichen dafür, dass ein Trainer ganz unabhängig von seinem Lebensalter über das Ende seiner Trainerkarriere nachdenken sollte:

Trainings werden routinemäßig abgespult! In seinem inhaltlichen Bereich hat er alle Themen schon bearbeitet. Er greift auf bewährte und erprobte Abläufe zurück. Deshalb braucht er auch keine große Vorbereitung. Ein kurzes Briefing reicht ihm, dann greift er in die Schublade und holt das Passende raus.

Der erhöhte Adrenalinausstoß ist weg! Lampenfieber ist unangenehm. Junge Kolleginnen und Kollegen fragen deshalb oft, wann diese Nervosität vor einem Training wegfällt. Dabei sollten sie diesen Moment fürchten. Da sind Trainer wie Schauspieler: Diese Anspannung ist notwendig. Sie erhöht die Aufmerksamkeit. Sie lässt einen in der Nacht aufwachen und über das Training nachdenken. Sie bringt uns dazu, ganz genau zu prüfen, ob unser Training auch wirklich zu den Erwartungen der Teilnehmer passt. Das Adrenalin schiebt im Kopf alles, was nicht direkt zum Training gehört, nach hinten.

Ich verbreite Langeweile! Trainer brauchen einen sechsten Sinn, der Alarm schlägt, wenn Teilnehmer gähnen, immer öfter auf die Uhr schauen oder in den Unterlagen blättern, ob eventuell noch etwas Interessantes kommt. Jeder kann einmal einen schlechteren Tag haben. Wenn das aber häufiger auftritt, dann ist das ein ganz deutliches Signal: Da erreicht jemand seine Teilnehmer nicht mehr.

Das Feuer erlischt. Wir Trainer haben alle etwas »Missionarisches«. Das wird in einigen der Statements ganz deutlich: Ich will etwas bewegen. Ich will meine Inhalte rüberbringen. Ich habe etwas zu sagen. Ich will die Welt (oder kleine Teile davon) verbessern. Wer das nicht spürt, sollte nicht Trainer werden. Wer als erfahrener Trainer dieses Feuer immer weniger spürt, sollte ans Aufhören denken.

Aufhören, Alternativen und Pausen

Ich kenne nur wenige Kollegen, die ihr ganzes Leben lang Trainer sind. Es gibt ja auch viele Weiterentwicklungsmöglichkeiten und reizvolle Alternativen. Manche der älteren Trainer haben eigentlich nur die Teilnehmerzahl heruntergeschraubt und arbeiten als Coaches. Das ist natürlich zu flapsig ausgedrückt. Ein Coach arbeitet grundsätzlich anders als ein Trainer, aber im Kern sind beide Aufgaben sehr ähnlich.

Der Weg vom Trainer zum Personalentwickler ist durchaus reizvoll. Die ganze Erfahrung als Trainer im Hinterkopf ergibt eine gute Voraussetzung für Personalentwicklung und lässt auch gelegentliche »Ausflüge« in die Trainingswelt zu.

Manche Trainer bleiben ihrem Fach treu und arbeiten in diesem Fachgebiet beratend weiter. Da fällt viel von dem ganzen Trainingsstress weg.

Manchmal tun auch Pausen gut. Ich selbst habe nach intensiven Trainerjahren für einige Jahre fast ganz pausiert und nur noch ein paar Tage im Jahr trainiert. Ansonsten arbeitete ich als Lehrer an einer Schule. Ich fing wieder an, aber unter neuen Vorzeichen: Eine deutlich reduzierte Anzahl von Trainingstagen und eine klare Spezialisierung auf ein Themenfeld. Dazu kam ein Luxus, den sich gerade fest angestellte Trainer nicht haben: Ich beschloss, nur noch Aufträge anzunehmen, die mir selbst auch Spaß machen.

Nachteile des Altwerdens als Trainer	Vorteile des Altwerdens als Trainer
• Die Teilnehmer sind deutlich jünger. Je größer die Differenz, desto weniger passen Erfahrungen und Lebensstil zusammen. • Es entsteht ganz natürlich eine größere Distanz zu den Teilnehmern. Das merkt man, wenn sich Teilnehmer mit dem vom Trainer angebotenen »Du« schwertun. • Die Abgeklärtheit des Alters hält uns bisweilen davon ab, auch ganz verrückte Ideen zu realisieren. • Alternde Trainer brauchen längere Rekreationsphasen nach einem Training.	• Ich habe schon genügend Fehler gemacht und (hoffentlich) aus ihnen gelernt. • Teilnehmer schließen schon vom Äußeren her auf Reife und Erfahrung. • Die Abgeklärtheit des Alters schützt (manchmal) vor Schnellschüssen und unüberlegten Reaktionen. • Der Schatz an Erfahrung ist bisweilen tatsächlich ein Vorteil. • Ich bekomme eine etwas distanziertere Sichtweise. Dieser Abstand erleichtert den Überblick.

Anti-Aging-Tipps

Altern als Trainer ist offensichtlich kein Problem. Dennoch gibt es ein paar Anregungen, wie man sich nach langen Trainerjahren (und das übliche Renteneintrittsalter in Sichtweite) die notwendige Frische erhält.

Wenig Trainingstage! Ein junger Trainer, der von Seminar zu Seminar hetzt, kann weder die Qualität halten, noch persönliches Ausbrennen verhindern, ein alter Trainer noch viel weniger. Er braucht Zeit davor, um sich auf ein Seminar einzustellen, und danach, um sich zu erholen und das Seminar nachzubereiten.

Jedes Jahr mindesten einmal etwas ganz Neues! Ich bin gut damit gefahren, mir ganz bewusst immer neue Herausforderungen zu suchen. Das waren neue Themen, neue Designs oder neue Medien. Die Arbeit in Asien und Afrika erwies sich für mich persönlich als Jungbrunnen. Ich suche auch konsequent immer wieder neue Partner, mit denen ich zusammenarbeiten kann, ohne auf die langjährig eingespielte Zusammenarbeit mit vertrauten Kolleginnen und Kollegen zu verzichten.

Öfter neue Partner!

Wer den Wandel als Konstante sieht, landet auch als alternder Trainer nicht beim alten Eisen.

Gesunde Distanz zur Trainingswelt: Wir Trainer stehen zu oft im Mittelpunkt und bekommen oft mehr Streicheleinheiten und Aufmerksamkeit, als uns guttut. Diese Überdosierung lässt einige von uns abheben und in Sphären verschwinden, die mit dem realen Leben nicht mehr viel zu tun haben. Deshalb braucht jeder Trainer, der lange »im Geschäft« ist, eine »zweite Welt«, die mit dem Training nichts zu tun hat, wo er geerdet wird und auf den Boden der Tatsachen zurückkommt.

Tipps zur Entwicklung

Natürlich braucht ein Trainer, der von der und für die Fortbildung lebt, auch selbst Fortbildung und Entwicklungsimpulse.

Der Blick auf andere Trainer

Seminare und Trainings: Am Anfang einer Trainerkarriere ist der erste Tipp: Besuche so viele Trainings und Seminare, wie du dir leisten kannst! Natürlich ist ein fachlich passendes oder ein didaktisch-methodisches Thema gut. Ein junger Trainer kann aber bei jedem Thema dazugewinnen, wenn er ein kritisches Auge auf den Kollegen Trainer wirft, der vorne steht. Was kann ich mir abschauen? Was werde ich auf keinen Fall so machen? Wie leitet er ein? Wie verankert er? Sitzen die Arbeitsaufträge?

Fehler als Lernchance

Aus Fehlern lernen: Ich selbst habe aus meinen Fehlern am intensivsten gelernt. Ich erinnere mich an ein Seminar zur Konferenz und Besprechungstechnik für frisch ernannte Schulleiterstellvertreter. Nach kurzem Anwärmen war meine erste inhaltliche Aktion ein Blitzlicht mit der Fragestellung »Warum laufen unsere Besprechungen so wenig effektiv?« Damit war das Seminar im Prinzip schon gelaufen. Ich habe daraus gelernt: Fange kein Training mit einer negativen Fragestellung an!

Für die eigene Entwicklung ist es wichtig, eigene Fehler auch als solche zu erkennen. Wenn etwas im Training schiefläuft, sollte die erste selbstkritische Frage immer sein: Was ist mein eigener Anteil daran?

Andere Lernkulturen erkunden: Viele Anregungen habe ich in den letzten Jahren bei Trainings in Asien und Afrika bekommen. Die wichtigste Erkenntnis: Das menschliche Gehirn arbeitet dort nicht anders als bei uns, und ein langweiliger PowerPoint-Vortrag macht in Hanoi oder in Windhuk genauso schläfrig und unaufmerksam wie bei uns. Es gibt aber doch kulturbedingte Besonderheiten. Das Mitschreiben in Asien (s. S. 212) ist so intensiv, dass am Abend jeder Teilnehmer selbst die kleinste Zeichnung an einer Pinnwand mit nach Hause nehmen kann. Dort ist mir auch wieder bewusst geworden, wie stark wir Trainer als Modell wirken (s. S. 25).

Ich habe zudem ganz neu erfahren, dass ich mit einem Minimum an Material trainieren kann und dass man durchaus auch mit 50 oder 100 Teilnehmern aktiv arbeiten kann.

Ich komme in allen möglichen Firmen und Organisationen herum und wünschte, die Trainer und Dozenten könnten in den verschiedenen Trainingswelten sich gegenseitig hospitieren. Da könnten Dozenten aus der Lehrerfortbildung sehen, wie pfiffig die Kollegen aus der Baubranche sind und Softwaretrainer schauen beim Gruppendynamiker zu. Zum Teil gibt es solche Effekte des »Blicks über den Zaun« bei offen ausgeschriebenen Train-the-Trainer-Seminaren. Da ist dann der Austausch außerhalb der eigentlichen Seminarzeit genauso wichtig, wie das Seminar selbst.

Anderswo sind das kleine Teilnehmergruppen

Workshops veranstalten: Wer schon länger als Trainer arbeitet, profitiert von Seminaren, an denen er selbst teilnimmt, immer weniger. Ich will kein dreitägiges Seminar besuchen, von dem nur eine Stunde wirklich gewinnbringend ist. Wir veranstalten lieber als Netzwerk Workshops zu Themen, zu denen wir uns selbst weiterbilden wollen. Themen waren da zum Beispiel »Mit dem Körper lernen«, »Barfuß-Video-Workshop«, »Storyboarding« oder »Spiele-

Werkstatt«. Wir laden gezielt Spezialisten und interessierte Kollegen ein, die auch inhaltlich etwas einbringen können.

Die Suche nach dem eigenen Stil: Perfektion wirkt kalt. Kälte fördert den Lernprozess nicht. Oder andersrum: Versuchen Sie einmal bei dem besten Trainer, den Sie erlebt haben, Fehler zu finden. Unter Garantie werden Sie schnell fündig. Da hat jeder seine Marotten, Eigenheiten, rhetorische oder methodische Schwachstellen. Ziel der Entwicklung sollte nicht Perfektion sein, sondern ein eigener Stil, der den Trainer unverwechselbar macht und bei dem alles zusammenpasst, auch die Marotten. Aber aufgepasst: Der eigene Stil ist nichts Statisches, er entwickelt sich immer weiter.

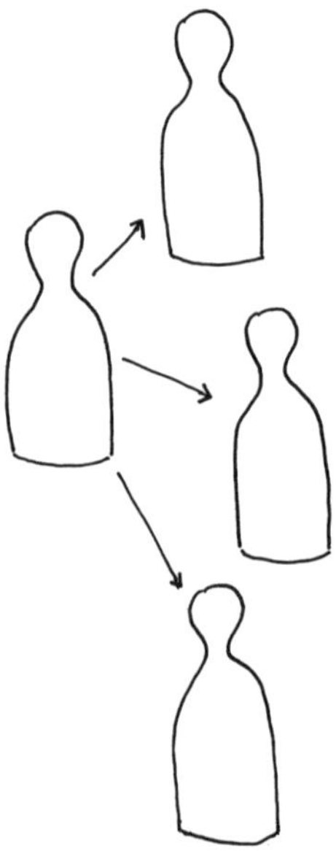

Häufig wechselnde Partner: Ich habe die lange Bindung in einem Netzwerk (WUP WILL UND PARTNER, www.wup.info) nie bereut. So eine feste »homebase« öffnet Tätigkeitsfelder und Entwicklungsmöglichkeiten, die einem einzelnen Trainer verschlossen bleiben. Neben festen Partnern habe ich davon profitiert, mit möglichst vielen und wechselnden Kolleginnen und Kollegen zusammenzuarbeiten. Ich denke gerne an Seminare mit Leuten aus Universitäten, die ganz andere Blickwinkel und Zugangswege einbringen, an Partner, die als pädagogisch und psychologisch unvorbelastete Seiteneinsteiger, ganz eigene Strategien entwickelt haben. Ich habe viel auch von jungen Kollegen aus aller Herren Länder gelernt, die im Gegensatz zu mir Dutzende von Seminaren besuchten, bevor sie selbst aktiv wurden.

Kollegiales Feedback: Ich arbeite schon deshalb gerne mit anderen Trainern, weil mir deren kollegiales Feedback Entwicklungsmöglichkeiten zeigt. Gut bin ich immer damit gefahren, nicht auf ein globales Feedback zu warten. Gerade die jüngeren Kollegen, die wir auch selbst ausgebildet haben, tun sich mit Kritik etwas schwer. Ich bitte vor dem Seminar: »Höre doch bitte bei meiner Sprache etwas genauer hin! Wie kann ich die Verständlichkeit noch verbessern?« Oder »Ich weiß, dass meine Arbeitsaufträge in letzter Zeit nicht immer sitzen. Schau bitte darauf und gib mir nach dem Training Feedback!«

Professionelle Supervision: Ich habe Supervision als Entwicklungsschub erlebt. Ein geschultes Auge beobachtet und dokumentiert ein ganzes Training akribisch. Vorher sprachen wir über einige Aspekte, die ich beobachtet haben wollte. Danach folgte ein langes Gespräch. Ich erfuhr neue Stärken, aber nicht global »Du findest schnell Kontakt zu deinen Teilnehmern«, sondern in der Spiegelung konkreter Verhaltensweisen.

Ich selbst erkenne oft gefühlsmäßig, wenn die Energiekurve im Training ungewollt nach unten geht. Der Supervisor erklärt mir genau, warum das so ist und welchen Anteil ich daran habe.

Ich weiß jetzt auch, dass ich aufpassen muss, Teilnehmer bei meinen sprunghaften Gedanken mitzunehmen und sie nicht struktur- und orientierungslos zu lassen.

»Normales« kollegiales Feedback auch von erfahrenen Kollegen, die ein Training beobachten, hat bei Weitem nicht den Effekt wie professionelle Supervision. Ich habe den Supervisor Hermann Beiler gefragt, woran das liegt: Seine Antwort:

> *»Supervisoren sind besonders darauf geschult, Interaktionen sehr genau zu beobachten und zu analysieren. Dabei hilft Ihnen ein gediegenes Wissen um Wahrnehmungsphänomene, gruppendynamische Vorgänge und soziale Systeme. Zudem sind sie darauf trainiert, Beobachtung von Interpretation und Wertung zu trennen. Damit vermeiden sie ›Schnellschüsse aus dem Bauch‹ und ›gute Ratschläge‹ (... ich würde das an deiner Stelle so machen ...). Voraussetzung einer guten Rückmeldung durch Supervision ist die Vereinbarung, welche Bereiche ›beleuchtet‹ werden sollen.«*
>
> Beiler traut aber nicht allen Leuten, die Supervision machen: *»Als ›alter‹ Lehrsupervisor und Ausbilder weiß ich, wie viel Macht in der Supervision steckt und wie man sich da aufspielen kann. Es gibt genug Supervisoren, die eher darauf geschult sind, den ›Supervisanden‹ mit Vehemenz ihre Schwächen aufzuzeigen, als an den Stärken zu arbeiten.«*

Gute Supervision arbeitet an Stärken

Die Trainer-Walz: Walz ist ein alter Ausdruck für Handwerksgesellen, die früher eine Zeit herumreisten, immer wieder für eine kurze Zeit lang bei fremden Meistern arbeiteten und sich so weiterbildeten.

Was ist aber die »Trainer-Walz«? Man verschaffe sich mindestens eine Woche Zeit und besuche angekündigt, aber ohne bestimmten Anlass Kollegen, Auftraggeber, Kunden oder Teilnehmer.

Meine Trainer-Walz begann im Bayerischen Wald bei einem Kollegen, mit dem ich die Möglichkeit ganz einfach gestrickter Lernplattformen im Netz diskutierte. Am nächsten Tag besuchte ich eine Kollegin in Linz, zu der ich schon länger keinen Kontakt hatte, und war erstaunt über ihre neuen Moderationsideen. Es folgte ein Tag Pause in der Wachau mit viel Lesen und der Entwicklung neuer Ideen. Dann traf ich mich in Wien mit einem Auftraggeber. Aus einem zwanglosen Gespräch entwickelte sich eine neue Seminaridee. Der Weg nach Niederösterreich war nur kurz. Dort saß ich gleich zwei Tage mit einem

Kollegen aus dem Netzwerk zusammen. Wir genossen es, ohne Seminarauftrag im Nacken zu arbeiten, neue Ideen zum E-Learning zu diskutieren und den Lernzirkel auf seine Tauglichkeit für das Erwachsenenlernen zu prüfen. Einen letzten Tag verbrachte ich zum Ausklingen, Nachdenken und Dokumentieren in Böhmen.

Weniger ausgiebig mit einer oder zwei Anlaufstellen habe ich das noch öfter gemacht. Das klingt beim ersten Lesen vermutlich etwas fremd, aber es tut gut.

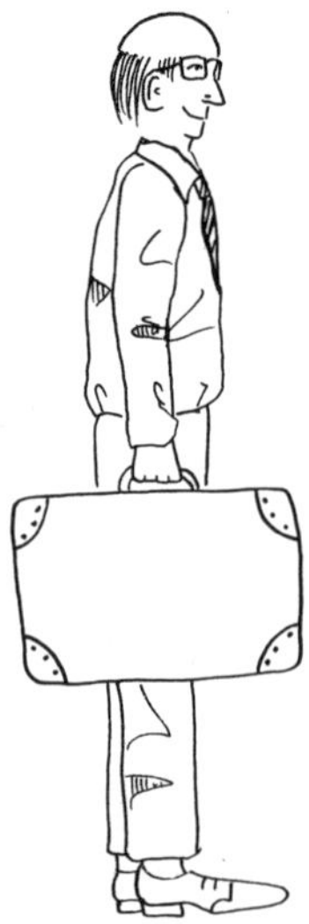

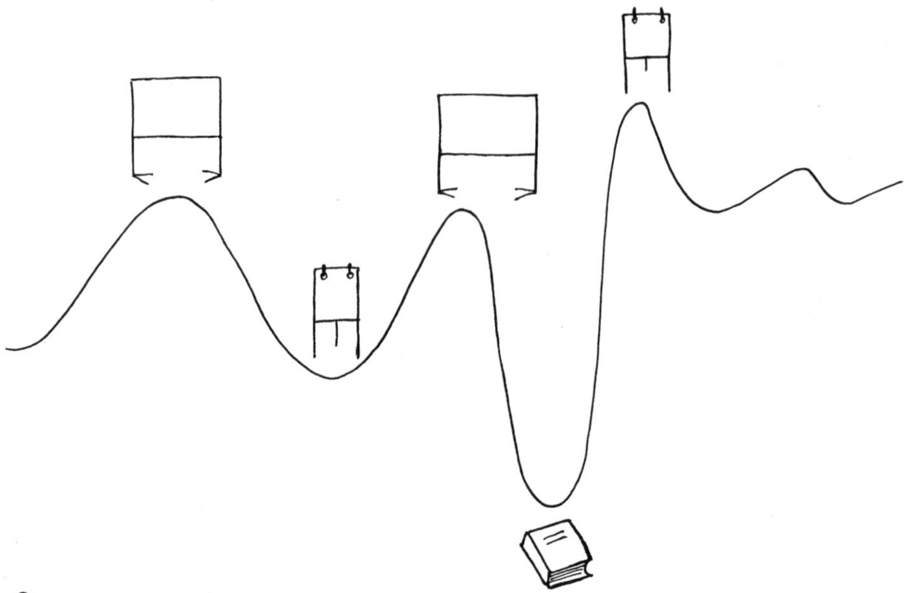

Lesen: Ich hätte mir für meine ersten Trainerjahre die Fülle an Literatur zum Thema Seminar und Training gewünscht, die heute auf dem Markt ist. Viele Anregungen verdanke ich Büchern. Das ganze Thema Mind-Mapping, zu dem ich in den 80er-Jahren schnell eigene Seminare entwickelte, kannte ich ausschließlich aus der Literatur.

Schwierig ist es, Bücher zu empfehlen. Zum einen ist es heute schwer, den Gesamtüberblick zu behalten, zum anderen sind die Lesegewohnheiten ganz verschieden. Einige Empfehlungen will ich trotzdem wagen:

- *Krapp, Andreas/Weidenmann, Bernd (Hrsg.) (⁵2006). Pädagogische Psychologie. Ein Lehrbuch. Weinheim, Beltz PVU.* Ein dicker Wälzer, aber leicht zu lesen, mit einem umfassenden wissenschaftlichen Überblick über die Pädagogische Psychologie. Rezeptfrei!

- *Dollinger, Manuela (2003): Wissen wirksam weitergeben. Die wichtigsten Instrumente für Referenten, Trainer und Moderatoren. Zürich, Orell Füssli.* Ein mit vielen Illustrationen schnell zu lesendes Train-the-Trainer-Allround-Buch, das sich auch an der Lernpsychologie orientiert und nicht nur wie ein Ratgeber an der Oberfläche bleibt.
- *Draf, Dieter/Höfer, Frank/Kristin Schubert (^{3}2004): Pädagogischer Wegweiser. Pädagogische Schriften Heft 6. Herausgegeben von der Bayerischen Verwaltungsschule, München.* Ein leider nur an dieser Verwaltungsschule (Ridlerstraße 75, 80339 München) zu beziehender Geheimtipp. Das beste und schönste Buch für den Anfänger im Trainer-Job ohne alle Vorkenntnisse. Umfassend, aber sehr fundiert mit vielen Beispielen, die sich ganz leicht von den Verwaltungsinhalten auf andere Themen übertragen lassen. Zeichnungen und Grafiken machen das Buch auch als Lehrbuch zu einem Vorbild.
- *Lipp, Ulrich/Will, Hermann (^{8}2008): Das große Workshop-Buch. Weinheim und Basel, Beltz.* Ein Praxisbuch für alle Trainer, die gerne mit aktivierenden Methoden aus der Workshop-Ecke arbeiten. Kartenabfragen, Zuruflisten, Mind-Mapping und vieles mehr in Variationen und Details.
- *Weidenmann, Bernd (^{2}2008): Handbuch Active Training. Die besten Methoden für lebendige Seminare. Weinheim und Basel, Beltz.* Keine neue Trainingsphilosophie, sondern, wie der Untertitel sagt, ein Methodenbuch, aber nicht eins neben vielen anderen, sondern eine echte und unterhaltsam zu lesende Fundgrube auch für erfahrene Trainer jenseits von Vortrag und PowerPoint.
- *Hare, Kimberley/Reynolds, Larry (^{2}2004): The Trainer's Toolkit. Bringing Brain-Friendly Learning to Life. Crown House Publishing Ltd, UK.* Der Blick über den Zaun zeigt, dass auch anderswo schöne Trainer-Bücher gemacht werden. Sehr viele brauchbare Praxistipps. Auch das Buch ist »Brain-Friendly«: klar gegliedert, einfach zu lesen, viele Abbildungen. Etwas NLP-lastig.

Seriosität, Inszenierung und Lernerfolg

Nach einem langen Seminartag sitze ich endlich im Flugzeug nach München in Gedanken noch halb beim Seminar und schon halb beim Angeln, auf alle Fälle weit weg von den üblichen Sicherheitsbelehrungen im Flieger. Plötzlich ein Gekicher durch den Lautsprecher. Die Stewardessen albern bei den Sicherheitshinweisen. Sie lassen nichts weg, aber die eine macht Slapstick und die zweite kommentiert ganz flapsig dazu. Das ist so witzig, dass ich den Blick bis zum Ende nicht abwende. Ich bemerke, fast allen anderen geht es genauso, alle sind plötzlich aufmerksam.

Später spreche die Flugbegleiterin an. Sie fängt an, sich tausend Mal zu entschuldigen: »Wir sind angehalten, das immer ganz seriös und mit dem nötigen Ernst zu machen.« Sie muss sich nicht entschuldigen, im Gegenteil: Sie hat das fast Unmögliche geschafft und volle Aufmerksamkeit für eine »Belehrung« hergestellt, die die meisten Fluggäste sonst vorbeirauschen lassen. Gerade das Weglassen des »nötigen Ernstes« und der branchenüblichen Seriosität waren dazu Voraussetzungen.

Seriös oder »merk-würdig«?

»Höre auf, immer so seriös aufzutreten!« Diesen Satz hätte ich in meinen ersten Trainerjahren entsetzt von mir gewiesen. Die Auftraggeber sind am Lernerfolg interessiert, sie bezahlen nicht eine Menge Geld dafür, dass ihre Mitarbeiter lachen, sich amüsieren und gut unterhalten werden. Das ist heute noch so und wird sich nicht ändern. Nur habe ich im Laufe der Jahre in der Trainer- wie in der Teilnehmerrolle erfahren, dass Lernen dann besonders gut funktioniert, wenn die Teilnehmer dabei auch lachen können. Der Anspruch, seriös aufzutreten, schließt oft scheinbar verrückte und schräge Lernmethoden aus. Da gibt es keine Inszenierungen und keinen Klamauk, aber gerade diese Elemente machen Lerninhalte »merk-würdig«: Sie bleiben im Gedächtnis hängen, und das auch über längere Zeit.

Beispiele für »schräge« Dramaturgien, »kleine« Inszenierungen und sinnvollen Klamauk

Präsentationen als Auftritte: Wichtige Inhalte und gute Ideen gehen oft deshalb unter, weil sie langweilig »verpackt« sind und in einer 08/15-Präsentation nicht optimal verkauft werden. Auch Präsentationen in Trainings und Seminaren, die der Teilnehmer wie die von uns Trainern, lassen sich mit einfachen Mitteln aufpeppen. Ein Plakat steht nicht einfach da, es wird vorher mit einem Stoff zugedeckt und dann enthüllt. Auch sonst ist nichts gegen Elemente aus dem Theater einzuwenden. Wir arbeiten gerne mit Scheinwerfern, mit Applaus und einer Schachtel mit Requisiten (Brillen, Tücher, Bänder, Wäscheklammern ...).

Oskar-Kür: In vielen meiner Seminare erarbeiten Teilnehmer Plakate, Präsentationen, Videos und vieles mehr. Mir kommt es dabei auch auf die Qualität der Gestaltung an. Ich will sehr gute Arbeitsergebnisse herausstellen und würdigen. Natürlich kann man ein besonderes Plakat einfach besprechen. Mit einer kleinen Inszenierung wird die Wirkung intensiver. Beispiel Plakatgestaltung: Ich veranstalte die »Oskar-Kür« in Anlehnung an die Verleihung des bekannten Filmpreises in Amerika: »Wählen Sie unter all den entstandenen Plakaten, das beste in der Kategorie ›selbsterklärend‹ aus. Das eigene Plakat ist natürlich ohnehin das beste und deshalb tabu.«

Als Blitzlicht sagt jeder Teilnehmer seine Wahl und einen Satz zur Begründung. Ich als Trainer führe eine Strichliste und überreiche dann feierlich den

Oskar an die Sieger. Applaus, Foto, angedeutete Dankesrede. Diese Mini-Inszenierung kostet zwar ein wenig Zeit, aber die ist gut investiert.

Aloisius als Oskar

Ein Oskar für ein gelungenes selbstredendes Plakat wird verliehen!

Die Spitzenverkäuferübung: Am Ende einer längeren Sequenz über verschiedene Methoden lässt sich diese Übung wunderbar einsetzen. Sinn: Ich will wiederholen, schärfen, ankern. An der Pinnwand hängt eine Übersicht über die besprochenen Methoden auf Karten. Die einfache Lösung: Jeder wählt eine Methode aus, die ihm gefällt, und begründet in einem Blitzlicht seine Wahl. Klamaukiger und effektiver ist die Spitzenverkäuferübung: »Wählen Sie immer zu dritt eine der Methoden. Sie werden nach einer Vorbereitungszeit von drei Minuten als Spitzenverkäufer die Methode mit ihren Vorteilen der Gruppe auf einer Art Marktplatz verkaufen.«

Seminar als »Laborsituation« und Experimentierfeld: Die Sondersituation Seminar nutzen wir zu selten. Im Seminar sind die Teilnehmer aus dem »normalen« Alltag herausgelöst, das ist auch »Spielwiese«. In dieser Situation lassen sich Sachen ausprobieren, die im Alltag viel zu riskant sind. Im Rollenspiel kann ein an sich schüchterner Pharmareferent den Arroganzstatus im Arztgespräch spielen. Die neue Software kann zielgerichtet an ihre Grenzen geführt werden. Im Train-the-Trainer können Dozenten austesten, ob sie ihre »strohtrockenen« Themen nicht auch ganz anders vermitteln können.

- Trainer einer Bank entwickelten so zum Beispiel eine Art Rollenspiel, um den komplizierten Vorgang des Handels mit Optionen zu vermitteln. Dabei konnten viele der sonst passiven Teilnehmer mitmachen.
- Ein anderes Beispiel: Trainer aus der Medizintechnik versuchten sich in einer Experimentierphase an der Vermittlung ihres allertrockensten Themas (»Tal des Todes«): Die Kalibrierung eines medizinischen Navigationssystems. Als sie Teilnehmer Teile der Maschine spielen ließen, war das so einfach, dass sogar ich als absoluter Laie das Prinzip verstand. Den Spaß, den die Leute dabei hatten, kann man sich vorstellen.

Ungewöhnliche Lernwege entwickeln

Natürlich meldete sich umgehend das »Seriositätsgewissen«: »Können wir so mit unseren Kunden arbeiten? Die zahlen Geld dafür! Ist das nicht zu albern?« Ich widerspreche vorsichtig: »Das Geniale an der Präsentation ist die Vereinfachung und die Darstellung der ›Maschine‹ durch die Menschen. Ich würde das auf keinen Fall weglassen.« Sie wollten auf alle Fälle zuerst einmal einen Probelauf mit internen Teilnehmern machen und den Klamaukfaktor etwas zurückfahren.

Diese Beispiele könnte ich noch weiter fortsetzen. Die Scheu vor ungewöhnlichen Methoden und Vorgehensweisen habe ich abgelegt und bin stets gut damit gefahren. Wichtig ist immer die kritische Frage: Dient das »verrückte« Vorgehen dem Lernerfolg wirklich oder ist es nur oder überwiegend Klamauk? Klamauk um des Klamauks willen hat in Seminaren und Trainings nichts verloren.

Vorsicht Klamauk!

Verrückt in »seriösen« Branchen!

Ich habe Dr. Karl Bever, Leiter Training und Coaching in einem Unternehmen der pharmazeutischen Industrie zwei Fragen gestellt: Wie verrückt darf ein Training sein? Wie seriös muss ein Training sein? Seine Antwort ist das passende Schlusswort für dieses Kapitel:

> *»Ein Training muss immer seriös sein, was den Inhalt betrifft und das Ziel. Also die vermittelten Fakten und Tatsachen müssen stimmen. Verrückt kann oder muss ein Training sein, was die Methoden oder das Vorgehen im Training betrifft. Mit verrückt meine ich, dass der Trainer abrücken (können) muss von dem, was die Teilnehmer kennen, gewöhnt sind und erwarten, was so üblich ist in der Branche.*

Besonders die ›seriösen‹ Branchen, in denen im Büro Schlips getragen wird, die anerkannte Säulen unserer Wirtschaft, also finanzkräftig sind und in denen alles institutionalisiert ist und später evaluiert wird, neigen dazu, in der selbst verordneten Perfektion zu erstarren und den Menschen (und damit den Trainingsteilnehmer) aus dem Auge zu verlieren.
Die Schulungs- oder Trainingsräume sind technisch perfekt eingerichtet. Multimediawände mit oder ohne Rückprojektion haben verschiebbare Whiteboards und Pinnwände, eingebaute Flipcharts und elektrische Leinwände. An die Wände im Raum kann oder darf man nichts hängen, also schaut immer alles nach vorne, zu eben jener Multimediawand. Was macht man in einem solchen Raum? Natürlich zeigt man üblicherweise eine PowerPoint-Präsentation. Hier müssen aus meiner Sicht Tische und Stühle ›verrückt‹ werden, die ›Klassenraumatmosphäre‹ muss verschwinden, und lernfördernde Methoden müssen her, die den Stoff ›merk-würdig‹ machen. Dann kann ein Training effektiv sein.
Aus meiner Sicht (und etwas überspitzt): Je seriöser das Unternehmen, desto wichtiger ist es, darauf zu achten, dass ein Training kreativ und interaktiv gestaltet wird oder, wenn man so will, verrückt ist.«

Mit verschiedenfarbigen Brillen inszeniert Kollege Hermann Will eine Unterrichtseinheit über unterschiedliche Zuhörertypen

Lernstrategien

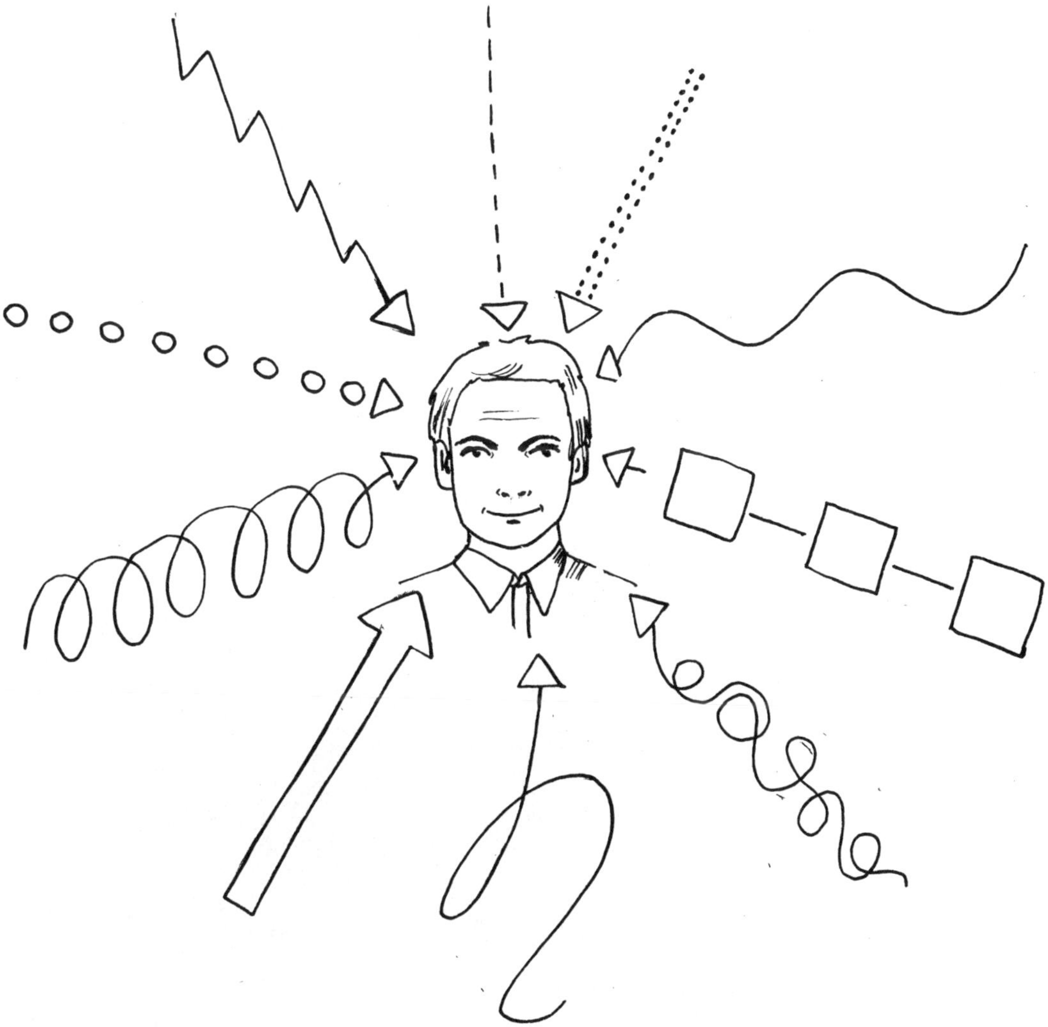

Von der Sachlogik zur Lernlogik

Ein Beispiel

Ich war Teilnehmer an einem Korbflechterkurs. Ich erwartete (und befürchtete) eine lange Einführung über die geeigneten Weidenruten und ihre Vorbereitung, das Werkzeug ... Zu meiner Überraschung ging es gleich richtig zur Sache. Ich bekam einen fertigen geflochtenen Boden und ein Bündel vorbereiteter Weideruten in die Hand gedrückt. Der Dozent Herr Baumgarten führte uns vor, wie wir die Wand des Korbes machen sollen. Das war ganz einfach und ging ganz fix. Nach einer Stunde konnte man schon richtig etwas sehen. Der Rand oben und der Henkel, das waren schon schwierigere Arbeitsschritte, aber da waren die Finger das Hantieren mit den Weidenruten schon gewöhnt. Nach wenigen Stunden hielt ich stolz meinen ersten eigenen Korb in den Händen und wollte aufräumen. »Stopp«, meinte Herr Baumgarten »Ihr könnt ja den Boden noch nicht!« Und wir machten den Boden für die nächste Gruppe.

Selbst im Korbflechterkurs spielt die Lernlogik eine Rolle

Der Dozent klärte uns auf: »Ich beginne bewusst nicht mit dem Boden. Der ist so kompliziert, da verzweifeln mir die ersten Teilnehmer schon am Anfang und werfen das Handtuch. Alles, was danach kommt, ist einfacher. Also drehe ich das Ganze um und beginne mit der Wand des Korbes. Das ist das Einfachste und geht ganz schnell. Die Leute haben schnell ein Erfolgserlebnis. Das Kompliziertestes, den Boden hebe ich für den Schluss auf.«

Sachlogik

Genau dieses Vorgehen von Herrn Baumgarten meine ich mit meiner Forderung, den Schritt von der Sachlogik zur Lernlogik zu gehen. Die Sachlogik ist die den Dingen und Vorgängen eigene Struktur und Ordnung. Da kommt eben der Boden eines Korbes ziemlich am Anfang und davor noch Material- und Werkzeugkunde.

Viele Fachtrainer gehen von dieser Sachlogik aus und bauen darauf den Lernprozess auf. Ein Training ist dann gegliedert wie ein Fachbuch, das mit theoretischen Grundlagen beginnt und anschließend Stück für Stück schön geordnet bis zu den praktischen Anwendungen weitergeht. Diese Fachtrainer sind Spezialisten in ihrem Fachbereich und kommen oft gar nicht auf die Idee, anders als sachlogisch vorzugehen.

Lernen funktioniert aber nach einer anderen, eigenen »Logik«!

Lernlogik

Der Dozent im Korbflechterkurs hat erkannt, dass er die Teilnehmer langweilt, wenn er mit einem Vortrag über Historie, Material und Werkzeug beginnt. Deshalb fängt er gleich mit der praktischen Arbeit an und klärt die »Theorie« später. Bei der praktischen Arbeit vermeidet er Frustrationen und geht vom Leichten zum Schweren. Unser Beispiel zeigt, dass dieses lernlogische Prinzip auch dann realisierbar ist, wenn die Sachlogik ganz anders läuft.

Vom Leichten zum Schweren ist eine »lernlogische« Anordnung. Es gibt noch andere. Manchmal ist es nötig, am Anfang des Lernprozesses durch ein Erfolgserlebnis Motivation aufzubauen. Oft erlebe ich, dass es sinnvoll ist, Lernprozesse (gerade am Computer) mit praktischen Anwendungen (in der Sachlogik immer ganz hinten) zu beginnen, dann fällt die systematische Schulung der Software-Anwendung leichter.

Wie komme ich zur Lernlogik? Ebenso wie das Wissen um die Sachlogik Fachwissen voraussetzt, brauche ich für die Lernlogik neben dem Fachwissen Wissen darüber, wie Lernen funktioniert, und ich brauche ausreichende Informationen über die Zielgruppe (s. auch Vorab-Mail S. 86). Was können die Teilnehmer schon? Mit welchem Interesse und mit welcher Zielsetzung kommen Sie in das Seminar?

Erlebnislernen ohne Hochseilgarten

In Namibia war ich Teilnehmer einer Übung im Rahmen eines Seminars für Beschäftigte im öffentlichen Dienst. Der afrikanische Kollege ließ uns aufstehen, und wir bekamen je einen roten, grünen oder blauen Klebepunkt auf die Stirn. Wir Teilnehmer kannten unsere eigene Farbe nicht. Die Anweisung lautete: »Gehe im Raum herum, begrüße alle Menschen mit einem blauen Punkt förmlich mit Handschlag, umarme alle, die einen grünen Punkt auf der Stirn tragen, versuche den Rotgepunkteten auszuweichen und auf alle Fälle jede Berührung mit ihnen zu vermeiden.« Den Ablauf kann man sich gut vorstellen. Da gab es Leute, die sich in den Armen lagen, sich die Hände schüttelten, aber auch andere, die nach dem fünften vergeblichen Versuch, jemanden zu begrüßen, nur noch auf das Ende der Übung warteten.

Danach wurde die Übung ausgewertet: Wir wurden gebeten, uns nach der vermeintlichen Farbe auf unserer Stirn nach Rot, Blau oder Grün zu gruppieren. Bei den Teilnehmern mit dem roten Punkt war das eindeutig. Jeder hatte die Ausgrenzung erlebt und richtig erkannt, auch ohne dass über die Punktfarbe gesprochen wurde. Interessant war auch die anschließende Verbalisierung der Gefühle während dieser Übung: »Als mir alle auswichen, wollte ich diesen verdammten Punkt schnell loswerden.«

Selten habe ich intensiver gespürt, was Diskriminierung ist. Ich kann über Diskriminierung lesen und die Mechanismen verstehen. Dieses »Erleben« hat eine andere Qualität. Lernen läuft hier nicht so sehr »über den Kopf«, ist nicht in erster Linie rationales Verstehen. Ich bin als Lernender selbst aktiv und auch emotional eingebunden.

Mein Beispiel aus Afrika mag für ausgemachte Erlebnispädagogen befremdlich sein. Sie inszenieren Erlebnisse oft »outdoor« im Hochseilgarten, in Raftingbooten auf reißenden Bergflüssen oder direkt in der Wildnis. Ihre Lernziele liegen meist in den Bereichen Teamentwicklung, Selbsterfahrung oder Führungsverhalten. Es muss aber nicht immer »outdoor« und abenteuerlich sein, ebenso ist eine thematische Eingrenzung nicht notwendig.

Die Grundparameter des Erlebnislernens

- Die Teilnehmer sind selbst aktiv. Es ist immer handelndes Lernen mit Herausforderungscharakter. Nur außergewöhnliche Aufgaben werden zum Erlebnis.
- Lernen hat dabei einen hohen emotionalen Anteil.
- Erlebnislernen ist meist Lernen in der Gruppe.
- Eine Übertragbarkeit auf das Leben des Lernenden ist möglich.

Beispiele abseits vom Hochseilgarten

Anleitung zum »Lustlernen«: Teilnehmer an einem Train-the-Trainer-Seminar wollten Informationen über das »Lustlernen« (= Lernprozesse so gestalten, dass Lust und Freude am Lernen und am Lernerfolg in Einklang kommen). Statt der erwarteten Präsentation zum Thema bekamen sie Aufgaben:

- Gruppe 1: Machen Sie hier im Tagungshotel eine Bestandsaufnahme bei den Teilnehmern anderer Seminare über das Lustlernen! Gibt es das »Lustlernen«, und wie sieht es aus?
- Gruppe 2: Bereiten Sie einen Kurzworkshop innerhalb unseres Seminars vor: »Anleitung zur Lernlust«. Die Mitarbeit am Workshop selbst soll Freude machen.

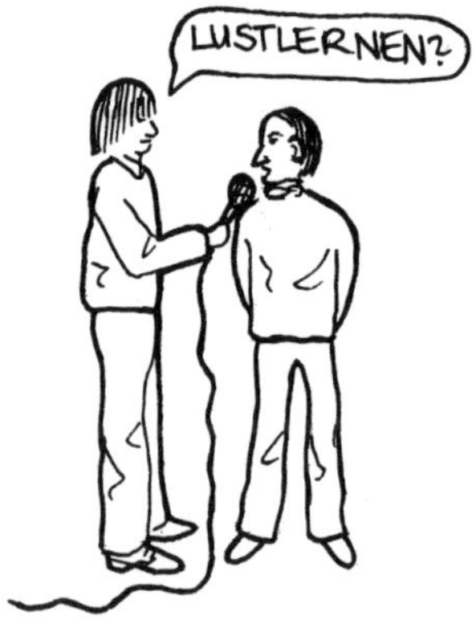

Verkaufen macht Spaß: Pharmareferenten sehen sich mehr als Wissenschaftler, als medizinische Berater und Gesprächspartner für Ärzte. Ihre Rolle als Verkäufer ist ihnen fremd und unangenehm. Sie wollen keine Vertreter sein. Diese Teilnehmer sollen lernen, dass Verkaufen auch Spaß machen kann. Die einfachste Idee dazu: Wir drücken jeweils zwei von ihnen eine Tüte mit zehn Äpfeln in die Hände. Jeder Apfel kostet 30 Cent. Dann schicken wir sie für 45 Minuten los, um die Äpfel auf der Straße zu verkaufen. Danach werden die erfolgreichsten Verkäufer prämiert und Verkaufsstrategien werden erarbeitet.

Gelingt der Transfer?

Die Beispiele von Afrika bis Pharma zeigen gleichzeitig die Kernproblematik aller erlebnispädagogischen Übungen: Gelingt der Transfer vom Erlebnis auf den Teilnehmeralltag? Vermeiden Teilnehmer der Übung mit den Punkten auf der Stirn in Zukunft Diskriminierung? Verschaffen Trainer, die im Seminar lustvoll an der Lernlust gearbeitet haben, auch ihren Teilnehmern Freude am Lernen? Wird ein Pharmareferent, der Äpfelverkaufen als angenehmes Erlebnis erfahren hat, in Zukunft zum überzeugten Verkäufer?

Eine gute Sammlung von Übungen und Lernprojekten, die alle auch in die Rubrik »Erlebnislernen ohne Hochseilgarten« fallen, hat Bernd Heckmair in seinem Buch »20 erlebnisorientierte Lernprojekte« (^{3}2008) zusammengetragen.

Von der Ich-Rhetorik zur Du-Rhetorik

Trainer, die ich über mehrere Jahre betreue, nennen als Fortbildungswunsch regelmäßig »Rhetorik«. Frage ich nach, so geht es nicht um die klassische Redekunst, sondern um Präsentationstechniken, und da vor allem um Sprache, Ausdruck und Körpersprache. »Ich will wissen, ob ich verschlossen wirke, ob ich zu viele Ähs verwende, ob die Teilnehmer sehen, dass ich nervös bin.«

Das nenne ich die »Ich-Rhetorik« oder »Spiegel-Rhetorik«. Ich schaue in den Spiegel oder in das Video von meinem Auftritt und analysiere Sprache und Körpersprache. Da werden die Füllwörter gezählt und analysiert oder was die verschränkten Hände signalisieren. Stehe ich richtig? Verrät die Mimik nicht doch Unsicherheit?

Meine Überlegung dabei: Ist das die richtige Perspektive zur Beurteilung der rhetorischen Fähigkeiten eines Trainers? Sollte ich nicht besser auf die Teilnehmer schauen, vielleicht sogar sie statt dem Trainer filmen, um zu beobachten, wie die Teilnehmer auf den Trainer reagieren?

Ich nenne diese andere Perspektive die »Du-Rhetorik«. Kommt das, was ich als Dozent sage, bei den Teilnehmern an? Wenn das gelingt, haben wir den sprichwörtlichen Draht zu unseren Zuhörern. Das ist noch keine Beziehung, das ist auch gar nicht nötig. Der Draht genügt, damit Kommunikation gelingen kann. Im Englischen gibt es dafür einen eigenen Ausdruck: »Establishing rapport«.

In einem speziellen Rhetoriktraining für Dozenten (der Titel lautete wie dieser Tipp: »Von der Ich-Rhetorik zur Du-Rhetorik«) sammelten wir Beobachtungskriterien für diese andere Perspektive:

Merkmale der »Du-Rhetorik«

- *Blickkontakt:* Ist der Blickkontakt gleichmäßig verteilt? Wird er so oft, wie nur irgendwie möglich ausgeübt? (s. Tipp Kontaktautobahn: Blick in die Augen, S. 66)
- *Beispiele und Bilder:* Gab es welche aus dem Erfahrungsbereich der Teilnehmer?
- *Sprache:* War sie gut verständlich und im Abstraktionsniveau den Zuhörern angepasst?
- *Anknüpfen:* Wurde jede Chance genutzt, neues Wissen mit Bekanntem zu verknüpfen?
- *Pausen für die Teilnehmer:* Gab es genügend Minipausen, damit sich das Gesagte »setzen« kann?
- *Roter Faden:* Ist die Struktur, die Gliederung der Aufbau für die Teilnehmer immer erkennbar?
- *Positive Atmosphäre:* Macht das Zuhören Spaß? Wird da auch mal gelacht?
- *Aktivität:* Haben die Teilnehmer die Chance, auch selbst etwas zu tun? Oder bleiben sie nur passiv?

In diesen Kriterien wird der große Unterschied zwischen der Ich-Rhetorik und der Du-Rhetorik deutlich. Da spielen nervöses Zucken, Füllworte, verschränkte Hände und das Wippen mit den Füßen eine untergeordnete Rolle. Im Gegenteil, perfekte rhetorische Auftritte von Trainern wirken wie jede Perfektion eher kalt. Dozenten mit kleinen rhetorischen Schwächen (bei mir sind es Ähs und unvollendete Sätze) wirken in ihrer Unvollkommenheit oft sympathischer und sind näher dran an den Teilnehmern.

»Doppeldecker« sparen Zeit!

Immer ist der Stoff zu viel und die Zeit dafür zu wenig. Uns helfen sogenannte »Doppeldecker«, um Zeit zu sparen. Doppeldecker nennen wir Phasen in Train-the-Trainer-Seminaren oder Moderationstrainings, in denen wir zwei Inhalte gleichzeitig unterrichten. So vermitteln wir mit der Expertenbefragung die Gruppenarbeit, wir machen eine Zurufliste zu schwierigen Situationen im Training, wir sammeln mit der Kartenabfrage Ideen für kreative Einstiege, wir zeigen einen Lernzirkel zum Thema guter Frontalunterricht. Uns ist dabei immer der Inhalt wichtig, aber auch die Methode, mit der er vermittelt wird. Die Teilnehmer – so unsere Hoffnung – lernen gleichzeitig die Kartenabfrage und Möglichkeiten für Einstiege.

Tipps für Doppeldecker

- Ich trenne möglichst sauber die beiden Ebenen des Doppeldeckers. Die Kartenabfrage zum Thema Einstiege führe ich durch, ohne groß über die Methode zu sprechen. Die Teilnehmer sollen sich zuerst auf die Einstiege konzentrieren. Dann unterbreche ich diesen Lernprozess über Einstiege, gehe auf die andere Seite des Seminarraums und erläutere dort mit einer Pinnwand die Methode Kartenabfrage, die die Teilnehmer gerade erlebt haben.
- Wenn wir zu zweit arbeiten, ist das einfacher. Ein Trainer ist für die eine Ebene zuständig (hier die Einstiege), der andere für die zweite, die methodische Ebene.
- Wir haben gute Erfahrungen gemacht, der methodischen Ebene auch einen speziellen Namen zu geben. Der Fachausdruck Meta-Ebene (von meta = übergeordnet) ist offensichtlich weniger geläufig und für viele Menschen verwirrend. Wir nennen den methodischen Blickwinkel die »Aloisius-Ebene« nach dem Engel Aloisius, der, auf einer Wolke sitzend, die Abläufe beobachtet und kommentiert.

Ein Engel auf der Metaebene

Mit dem Engel Aloisius arbeite ich inzwischen weit über Bayerns Grenzen hinaus. Aloisius begleitete mich als »Angel of methods« nach Afrika, und er hing als »Ong Phuong phap« (= Herr Methode) in vietnamesischen Trainingsräumen, auch wenn nur ganz wenige Eingeweihte seine Geschichte im Detail kennen (s. Thoma 1993).

Der bayerische Engel Aloisius im Einsatz in Asien und Afrika

Trotz dieser Kunstgriffe ist das Arbeiten mit diesen Doppeldeckern nicht ganz einfach. Frau Ngoc Phuong (Lipp 2004), eine Teilnehmerin an einer Trainerausbildung in Vietnam, meinte dazu: »Herr Lipp hat eine Unterrichtssequenz bis zu Ende gemacht, und erst danach haben wir die Lehrmethoden erkannt, die er bereits verwendet hat.« Das ist zwar als Kompliment gedacht, zeigt aber genau das Risiko: Manche Teilnehmer bekommen die beiden Ebenen nicht gleichzeitig mit.

Warum nutzen wir trotzdem Doppeldecker? Da ist nicht nur die Zeitersparnis. Trainer (und das gilt auch für Moderatoren und Präsentatoren) müssen lernen, die beiden Ebenen gleichzeitig im Kopf zu haben: die inhaltliche und die methodische. Das macht die spezielle »Trainer-Denke« erst aus.

Auf mehreren Ebenen gleichzeitig zu arbeiten bleibt nicht auf Train-the-Trainer-Seminare beschränkt. Themen aus anderen Trainings sind zum Beispiel »Gestalten von Meetings«, »Verhandlungsführung«, »Erfolgreiches Beraten«, »Mitarbeitergespräch« oder »Verkaufen«.

Paradoxe Lernstrategien

Anleitung zum Unglücklichsein

Eines meiner Lieblingsbücher ist Paul Watzlawicks »Anleitung zum Unglücklichsein« (Watzlawick 1983). Als ich das Buch geschenkt bekam, dachte ich: »Ein guter, reißerischer Titel« und erwartete Tipps zum Glücklichwerden. Inzwischen ist das Buch weit verbreitet, und jeder weiß: Diese Erwartung wird enttäuscht. Watzlawick beschreibt genüsslich bis ins Detail, welche Chancen der ganz normale Alltag bietet, griesgrämig, enttäuscht und unglücklich zu werden. Beim schmunzelnden Lesen ertappt man sich: »Da beschreibt ja jemand Facetten meines eigenen Lebens!« Wirksamer als durch alle »Lebensberater«-Literatur wird klar, wo man im Detail ansetzen kann, um glücklich zu werden.

Diese »paradoxe Lernstrategie« verwende ich gerne als Design für Trainings und Seminare. Da heißt dann die Überschrift für eine Zurufliste »Anleitung zum schnellen Vergessen« und die Teilnehmer sammeln mit Freude konsequent und kreativ alle Möglichkeiten, eine Schulung so zu gestalten, dass bei den Teilnehmern garantiert nichts hängen bleibt. Im nächsten Lernschritt lasse ich Teilnehmer punkten: »Kleben Sie bitte Ihre zwei Punkte zu den Statements auf der Zurufliste, bei denen Sie in Ihren eigenen Trainings aufpassen müssen!« Diese unvermittelte Wendung von ganz allgemeinen negativen Verhaltensweisen zum eigenen Verhalten irritiert in der Regel nur kurz.

Ich vermute, dieses »Hoppla, das bin ja auch ich!« fördert als »Aha-Erlebnis« das Lernen.

Fragestellungen und Themen für paradoxe Lernstrategien

Beispielsweise habe ich zu Folgendem paradoxe Lernstrategien eingesetzt:

- Wie können wir als Trainer Störungen provozieren?
- Wie verkaufen wir garantiert nichts?
- Anleitung zum Scheitern beim Arztbesuch (für Pharma-Referenten).
- Anleitung zur Passivität in Training und Seminar.
- Wie verhindern wir Transfer?

Tipps zur Anwendung »Paradoxer Lernstrategien«

- Ich kündige die »Paradoxe Lernstrategie« ganz kurz an. Ich erzähle von Paul Watzlawick und seinem Buch und bitte die Teilnehmer, sich einfach auf dieses Lernen andersherum einzulassen. Oft, wenn ich versuche, diese Ankündigung wegzulassen, gab es Schwierigkeiten. Einige Teilnehmer wähnten sich »im falschen Film« und waren so irritiert, dass sie sich aus dem Lernprozess ausklinkten.
- Anders als in Watzlawicks Buch kann eine Schulung nicht auf die positive Wendung verzichten. Wichtig ist, den geeigneten Punkt dafür zu finden, sonst spielen die Teilnehmer nicht mehr mit. Mir ging das einmal so, als ich bei einer Lehrerfortbildung zum Thema Elternarbeit der Ideensammlung »Anleitung zum Scheitern am Elternabend« eine Gruppenarbeit in die gleiche Richtung nachschieben wollte.
- Auch nach der »Anleitung zum schnellen Vergessen« folgt die positive Wendung: So unterstützen wir das Behalten von Lerninhalten.

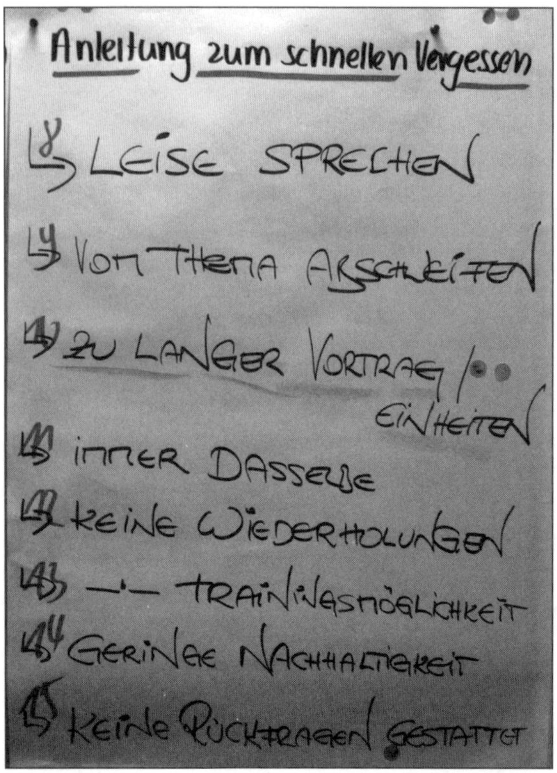

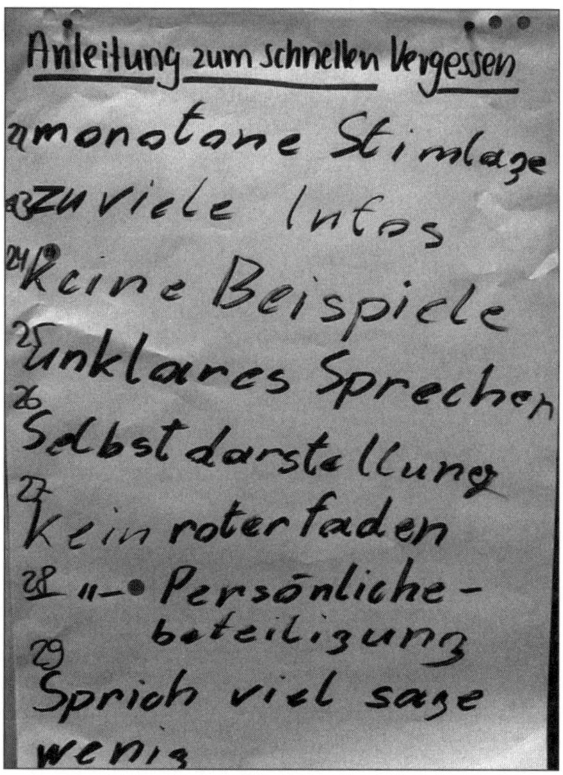

Der Trainer und die Gruppe

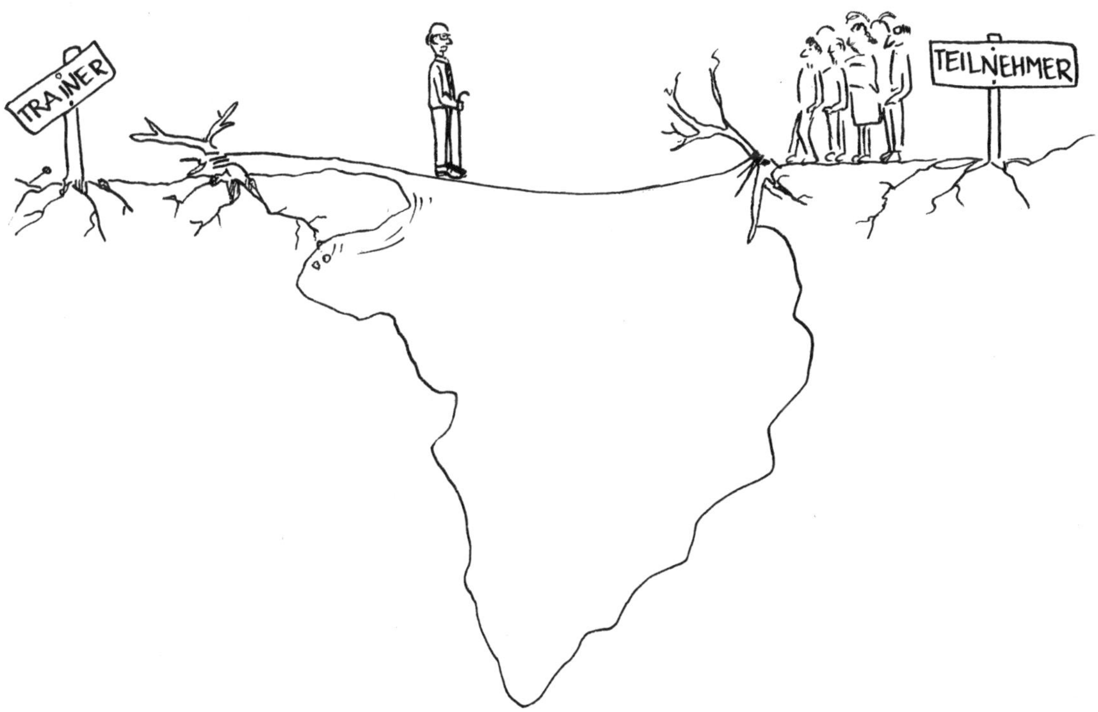

Kontaktautobahn: Der Blick in die Augen

Ein Experiment

Der Sozialpsychologe Heiner Ellgring, Experte für Verhaltenstraining und Videoanalyse, führte mit mir ein ganz kleines Experiment durch. Wir leiteten gemeinsam ein Präsentationstraining, deshalb standen ohnehin Videokameras im Raum. Ohne es groß anzukündigen, nahmen wir bei einer meiner Präsentationen das Publikum auf. Die Teilnehmer hatten nur Stühle, keine Tische und saßen in einem U um zwei Pinnwände. Ellgrings Instruktion für mich: »Halte Blickkontakt nur mit der linken Hälfte der Leute und schau die anderen konsequent nicht an!«

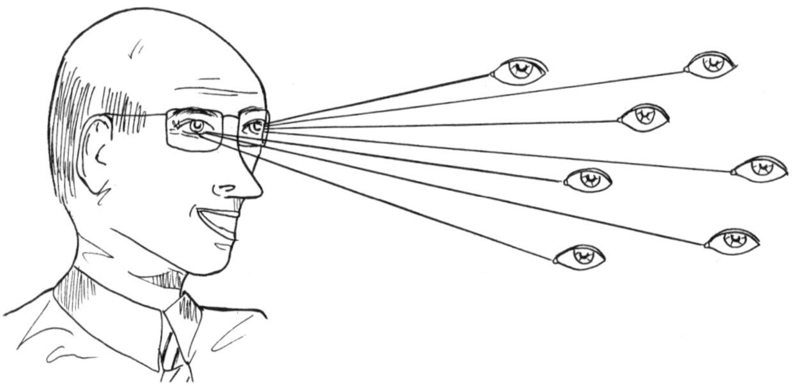

Auf dem Video, das wir anschließend gemeinsam mit den Teilnehmern analysierten, war ganz deutlich zu erkennen: Die Aufmerksamkeit der Teilnehmer ohne Blickkontakt nahm nach wenigen Minuten rapide ab: Gähnen, gelangweilte Gesichter, Seitengespräche, Blättern in Unterlagen. Ein Teilnehmer holte gar eine Zeitung heraus.

Genau anders die Seite mit Blickkontakt. Die Leute hingen mir förmlich an den Lippen. Sie machten sich Notizen, stellten Fragen, machten Notizen, reagierten mit Lächeln.

Nach dem gemeinsamen Anschauen des Videos konnte ich mir den Input über die Bedeutung des Blickkontakts sparen.

Tipps und Anmerkungen zum Blickkontakt

- Wer öfter Unterricht von Erwachsenen für Erwachsene beobachtet, wird erfahrene Dozenten schnell von Neulingen unterscheiden: Alte Hasen haben in der Regel einen »Streublick«: Jeder Teilnehmer fühlt sich angeschaut, und selbst während eines kurzen Gesprächs mit einem Einzelnen geht der Blick in die Runde. Anfänger können das selten.
- Viele Dozenten, unabhängig von ihrer Erfahrung, haben in Bezug auf den Blickkontakt eine »Schokoladenseite«, ohne das aber selbst zu erkennen. Tipp: Sich zuschauen lassen mit dem Beobachtungsauftrag: Welche Seite bekommt mehr Blickkontakt als die andere?
- Der unsinnigste Tipp, den ich je gelesen habe, ist, den Leuten nicht direkt in die Augen zu schauen, sondern knapp darüber. Das wirkt immer überheblich. So wirken manche Dozenten arrogant, weil sie unsicher sind und sich deshalb scheuen, den Teilnehmern in die Augen zu schauen.
- Der Streublick lässt sich lernen. Suchen Sie sich bei vielen Teilnehmern ein freundliches Gesicht links, eins in der Mitte und eines rechts und suchen Sie immer wieder den Augenkontakt zu diesen drei Menschen. Alle anderen fühlen sich dann auch angeschaut.

- Heiner Ellgring ergänzt zu diesen Punkten: »Denken Sie daran: Mit Ihrer Blickzuwendung signalisieren Sie, dass Sie Interesse an der Person haben, und Interesse wirkt für die Person belohnend.«

Selbst gemachte Störungen

Störer als Etikett

Eine Frage beschäftigt viele junge Trainerinnen und Trainer: Wie gehe ich mit Störern um? – Das Problem liegt schon in der Frage. Wie kommt jemand im Kopf des Trainers zu dem Etikett »Störer«?

Situation: Mitten in meiner Präsentation beginnen zwei benachbarte Teilnehmer miteinander zu tuscheln, leise aber doch so, dass ich mich als Trainer gestört fühle. Weil ich mich gestört fühle, unterstelle ich recht schnell störende Absicht und reagiere entsprechend auf diese vermeintlichen Störer.

»Könnten Sie bitte wieder aufpassen?« oder »Kann ich jetzt wieder weitermachen?« oder »Darf ich Sie bitten, Ihre Gespräche auf die Pause zu verschieben?« oder Schweigen und Blick auf die »Störer«. – Was passiert? Die zwei Teilnehmer, die gesprochen haben, fühlen sich ertappt, bloßgestellt, unangenehme Schulassoziationen werden wach. Die beiden wehren sich, vermutlich nicht gleich, aber irgendwann während des Tages kommt die »Retourkutsche« für den Trainer. Ein Vorwurf, ein Meckern über eine zu kurze Pause, ungenügende Unterlagen oder eine Frage, die der Dozent nicht beantworten kann. Die Teilnehmer haben das Etikett »Störer« bekommen, sie stecken in der betreffenden Schublade, und sie passen sich an, sie werden zu Störern, weil sie als Störer behandelt werden.

In der Sozialpsychologie sind solche Prozesse eingehend untersucht. Meistens laufen sie auch ganz unbewusst ab.

Was kann ich als Trainer tun? Natürlich hat der beschriebene Etikettierungsprozess viel mit der grundsätzlichen Einstellung eines Trainers zu seinen Teilnehmern zu tun, die sich nicht mit dem Griff in die Tipp- und Trickkiste abtun lässt.

Seitengespräche über die Inhalte

Dennoch ist schon viel gewonnen, wenn man aufhört, verbal mit Kanonen auf Spatzen zu schießen. Gehen wir noch einmal in die Situation zurück. Nach vielen Jahren als Trainer weiß ich, dass gut drei Viertel dieser Seitengespräche mit dem Thema zu tun haben. Die beiden reden in der Regel nicht über den letzten Abend oder über Fußball und schon gar nicht wollen sie mich absichtlich stören. Meine Präsentation hat einen der beiden so angeregt, dass er seinen Gedanken dazu seinem Nachbarn mitteilen will. Ich reagiere oft so: »Ah, ich sehe, da habe ich gleich ein Gespräch ausgelöst. Sagen Sie das doch laut!« Wenn das Gespräch wirklich nicht zum Thema gehört, sagt das einer der beiden, und es ist Ruhe. Oft aber komme ich durch die Rückfrage, die kritische Anmerkung oder das Beispiel der beiden »Störer« vom Monolog der Präsentation in ein lebhaftes Lehrgespräch, das ohnehin viel lerneffektiver ist.

Störungen als Signale

Auch wenn im Raum mehrere Seitengespräche für Unruhe sorgen, muss ich das nicht als Störung wahrnehmen, sondern als Signal. Ich habe zu lange frontal gearbeitet, muss also dringend einen Methodenwechsel vornehmen. Ich bin mit meinen Inhalten weg vom Interesse oder Bedürfnis der Teilnehmer. Oft ist Unruhe aber einfach nur das Signal für das Pausenbedürfnis der Teilnehmer, das dem »Adrenalin-gedopten« Trainer fehlt.

Anleitung zur Produktion von Störungen

- Seien Sie konsequent unpünktlich. Fangen Sie gleich zu Beginn 15 Minuten später an, überziehen Sie die Pausen! Vermeiden Sie, dass nach Gruppenarbeiten auch zum vereinbarten Zeitpunkt präsentiert wird, und hören Sie auf alle Fälle früher auf!
  Sie werden sehen, wie schnell die Teilnehmer sich anpassen. Zur Startzeit am zweiten Tag haben Sie nur noch ein paar Übereifrige im Seminarraum, bei Pausenende sind Sie auch fast allein, und eine Stunde vor Ende wollen die Ersten gehen.
- Wenn ein Handy mitten in Ihrem Vortrag läutet, nehmen Sie das einfach hin! Reagieren Sie auch nicht, wenn der Betreffende den Raum verlässt, um zu telefonieren. Wenn Sie Glück haben, telefonieren einige Teilnehmer am zweiten Tag gleich im Raum. Unterbrechungen durch häufiges Handyläuten kann ich Ihnen fast garantieren.
- Dulden Sie bei firmeninternen Trainings ein munteres Kommen und Gehen der Teilnehmer! Sie können sicher sein, dann immer mit einer kleinen und effektiven Gruppe arbeiten zu dürfen. Wenn Sie zudem noch für die gerade wieder gekommenen Teilnehmer den Stoff wiederholen, damit denen nichts fehlt, können Sie die Hemmschwelle für das Kommen und Gehen noch zusätzlich senken.
- Beginnen Sie, auch wenn noch Unruhe im Raum ist und einige der Teilnehmer sich noch orientieren oder im Gespräch untereinander vertieft sind!

Wen diese Anleitung zur Produktion von Störungen irritiert, der sei auf das Kapitel »paradoxe Lernstrategien« (s. S. 63) verwiesen.

Trainer's Pet und Trainer's Enemy

Manche Ausdrücke verlieren durch das Übersetzen. »Teacher's pet« ist nicht nur der Lieblingsschüler, das hat schon etwas von Schoßhündchen, Kuscheltier und Spielzeug. Mir ist erst in der Beobachterrolle (bei Supervisionen und Prüfungen) deutlich geworden, wie ausgeprägt das Phänomen »Trainer's pet« auch in der Erwachsenenbildung ist.

Da gibt es den Teilnehmer, der von Anfang an ganz engagiert mitarbeitet, dem Trainer an den Lippen hängt, beim Startblitzlicht schon Akzente setzt, gleich bei der ersten Präsentation vorne steht und trotzdem nichts Streberhaftes an sich hat. Natürlich bekommt er positives Feedback vom Trainer. Der nimmt so positives Verhalten ja gleichzeitig als Anerkennung wahr. Es entsteht ein Zirkel, in dem sich gegenseitiges Verstärken hochschaukelt. Trainer und »Trainer's pet« geht es dabei sichtlich gut.

Wo aber ist dann das Problem? Die anderen Teilnehmer sind die Verlierer. Bevor sie sich die Worte zurechtgelegt haben und sich zu Wort melden, ist »Trainer's pet« schon aufgerufen. Bevor sie sich durchgerungen haben, auch einmal eine Gruppe zu moderieren oder eine Präsentation der Gruppenarbeit zu übernehmen, hat »Trainer's pet« das schon an sich gerissen und bekommt dafür natürlich seine emotionalen Streicheleinheiten. Den anderen Teilnehmern bleibt wenig Raum für aktives Tun. Dabei stecken gerade darin die besten Chancen für effektives Lernen. Ich habe Unterrichtseinheiten gesehen, in denen 50 Prozent der Teilnehmerbeiträge oder Aktivitäten von einer Person stammten. Erstaunlich: Fast keiner der Trainerinnen oder Trainer, bei denen ich das »Teacher's pet-Phänomen« ausgeprägt beobachtete, war sich dessen bewusst.

Ein Teilnehmer = 50 Prozent aller Beiträge

Das macht den schnellen Griff in die Trickkiste schwer. Bei Supervision oder kollegialem Feedback fällt das leichter auf. Wer diesen Luxus nicht hat, muss sich regelmäßig selbstkritisch prüfen: Gibt es Teilnehmerinnen und Teilnehmer mit deutlich mehr Engagement und Aktivität als die anderen? Bekommt sie/er von mir dafür deutlich mehr emotionale »Streicheleinheiten« als die anderen? Muss ich vielleicht meine Zuwendung reduzieren und sie den anderen zukommen lassen?

Offensichtlicher und meistens auch bewusst ist ein vergleichbares Phänomen: »Trainer's enemy«. Das ist der kritische Geist in der Gruppe, der Traineraussagen immer wieder anzweifelt, der sein Missfallen nicht nur verbal, sondern auch körpersprachlich ausdrückt.

Erfahrene Kollegen vermeiden natürlich den Kleinkrieg mit dem »Widersacher«, versuchen ihn einzubinden, ihm Raum zu gewähren und seine kritischen Anmerkungen aufzunehmen. Leicht schießt man damit aber über das Ziel hinaus. Der kritische Geist und seine Themen bekommen zu viel Aufmerksamkeit und Raum, weit mehr als die Teilnehmer mit ganz positiven Einstellungen und Erwartungshaltungen.

Auch hier ist Selbstreflexion notwendig: Wer bekommt vom Trainer wie viel Zuwendung und warum?

Zu zweit ist nicht immer einfach!

Zu zweit trainieren ist nicht nur ein Luxus, in vielen Fällen ist es sogar notwendig. Bei großen Gruppen ermöglicht der zweite Trainer das Teilen der Gruppe und ein effektives Arbeiten in Halbplena. Nachwuchstrainer lernen zudem am besten in der Co-Trainer-Rolle. Im Train-the-Trainer-seminar sollen die Teilnehmer außerdem möglichst viele unterschiedliche Persönlichkeiten und Modelle erleben.

Allerdings zeigt unsere Erfahrung: Zu zweit trainieren ist nicht automatisch eine Erleichterung für die beiden Trainer und ein Gewinn für die Teilnehmer. Die Situation, dass zwei Trainer gleichzeitig vor der Gruppe stehen und zusammen unterrichten, ist äußerst kompliziert. Genaue Absprachen, wer was sagt und wann gewechselt wird, sind nicht nur aufwendig, sondern hemmen auch die Spontaneität.

Ohne präzise Absprachen geht der Vortrag leicht zu sehr in die Details, weil jeder Trainer noch einen aus seiner Sicht wichtigen Gedanken hinzufügen will. Damit geht Struktur verloren. Bei zwei gleichberechtigten Trainern vor der Gruppe kommt schnell Konkurrenz auf. Je ähnlicher sich die beiden sind, desto höher ist das Risiko.

Tipps für das Arbeiten zu zweit

- »Vorne« ist (außer am Anfang und am Schluss) immer nur ein Trainer. Der zweite beobachtet (zum Beispiel die Gruppe, den Kollegen für ein kollegiales Feedback), mischt sich aber nicht ein. Der nicht aktive Trainer spricht nur dann, wenn der Kollege ihn auffordert.
- Wenn der gerade nicht referierende Trainer nach einer langen aktiven Sequenz eine »Auszeit« braucht, sollte er den Raum ganz verlassen. Es gibt nichts Schlimmeres als ein Kaffee trinkender und Zeitung lesender Kollege im Raum, während man selbst volle Konzentration von den Teilnehmern verlangt. Viele Teilnehmer erwarten allerdings die konstante Präsenz beider Trainer.

Absprachen

- Absprachen sind nötig: Wer führt durch den Tag? Wer übernimmt den Start und kümmert sich um Organisationsfragen? Wer achtet auf die Pausen und die Überleitungen und bereitet für den Abend eine Schlusssequenz vor? Das muss nicht immer dieselbe Person sein, aber festgelegt wird, wer sich um diese Punkte kümmert.
- Kollegenschelte ist tabu! Es passiert immer wieder, dass man Fehler bei Kollegen findet und umgekehrt. Das wird nicht vor der Gruppe korrigiert, sondern im Review nach der Trainingseinheit besprochen. Wenn eine Korrektur notwendig ist, dann korrigiert sich ein Trainer selbst am nächsten Tag.

Zu zweit oder im Team durchgeführte Trainings und Seminare können trotz aller Risiken weniger stressig und fruchtbar für Trainer wie Teilnehmer sein. Zwei Trainer verschaffen sich wechselseitig Entspannungszeiten. Nur zu zweit ist es möglich, den Gruppen- und Arbeitsprozess intensiv zu beobachten. Wenn die Chemie zwischen zwei Kollegen stimmt, können die abendlichen Feinplanungssessions zu wahren Kreativorgien werden. Teilnehmer finden es immer angenehmer, mit zwei Trainern zu arbeiten, außer den beiden gelingt es nicht, eine Konkurrenzsituation zu vermeiden.

Das Arbeiten zu zweit eröffnet auch die Möglichkeit zu kollegialem Feedback. Das sollte vor dem Training abgesprochen werden. Dazu gehört ebenfalls, dass die beiden Trainer wechselseitig Beobachtungsschwerpunkte vereinbaren.

Ein eingespieltes Team kann sich auch zurücklehnen

Ein »fauler« Trainer ist ein guter Trainer!

Weniger provokativ als im Titel formuliert, könnte dieses Kapitel auch so überschrieben sein: Alles, was Teilnehmer machen können, sollte ihnen der Trainer nicht abnehmen.

Faulheit eröffnet Lernchancen

Beispiel: Präsentationstraining für Elitestudenten. Das Seminar ist für diesen Tag zu Ende. Aber noch arbeiten einige Teilnehmer an zwei Tischen im Seminarraum ganz eifrig. Eine Gruppe von Studenten sortiert Fotos, die sie den Tag über gemacht hat, für eine »Dia-Show« (s. S. 174). Die zweite Gruppe hat den Job »One day – one page«. Sie fasst den Inhalt des Tages für eine Kurzpräsentation auf einer Pinnwand plakativ zusammen. Der nächste Tag beginnt mit den Arbeitsergebnissen dieser beiden Gruppen. Weil das Thema Präsentation ist, gestalte ich das gleich als Präsentationsübung. Für mich heißt das: Die ersten 20 Minuten des nächsten Tages schaue ich nur zu. Die erste Gruppe lässt den Tag kommentarlos nur mit Bildern an der Wand Revue passieren. Die zweite Gruppe wiederholt die wichtigsten Inhalte.

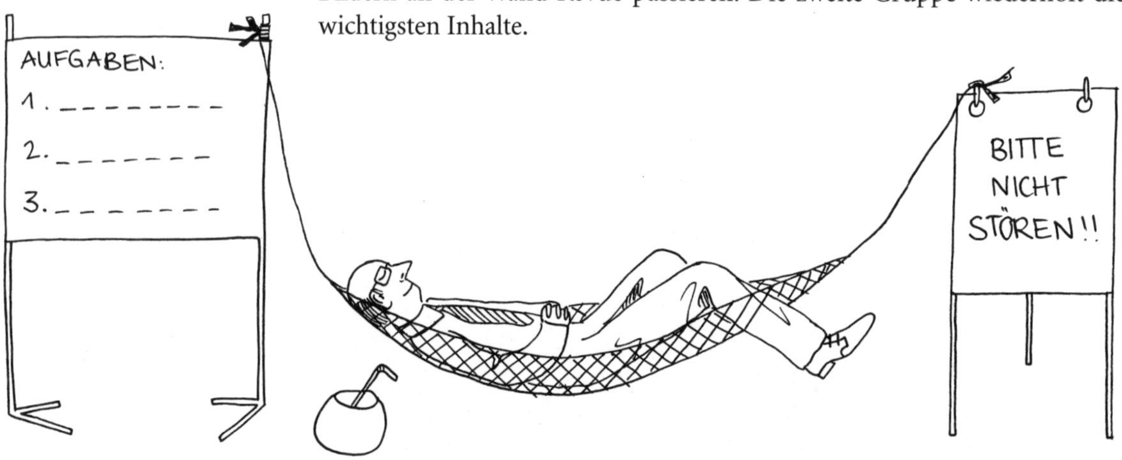

Aktives Arbeiten ist besser als passives Zuhören!

Natürlich könnte ich selbst den Tag zusammenfassen und ein paar Bilder zeigen. Aber damit verdamme ich die Teilnehmer wieder zum passiven Zuhören, und das ist bekanntlich die schlechteste aller Lernarten. Sich aktiv Lerninhalte selbst zu erarbeiten ist immer effektiver. Wenn ich als Trainer etwas erarbeite (wie Diashow und Zusammenfassung in unserem Beispiel), was eigentlich die Teilnehmer genauso machen können, lasse ich eine Lernchance ungenutzt. So gesehen, ist der »faule« Trainer, der die Teilnehmer viel machen lässt und selbst wenig tut, auch ein guter Trainer.

Welche Jobs fallen an?

Viele der Aktivitäten für Teilnehmer sind Aufgaben, die sich von Anfang für die Dauer des Trainings an Teilnehmergruppen vergeben lassen. Wir nennen das flapsig »Jobs«.

- *Start in den Tag:* Gestalten Sie die ersten zehn Minuten des nächsten Tages. Das kann aktivierend sein, mit Bewegung, besinnlich, reflexiv, vorausschauend, rückblickend ...
- *Tagesabschlüsse:* Kritisch, zur Verankerung, als Feedback, mit Worten oder als Pantomime ... wie Sie wollen. – Abschlüsse durch Teilnehmer sind oft Highlights. Da haben wir schon Minikabaretts und Körperskulpturen mit den wichtigsten Begriffen des Tages erlebt. In Vietnam gaben Teilnehmer einfache, aber sehr informative Tagesrückblicke in Tagebuchform oder verpackten den Tag in ein Quiz.

Quiz

- *Das Seminarende:* Sie haben 30 Minuten für das Ende der Veranstaltung! Versuchen Sie möglichst viel von den Lerninhalten zu verankern und eine Feedbackrunde einzubauen!

- *Wächterfunktionen:* Es gibt ganz unterschiedliche Wächterfunktionen. Die folgenden lassen sich gut in Trainings und Seminaren einsetzen.
  - *Kommunikationswächter:* Wie gehen wir miteinander um? Lassen wir den anderen ausreden? Sind wir offen? – Diese Funktion setzen wir nur ein, wenn Gruppen länger zusammenarbeiten sollen und eines der Seminarziele die Teambildung ist. Risiken: Die Präsentationen der Kommunikationswächter und die anschließenden Diskussionen sind Zeitfresser und schaffen möglicherweise zu den Seminarinhalten konkurrierende Inhalte.

- *Transferwächter:* Wo sehen Sie Probleme beim praktischen Umsetzen der Lerninhalte? Was werden Sie wie als Erstes umsetzen? Das, was den Teilnehmern im Kopf herumspukt (Das passt nicht zu unserer Firmenkultur! Das geht bei unserer technischen Ausstattung nicht! Das machen wir ohnehin schon! ...), wird durch diese Aufgabe offen angesprochen. Das kostet Zeit, aber erhöht die Umsetzungsrate.
- *Energiewächter:* In welchen Phasen des Trainings spürten sie sehr viel Energie? Wo war die Luft eher raus?

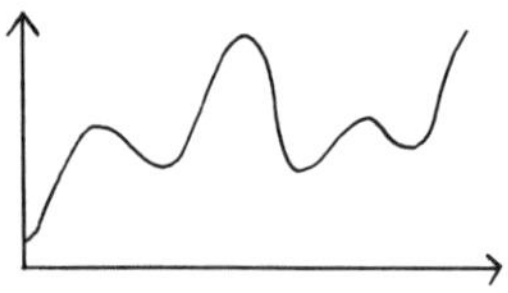

ENERGIEWÄCHTER

- *Protokolle und Berichte:* Da gibt es eine breite Palette: Die im Beispiel angeführte Aufgabe »One day – one page« mit Pinnwand oder Flipchart eignet sich nicht nur für Präsentationsseminare. Ich setze diese Variante ein, wenn es besonders wichtig ist, am nächsten Tag den Anschluss zum Vortag herzustellen.

Protokoll vom (Tag 2)

geplante Tagesthemen:
1. Anleitung zur Passivierung der Teilnehmer
2. Mind-Maps im Workshop
3. Wecke ich schlafende Hunde und was mache ich, wenn sie wach sind?
4. Planung
5. Umsetzung anschieben
   ... und dazwischen und dazu – Methoden und Designs

Einstiegsaktivität – Ballspiel mit »Wortkette« bilden

ad 1.) Anleitung zur Passivierung der Teilnehmer
Ziele: Einsicht in die Wirkung des Moderators als Passivator
Möglichkeit vom Passivator zum Aktivator zu werden (Saulus-Paulus-Strategie)
z.B. »Absurder Zugang« (Gegenteil) und positive Seite erarbeiten
Als Start: 4 Statements anbieten (siehe folgende Beispiele)

Je größer die Aktivierung der Teilnehmer, desto besser die Ergebnisse des WS	Ich halte nichts davon, alle Leute im WS immer aktivieren zu müssen. Wir sind doch Erwachsene.	Es ist kaum zu schaffen, alle TN im WS zum Reden zu bringen.	Aktivierung der Teilnehmer ist erste Moderatorenpflicht.

Die TN Position beziehen lassen, Begründungsstatement abgeben lassen, dann Ideensammlung und Arbeitsverteilung:

Je eine Aufgabe pro Gruppe (diesmal ohne bestellten Moderator):
- Erstellung des »besonderen Plakats« (oder Blattes) mit dem Titel »Anleitung zur Passivität«
- Eine »Ideensammlung« zum Thema »Aktivierung« von TN ist mehr als Passivität zu vermeiden – oder?

Präsentation der Ergebnisse.
Erfahrung der Gruppe, die ohne Moderator gearbeitet hat: chaotischeres und zeitraubenderes Verfahren

»Aloisius-Ebene«

Ideensammlungs-Methode: ***Zuruf auf Karten***
- schnelles Sammeln von Ideen
- größere Karten verwenden (Pinnwand bereits vorbereiten)
- damit erreicht man einerseits »Sogwirkung« (durch Hierarchie), andererseits mehr Energie!
- wenn ich will, dass alle gleichzeitig aktiv sind, empfiehlt sich eher *Kartenabfrage*
- am besten, zwei TN schreiben selbst (können dabei auch Ihre Ideen einbringen)

Mögliche ***Übergange*** zur Gruppenarbeit:
- Karten ordnen (braucht Zeit, nimmt Energie)
- »Rosinen« picken
- Pause (ohne weiteren Auftrag im Vorhinein)

Wächterfunktionen
- Kommunikationswächter: Wie gehen wir miteinander um? Lassen wir den anderen ausreden? Sind wir offen?

Thema/Gremium:	Seminar Train the Trainer
Ort/Datum der Besprechung:	Seminarraum xyz
Protokollführer:	Fa. (Clean & Co) Frau R.

1. Start:
Die Fa. OASE hat uns mit der Übung »Kofferpacken« richtig »wachgerüttelt« und als Zeichen für das bevorstehende »Eierbrüten« für jeden ein hart gekochtes Ei ausgeteilt.

2. Firmensitzung:
Die drei am ersten Tag des Seminars gegründeten Firmen hatten eine Firmensitzung, jede Firma überlegt sich ihren Teil, den sie laut Stundenplan als Aufgabe hat (Schluss, Protokoll und Übung).

3. Lehrgespräch:
Herr M. führte ein Lehrgespräch über das Thema: Spar- und Anlageformen Gründe und Maßnahmen, warum die Zahl der Spar- und Anlageformen zurückgeht.
Herr M. erhielt von jedem Seminarteilnehmer Feedback, das im Großen und Ganzen positiv ausgefallen ist.

4. Wissen vermitteln rundherum, die Expertenbefragung.
Herr Prof. H. wurde v. Dozent Herr Lipp beauftragt, die Fragen der Seminarteilnehmer, die in einer Gruppenarbeit ausgearbeitet und an die Pinnwand geheftet wurden, zu beantworten.
Thema: Pilze. Herr R. (Dozent) führte eine Expertenbefragung über das Thema »Schwierige Situationen für den Trainer« mit dem Experten Herrn Lipp und den Seminarteilnehmern durch.

Anschließend wurden alle zu Top-Verkäufern ernannt und jede Firma musste eine Vortragsart »verkaufen«. Gruppenarbeit, Lehrvertrag, Lehrgespräch.

5. Planung der 2 Tage im Juni (2. Teil Train the Trainer)
Es wurde der Wunsch geäußert, die 2 Tage extern (jedenfalls nicht in der Bank) durchzuführen. Wie man an diesen 3 Seminartagen feststellen konnte, wird sonst ein Seminar immer unliebsam durch die liebe Arbeit unterbrochen.
Es wurden Wünsche und Anregungen vorgeschlagen, was in diesen 2 Tagen alles bearbeitet werden soll.
Der Termin wurde so gelegt, dass möglichst jeder bis dahin ein Seminar gehalten hat.

6. Expertenbefragung
Frau P. machte ein kurze Einführung in die Farb- und Stilberatung und bot Einzel- bzw. Gruppenberatungen an.

7. Eier brüten
Zuerst jeder allein, anschließend mit einem Sparringspartner, und dann im Plenum. Jeder hatte die Gelegenheit, sein Seminar durchzudenken, aufzubereiten ... und anschließend von den Sparringpartnern Meinungen einzuholen und dies im Plenum zu diskutieren.

8. Schluss
Die Fa. Familyservice rundet den ersten Teil des Seminars mit dem Spiel »Activity« ab, das neben der Lernsicherung auch sehr lustig war.

Buchtipps:
»Sich Präsentieren« von Michael J. Gelb
»Mini-Handbuch Vortrag und Präsentation« von Hermann Will
»Erfolgreich Präsentieren für Dummies« von Malcolm Kushner

Beispiele für Protokolle

Gibt es ein Fotoprotokoll, schreiben die Teilnehmer (nicht der Trainer) ein bis maximal zwei Seiten zur Ergänzung. Die Anweisung lautet: Notieren Sie bitte Ideen und Anregungen, die nicht auf den Plakaten festgehalten sind! (s. auch Protokolltipps, S. 185) Dazu steht stets ein allgemein zugänglicher Laptop im Raum.
- *Energizer:* Bereiten Sie eine Körperübung vor, die Sie anleiten, wenn Sie feststellen, dass die Gruppe zu lange sitzt und Bewegung braucht!

Das sind noch lange nicht alle Jobs, die wir ausprobiert haben: Die Diashow (am Ende des Tages oder zum Ende des Seminars) wurde schon angesprochen. Wir lassen Teilnehmer auch manchmal einen Tippkatalog führen und präsentieren. Aus dem Stoff Prüfungsfragen zu entwickeln erfordert intensive Auseinandersetzung, genauso wie das Überlegen praktischer Übungen. Schwierig, aber gerade für angehende Trainer lehrreich, ist die Aufgabe, dem Trainer oder der Gruppe Feedback zu geben.

Einige unserer Beispiele sind natürlich speziell den Train-the-Trainer-Kursen angepasst, das Grundprinzip lässt sich aber auf viele andere Inhalte übertragen: Die Teilnehmer sollen sich so oft und so intensiv wie möglich mit den Lerninhalten aktiv auseinandersetzen.

Tipps zur Jobvergabe

- *Nicht alleine!* Wir lassen diese Teilnehmerjobs nie von einzelnen Teilnehmern erledigen, sondern immer in Gruppen. Bewährt haben sich stabile Gruppen über die Seminardauer hinweg, die am Anfang gebildet werden und die sich für die Jobs immer mal wieder treffen. Das hat für viele Teilnehmer einen weiteren Vorteil: Gerade wenn viel und in dauernd wechselnden Gruppen gearbeitet wird, ist diese »Stammgruppe« eine feste Bezugsgruppe. Eine bewährte Möglichkeit, diese Gruppen zu bilden, ist der Start mit Firmengründungen. Die Teilnehmer werden nach dem Zufallsprinzip in Gruppen aufgeteilt. Jede Gruppe gründet eine fiktive Firma und stellt sich damit im Plenum vor.

- *Keine Überfälle!* Sehr unbeliebt macht sich ein Trainer, der um 16.00 Uhr einer Teilnehmergruppe eröffnet, dass sie um 17.00 den Tagesabschluss gestalten muss. Bewährt hat es sich, die Jobs am Ende der Startphase vorzustellen, zu begründen und zu erläutern. Dabei werden alle anfallenden Jobs über die Tage gleichmäßig verteilt und in einer Tabelle als Plakat zentral im Raum aufgehängt.

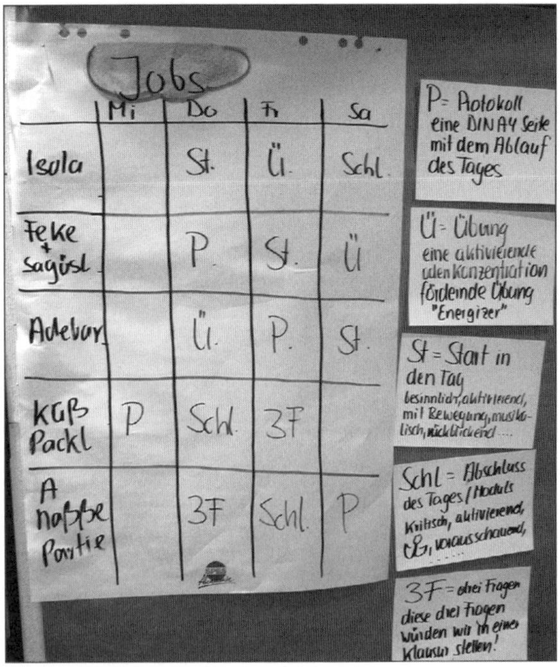

Übersicht über Teilnehmeraufgaben

Ein vietnamesischer Teilnehmer beim Tagesabschluss vor der typischen Kulisse. Unsere Teilnehmer gaben am Ende gerne detaillierte Zusammenfassungen.

- *Zeit geben!* Diese Aufgaben brauchen Vorbereitungszeit. Pausen sollen Pausen bleiben! Wir geben die Zeit zum Beispiel vor der Mittagspause oder im Rahmen von Abendeinheiten. Eine Viertelstunde lässt sich sehr effektiv nutzen. Der Versuch, am Morgen fünfzehn Minuten später zu starten, hat sich nicht bewährt. Langschläfer nutzen das schamlos aus.
- *Hilfe und Beratung anbieten!* Manche Gruppen zeigen sich überfordert oder wollen noch genauere Arbeitsanweisungen, als jene, die auf dem Plakat stehen. Für Hilfe und Beratung ist die Präsenz des Trainers in der Vorbereitungszeit deshalb nötig. Meistens reicht es, ein Beispiel anzuführen.

Hilfe anbieten!

Andreas Krapp (s. S. 18) las dieses Kapitel nicht ohne Widerspruch. Er bestand auf den Anführungszeichen in der Überschrift. Wenn ein Trainer nämlich wirklich faul ist und Gruppen mit ihren Aufgaben allein lässt und so möglicherweise Misserfolgserlebnisse provoziert, verhindert das den Lernerfolg.

Kleinigkeiten für die Stimmung

Kleinigkeiten in Seminaren fördern die Arbeitsatmosphäre.

Das Schild an der Tür: Der Teilnehmer sucht seinen Seminarraum. Er ist sich jetzt nicht mehr ganz sicher. War das jetzt der Raum mit dem Namen »Berlin« oder »München«? Bei allen besseren Tagungsstätten steht die Seminarbezeichnung an der Tür: »Moderationstraining, Firma xy, Trainer Ulrich Lipp.« Trainer mit Sinn für die Kleinigkeiten haben ein eigenes Schild an der Tür, individuell gestaltet, mit der Seminarbezeichnung und vielleicht einem passenden Bild dazu. Kritische Frage: Ist das denn nötig? Antwort: Nötig ist das sicher nicht. Jeder Teilnehmer hat bisher seinen Raum gefunden, auch ohne Schild an der Tür. Aber dieses Schild an der Tür ist für viele Teilnehmer der erste Eindruck von Trainer und Training, ein kleines Signal: Hier gehöre ich hin, hier hat sich jemand auf mich vorbereitet.

Die persönliche Begrüßung: Die »Vorviertelstunde« vor Beginn des Seminars bräuchten wir Trainer meistens dringend selbst. Da fehlt noch eine Überschrift auf dem Plakat. Ich brauche noch Klebepunkte. Die Pausenzeiten mit dem Haus sind noch zu klären. Nein! Die 15 Minuten vor Trainingsbeginn gehören den Teilnehmern. Jeder wird persönlich mit Handschlag in Empfang genommen. Ein Begrüßungskaffee mit Butterbrezel vor dem Raum verkürzt den zu früh Gekommenen die Wartezeit und schafft den richtigen Rahmen zum gegenseitigen Beschnuppern. Im Raum selbst gibt es einen Büchertisch, der zum Blättern einlädt. Der Trainer immer mittendrin und bedacht, dass ein Gespräch in Gang kommt und die Leute untereinander in Kontakt kommen. Noch einmal die Frage: Ist das nötig? Nein, das Seminar beginnt auch, wenn die Teilnehmer in den 15 Minuten vor dem Start etwas verloren im Raum herumgestanden sind. Aber die persönliche Begrüßung gehört ebenfalls zu den Kleinigkeiten für eine angenehme Atmosphäre.

»Guten Morgen, Frau Fauser!« Die Teilnehmer mit dem Namen anzusprechen ist eine Selbstverständlichkeit. Nur wie mache ich das mit einem schlechten Namensgedächtnis?

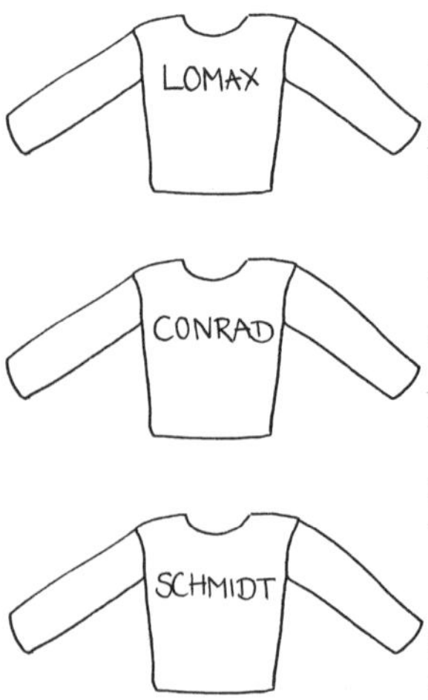

Bei mir ist eine der ersten Aufgaben in jedem Training das Basteln eines Namensschildes aus dem, was der Moderationskoffer hergibt. Ich will, dass die Leute das Namensschild am Körper tragen, weil sie kaum länger als 30 Minuten am Stück auf demselben Platz bleiben.

Manche Kollegen bereiten Namensschilder mit Sicherheitsnadel oder Clip und aufgedrucktem Namen gleich vor oder lassen Namensbuttons speziell für das Seminar herstellen (www.ansteckbuttons.de).

Bei Teilnehmergruppen, die ich mehrmals habe, mache ich beim ersten Termin das obligate Gruppenbild so, dass ich auch die Namen, so weit es geht, noch lesen kann. Mithilfe des Fotos lerne ich dann die Namen vor dem zweiten Training auswendig.

Unter die Rubrik »selbst gemachte Störungen« fällt, die Teilnehmer mit falschem Namen anzusprechen. Ich erinnere mich an einen Teilnehmer, den ich wegen seines schlecht leserlichen Schildes zweimal mit falschem Namen angesprochen hatte. Der nahm mir das richtig krumm, noch dazu weil er mir Absicht unterstellte.

Humor und Lachen: Lachen lockert, und lockere Menschen lernen leichter. Hat ein Trainer die Fähigkeit, die Leute zum Lachen zu bringen, fällt es ihm viel leichter, eine angenehme Atmosphäre zu schaffen.

Der Dozent muss aber nicht Entertainer sein, um die Leute zum Lachen zu bringen. Es gibt viele Aufgabenstellungen und Übungen, bei denen viel gelacht wird. Oft lasse ich zu Beginn einer Vorstellrunde Teilnehmer, die sich nicht kennen, sich gegenseitig mit dem dicken Filzstift porträtieren. Natürlich mache ich da ebenfalls mit. Diese Übung lässt die Teilnehmer spätestens beim Anschauen der Porträts lachen. Paradoxe Lernstrategien (s. S. 63) laufen nie ganz ernst ab. Stellen Sie sich eine Zurufliste mit der Themenstellung »Anleitung zur Vergiftung der Seminaratmosphäre« vor. Da ist das Lachen eingebaut.

Out sind Witze erzählende Trainer und absolut out die frauenfeindliche Witze erzählenden Trainer in Männerseminaren (»Ist ja keine Frau da!«).

Das heißt nicht, dass ein Trainer ohne Pointen arbeiten soll. Pointen, bei denen auch gelacht wird, sind wie Aha-Erlebnisse.

Mit diesen beiden Teilnehmerinnen ist als Trainer leicht arbeiten

Süßes und »Doping«: Bonbons, Schokolade und andere Süßigkeiten habe ich immer dabei. Zur Gruppenbildung, zur Belohnung oder einfach so, wenn ich denke, ein paar Glückshormone in der Schokolade könnten ganz gut tun.

Süßes als »Doping«: Bei einem Seminar in Vietnam, das sage und schreibe neun Tage (mit einem halben Tag Pause dazwischen) dauerte, machte ich am sechsten Tag eine Aufstellung. Wie viel Energie habe ich noch? Von »Ich bin leer!« bis »Ich bin frisch wie am ersten Tag!« Natürlich standen einige bei der Position »Ich bin leer!«. Da packte ich meine Schokoriegel aus: »Sie brauchen unbedingt Doping, damit Sie mir durchhalten.« Das gab viel Gelächter, besonders weil dann alle Teilnehmer »ganz leer« waren, weil sie ebenfalls etwas Süßes wollten. In den Folgetagen wurde Doping zum »Running Gag«: »Herr Lipp, wir brauchen für diese schwierige Arbeit in der Gruppe unbedingt Doping.« Wem da Bedenken kommen, ob das bei seinen Teilnehmern nicht vielleicht doch zu kindisch ist, kann ich beruhigen: In dieser Gruppe waren ausschließlich gestandene Dozenten, die meisten Professorinnen und Professoren, und das Mindestalter für diesen Lehrgang war 40 Jahre.

Die Extrastunde für Extrawünsche. Beispiel: Ein Thema des Tages ist die professionelle Gestaltung von PowerPoint-Folien und ihr richtiger Einsatz. Zwei Teilnehmerinnen bekennen offen: »Wir haben keine Ahnung und noch nie eine PowerPoint-Präsentation erstellt.« Frust droht. Ich biete den beiden am Abend nach dem Tagesschluss eine Stunde PowerPoint für Einsteiger an. Zu den zwei Frauen stößt noch ein Teilnehmer dazu und nach dieser Stunde beherrscht jeder die Basics.

Diese Stunde ist eine gute Investition, auch wenn sie Zusatzarbeit für den Trainer ist. Sie vermeidet Frust bei den Teilnehmern und gibt ihnen das Gefühl, es wird alles getan, dass sie möglichst viel an Wissen und Können aus dem Seminar mitnehmen.

Kontakt außerhalb der Seminarzeiten: Wenn ich an angenehme Situationen in Seminaren denke, fallen mir oft Gespräche außerhalb des eigentlichen Trainings ein. Teilnehmern geht das ähnlich. Oft hört man in Feedbacks nach mehrtägigen Training: »Es war schön, dass Sie sich auch am Abend für uns Zeit genommen haben.«

Natürlich braucht der Trainer seine Erholungs- und Vorbereitungszeiten. Ich verbringe zum Beispiel die Mittagspause nur ganz selten mit den Teilnehmern und pflege den Kontakt lieber am Abend.

In diesen informellen Gesprächen geht ja oft das Training weiter. Manche Teilnehmer kommen mit ihren Wünschen, Bedenken und Fragen gerade dann zum Trainer.

Der Ausflug und die Wanderung: Als auch bei uns viele Trainings noch eine ganze Woche dauerten, gab oft einen Ausflug, verbunden mit einer gemeinsamen Wanderung. Wir haben Kirchen, Burgen und Schlösser besichtigt, Berge bestiegen. Wir sind an der Altmühl entlanggeradelt, über den Starnberger See gerudert und auf der Tiroler Ache gepaddelt. Das schweißt so eine Seminargruppe zusammen und schafft ein Gemeinschaftsgefühl, das das Lernen an den folgenden Tagen fördert. Bei meinen Auslandseinsätzen genieße ich diese Ausflüge auch heute noch. Hier, wo die Trainings immer kürzer und intensiver werden, sind aber nur noch Reste der alten Ausflugskultur geblieben: Gemeinsame Wanderungen in einer verlängerten Mittagspause verkürzen die Seminarzeit nur wenig, bringen aber viel für die Atmosphäre. Wichtig ist allerdings, dass alle mitmachen.

Manchmal lässt sich das Wandern auch integrieren (neudeutsch: »Walk to talk«): Zur Ideenfindung oder Transferplanung schicke ich schon mal drei Leute zusammen und mit einem Schreibbrett bewaffnet nach draußen).

Erinnerungsfotos gehören auch zu einem Seminarausflug

Trainer als Mensch: Ludwig Thoma hat in seinen Lausbubengeschichten die Fantasie eines Schülers vom Privatleben seines Lehrers beschrieben. Der Schüler hatte die Vorstellung, so ein Mann könne sich nach der Schule eigentlich nur so, wie er war, mit Anzug und Krawatte, bis zum nächsten Morgen in den Kleiderschrank stellen.

Ein Trainer, der auch etwas Privates preisgibt, verringert die Distanz zu den Teilnehmern und tut so etwas für die Trainingsatmosphäre. Da reichen schon ein oder zwei eingestreute Sätze über Hobbys, über die Familie oder auch über Urlaubsziele.

In Vietnam kann man eigentlich kein Training beginnen, ohne dass die Teilnehmer wissen, ob man verheiratet ist und wie viele Kinder man hat. Auch in Namibia war das den Teilnehmern wichtiger als die Information, ob man nun Psychologie, Soziologie oder Pädagogik studiert hat.

Kleine freundliche Gesten: Freundlichkeit als Trainer zahlt sich aus, und Freundlichkeit kann man auch als eigentlich ruppiger Zeitgenosse lernen. Dabei sind es vor allem die kleinen freundlichen Gesten, die wirken: Wenn man den Teilnehmern in einer Gruppenarbeit die Stifte bringt, die sie vergessen haben, wenn man in der Pause schnell die gewünschte Zusatzinformation ausdruckt, wenn man einem offensichtlich Kopfschmerz geplagten Teilnehmer Aspirin anbietet.

Bei firmeninternen Seminaren bekomme ich immer wieder einmal mit, dass jemand Geburtstag hat. Natürlich bekommen die Kollegen Zeit zum Gratulieren, und als Trainer mache ich dann gerne die Geburtstags-Kartenabfrage, die auf der nächsten Seiten beschrieben ist.

Das Geburtstagskind wird für ein paar Minuten vor die Tür geschickt, und jeder schreibt seinen Glückwunsch auf einen Kreis. Dann darf sich die Jubilarin oder der Jubilar neben die Pinnwand setzen, und alle anderen heften ihren Wunsch an. Dieses Plakat wird immer gerne mitgenommen.

Vorbereitung und Planung

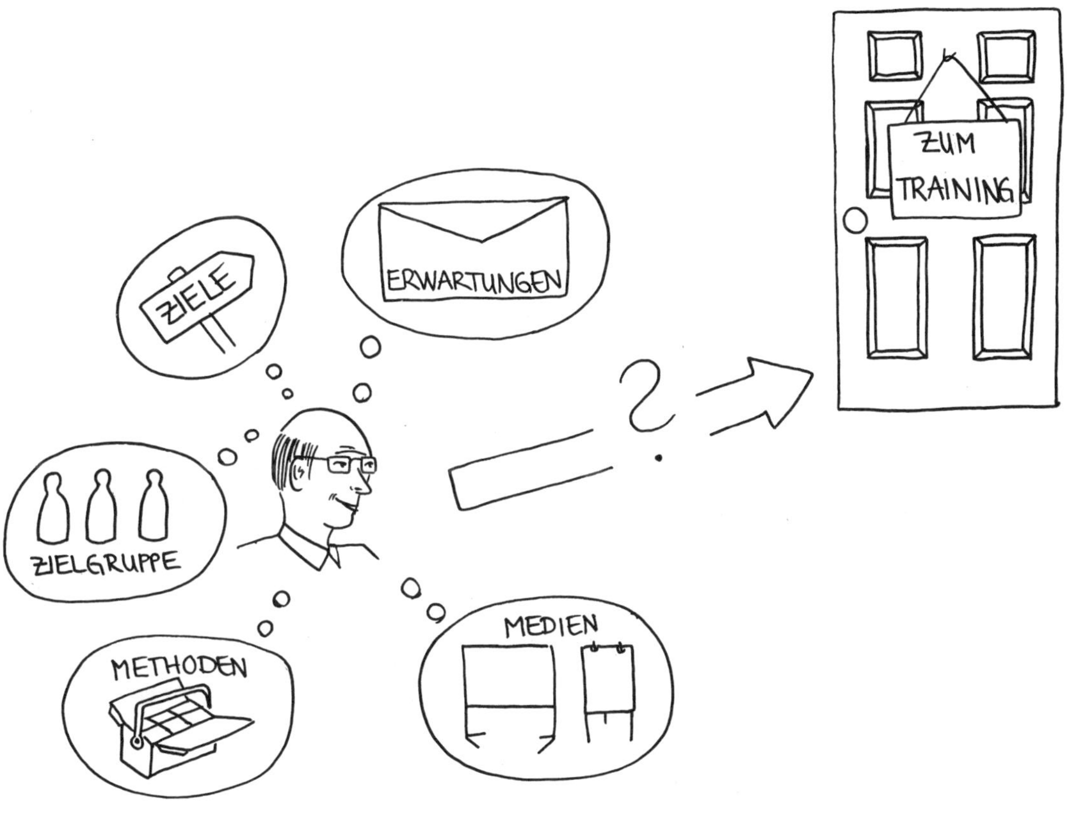

Erwartungsabfrage per E-Mail

Die üblichen Erwartungsabfragen zu Beginn eines Seminars waren mir immer schon etwas suspekt. Muss da nicht der irrige Eindruck entstehen, der Trainer könne sich ohne Vorlauf vernünftig auf alle Erwartungen einstellen? Außerdem sind die Erwartungen in der ersten Stunde eines Trainings nicht ehrlich: Wer wird schon in einer Gruppe von ganz neuen Leuten seine Probleme erzählen?

Ich mache sehr gute Erfahrungen mit Vorab-Mails. Diese dürfen nicht zu umfangreich sein, sollen nicht nach Fragebogen aussehen und brauchen unbedingt einen persönlichen Touch. Geantwortet haben bisher immer deutlich mehr als die Hälfte der Teilnehmer. Dann kann ich mich in Ruhe auf die Wünsche und Erwartungen einstellen oder antworten, dass die Wünsche im Rahmen des Trainings nicht zu erfüllen sind.

Liebe Teilnehmerinnen und Teilnehmer,

am Dienstag in einer Woche (16. Juni) treffen wir uns in Westerham bei der IHK zum Seminar Trainieren, Unterrichten, Referieren. Ich bin Ihr Trainer, und ich mache mich am Wochenende an die Feinplanung.
Da bin ich natürlich neugierig und habe ein paar Fragen an Sie:

a. Welche Inhalte vermitteln Sie? Wie sehen Ihre Veranstaltungen aus (Wie viele Teilnehmer? Wie lange? Rahmenbedingungen?)?
b. Mit welchen Lehr- und Arbeitsmethoden arbeiten Sie bisher? Womit haben Sie gute Erfahrungen gemacht? Gibt es Methodenallergien?
c. Für welche Situationen in Ihren Trainings können Sie Tipps und Tricks gut gebrauchen?
d. Notieren Sie auch ruhig Ihre persönlichen Wünsche an die drei Tage!

Ich freue mich über eine Antwort (unter Lipp-Reisbach@t-online.de oder Lipp@wup.info) auch dann, wenn Sie mir nur sagen, dass Sie neugierig sind und sich überraschen lassen wollen.

Herzliche Grüße
Ulrich Lipp

Einen großen Nachteil haben Vorab-Mails im Vergleich zu den Erwartungsabfragen per Kartenabfrage oder Zurufliste zu Trainingsbeginn: Ich kenne zwar die Erwartungen der Teilnehmer, aber die Teilnehmer untereinander kennen sie nicht. Mir ist bisher nur ein etwas aufwendiger Ausweg eingefallen: Ich schreibe die Erwartungen in Stichpunkten auf Karten und hänge sie grob geordnet an eine Pinnwand. Beim Seminarüberblick am Anfang beziehe ich diese Wand mit dem Titel »Ihre Wünsche und Erwartungen« mit ein.

Es folgen nun drei Beispielantworten auf meine E-Mail von Seite 86:

Hallo Herr Lipp, hier meine Antworten:

zu a:
- Informationsmanagement (ca. 27 TN/8 UStd.)
- Statistik (ca. 28 TN/20 UStd.)
- Mathematik (ca. 28 TN/8 UStd.)

Rahmenbedingungen:
- EDV-Raum oder normaler Schulungsraum bei uns im Haus
- während der Woche/Freitag/Samstag

zu b:
Ich habe noch zu wenig Dozentenerfahrung, um von einer Methode sprechen zu können. Ich versuche möglichst viele sinnvolle unterschiedliche Medien einzusetzen und beziehe die TN möglichst oft ein (Frage-Antwort-Spiel). Außerdem verteile ich eigens erstellte Unterlagen, die teilweise Lücken enthalten, damit die TN die wichtigen Infos mit- und selbst schreiben.

zu c:
- Wie man am besten mit TN umgeht, die sich aufs »Motzen« spezialisiert haben (Stoff zu schwer, Stoff zu leicht, »kenne ich schon alles«).
- Motivation zur Mitarbeit
- Fragen zur Prüfungsrelevanz des Stoffes

zu d. Persönliche Wünsche/Erwartungen
- Tipps/Tricks/Methoden zur interessanten Unterrichtsgestaltung
- Welche Medien sind für welche Inhalte am besten geeignet?
- Ich wünsche mir, dass die TN im Besonderen von meinen zukünftigen Unterrichtsmethoden/-gestaltung begeistert sind.
- »Schmankerl« erlernen, um die TN bei der Stange halten zu können.

Dann bis zur nächsten Woche.

Viele Grüße.

Hallo Herr Lipp,

Nach zwölf Jahren im Außendienst bin ich ganz neu im Trainingsgeschäft. Meine Schwerpunkte sollen Produkt- und vor allem Verkaufsschulung sein. Die Gruppengröße liegt zwischen 1-50 Personen, die Dauer zwischen einstündigen und ganztägigen Schulungen.
Als »passiver« Teilnehmer habe ich selbst an etlichen Schulungen teilgenommen und verschiedenste Methoden kennengelernt, welche aber für mich die beste sein kann, weiß ich noch nicht. Ich bin also für alles offen und möchte möglichst viele Methoden kennenlernen.
Verkaufsschulungen sollen mein Schwerpunkt bei e... werden. Inhalte dazu interessieren mich am meisten, gerade die nonverbale Kommunikation. Falls es dazu etwas gibt, wäre prima.

Trotz der Vorbereitungen ein schönes Wochenende

Liebe Grüße

Sehr geehrter Herr Lipp,

vielen Dank für Ihre freundliche Mail, die ich gerne beantworte. Ich bin 26 Jahre, seit sieben Jahren in der HR Abteilung beschäftigt, und im Feb. 05 wechselte ich intern zu Training, Organisation & Development. Ich bin zusätzlich Ausbildungsleiterin für unseren Standort in S. sowie Ausbildungsbetreuerin für weitere elf Standorte in Deutschland.

Ich strebe an, Juniortrainerin in unseren Unternehmen zu werden und habe bereits folgende Seminare besucht: Chance Management, Konflikt Management, Customer Interaction Skills sowie Presentation Skills. Meine Trainings/Meetings beschränken sich momentan auf 30 Azubis für maximal fünf Stunden.

Ich würde gerne in den drei Tagen mehr über Strukturen/neue Trainingstechniken erfahren.

Mit freundlichen Grüßen

Allein die drei Antworten lassen ahnen, dass diese Art der Erwartungsabfrage eine ganze Menge Arbeit in der Vorbereitung nach sich zieht. Denn ich will als Trainer die Erwartungen und Wünsche der Teilnehmer weitgehend erfüllen und nicht nur eine Alibi-Erwartungsabfrage durchführen. Ich kann dann sicher sein, dass sie aufmerksamer sind, sich am Training beteiligen und für die eigene Praxis profitieren.

Lernziele praxistauglich!

Natürlich nennt jede Trainerin und jeder Trainer auf die Frage nach dem wichtigsten Schritt in der Vorbereitung die Lernziele. Schaut man aber genau hin, entpuppen sich die vermeintlichen Lernziele oft als Auflistung von Inhalten und Themen. Es scheint oft nicht klar zu sein, was ein Lernziel eigentlich ist.

Eine einfache Erklärung

In meinen Seminaren für Trainingsneulinge veranschauliche ich Lernziele ganz simpel: Ich bitte einen beliebigen Teilnehmer als Versuchsperson ein Training zu »durchlaufen«. Das Training wird durch ein leeres Pinnwandplakat auf dem Boden symbolisiert. Ich zeige den Teilnehmer »davor«: »Das ist der Teilnehmer vor dem Training!« Dann durchläuft er das Training (= Er geht über das Pinnwandpapier). Nun zeige ich den Teilnehmer danach: »Das ist der Teilnehmer nach dem Training! Ist er noch derselbe?«

Oft schauen die Trainingsneulinge die Versuchsperson an und meinen »Ja, da hat sich nichts verändert!« Die Aufklärung wird oft zum Aha-Erlebnis: »Wenn ein Teilnehmer aus dem Training genauso herausgeht, wie er hineingegangen ist, hat das Training nichts bewirkt. Es war umsonst.«

Wie sich ein Teilnehmer im Training verändern soll, genau das wird in den Lernzielen festgelegt. Lernziele sind also nichts anderes als die Beschreibung des angestrebten Unterschieds des Teilnehmers vor und nach dem Training. Was soll beim Teilnehmer »danach« anders sein als »vorher«?

Das ist sehr vereinfacht und bleibt weit unter dem Anspruchsniveau wissenschaftlicher Modelle und Theorien zur Arbeit mit Lernzielen. Dennoch sollte auch dem altgedienten Trainer bewusst sein:

- Ich muss mir schon vor dem Einstieg in die Ablaufplanung darüber im Klaren sein, was ich bei meinen Teilnehmern bewirken will.
- Ohne Vorinformationen oder eine genaue Vorstellung von einem typischen Teilnehmer kann ich diese beabsichtigte Wirkung als Ziele eigentlich nicht beschreiben.

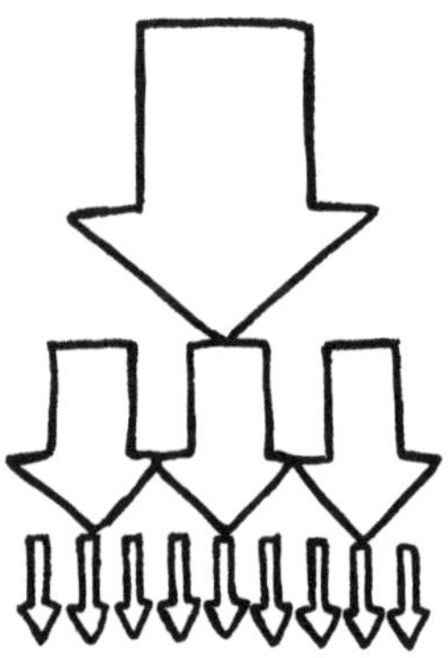

Sind Lernzieltaxonomien praxistauglich?

Die Empörung mancher Didaktiker über diese plakative Simpel-Lernzielarbeit ist mir sicher. Hat nicht Bloom (1974) schon vor Jahrzehnten eine Lernzieltaxonomie entwickelt, die viel differenzierter und genauer ist? Wo bleiben die unterschiedlichen Stufen und Eindringtiefen, wo ist die Unterscheidung in Richtziele, Grobziele, Feinziele? Brauche ich die Unterscheidung nach Lernzielbereichen? Wo bleiben die ganzen Gütekriterien für die Beschreibung von Lernzielen?
Sie bleiben in der täglichen Vorbereitungsarbeit auf der Strecke, weil das ganze System viel zu aufwendig ist, um im Alltag angewandt werden zu können. Das Entwickeln von Lernzielen nach den wissenschaftlichen Standards dauert einfach zu lange.
Wir Praktiker hatten gehofft eine Bloom-Revision brächte mehr Praxisnähe. Im Gegenteil: Es ist noch differenzierter und damit noch komplizierter geworden (s. Anderson/Krathwohl 2001).
Will ich ein ganzes Curriculum entwerfen und will ich nach der Maßnahme den Erfolg nach genauen wissenschaftlichen Kriterien evaluieren, mag der Aufwand mit Lernzieltaxononomien gerechtfertigt sein.
Ich brauche aber Lernziele für die Planung von Unterricht. Da reichen mir als Hauptlernziele einige wenige plakative Formulierungen. Natürlich kann ich für einen halben Tag Training 20 Feinziele aufschreiben. Die dann aber auch in die Planung einfließen zu lassen ist schon vom Zeitaufwand her ein Unding.

Drei Lernzielbereiche

Die Wissenschaft legt uns eine Teilung der Lernziele in drei Bereiche nahe: Kognitive Lernziele (»Wissen«), psychomotorische (»Können«) und affektive (»Wollen«). Darauf kann ich in der täglichen Arbeit nicht verzichten. Viel zu oft haben kognitive Lernziele (das Wissen) ein ungerechtfertigtes Übergewicht. Lernziele aus dem Bereich des Könnens werden weit weniger angestrebt, und die emotionalen Ziele stehen in der Aschenputtel- und Stiefkindecke (s. S. 93). Wenn ich mein Thema und meine Teilnehmer kenne, weiß ich auch, in welchen der drei Bereiche ich wie ansetzen muss.

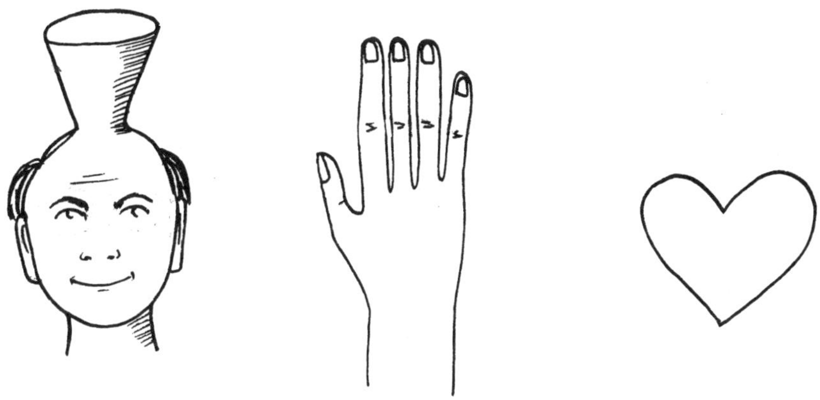

Beispiele

Thema Mind-Mapping für Trainer: Zuerst brauche ich Infos über meine Zielgruppe. Kennen die Teilnehmer Mind-Mapping schon? Wenden sie es nur für sich oder auch im Training an? Gibt es Mind-Map-Hasser? Dann gehe ich an die eigentliche Zielarbeit. Muss ich wirklich sehr viel über Mind-Mapping wissen, um es einsetzen zu können? Vermutlich ist hier (die meisten Teilnehmer kennen es, setzen es aber im Training nicht ein) das Können wichtiger. Deshalb mein Lernziel: »Die Teilnehmer sollen nach der Einheit ein Mind-Map auf der Pinnwand machen können.« Vorbehalte gibt es nicht. Der emotionale Bereich, das Wollen, scheint mir deshalb nicht ganz so wichtig, vermutlich reichen ein ansprechendes Beispiel und das Erfolgserlebnis, selbst ein schönes Mind-Map auf der Pinnwand gestaltet zu haben. Als Wissensziel formuliere ich: »Die Teilnehmer sollen mindestens drei Einsatzmöglichkeiten von Mind-Mapping im Training kennen.« Damit ist die Zielarbeit für mich erledigt.

Train-the-Trainer: Spezialisten und Fachleute im Medizintechnikbereich trainieren zum Teil schon einige Jahre und sollen eine Kompakt-Trainerausbildung durchlaufen. Meine Frage an den Auftraggeber: Was soll ein trainierender Fachmann nachher anders machen als bisher? Lernziele nach der Diskussion mit dem Auftraggeber können folgende sein:

Mit wenigen Lernzielen ist die Planung einfacher!

- Die Teilnehmer sollen bereit sein, sich von der PowerPoint-Monokultur etwas zu lösen.
- Sie sollen aktivierende Lehrmethoden anwenden können.
- Die Trainings sollen so gestaltet werden, dass die Kunden, die dafür bezahlen, lernen und zugleich zufrieden sind.

»Moderation« für Einsteiger: Zielsetzung durch den Auftraggeber: »Nach dem Training sollen die Teilnehmer Routinemeetings und einfache Workshops moderieren können.« Für meine Zielarbeit fehlen mir noch Informationen über die Teilnehmer. Die hole ich mir per E-Mail direkt (s. S. 87). Ich frage nach Erfahrungen, welche Besprechungsmethoden schon bekannt sind, und vorsichtig nach Vorbehalten beim Gedanken an zukünftige Moderationsaufgaben.

Dann formuliere ich meine Ziele:

- Die Teilnehmer sollen fünf Moderationsmethoden durchführen können.
- Sie kennen und schätzen Maßnahmenkataloge als Kern effektiver Moderation.
- Sie verlassen das Training ermutigt und freuen sich auf ihre nächste Moderation.

Ohne diese Ziele würde ich in der Vorbereitung völlig in der Luft hängen. Andererseits reichen mir die Ziele in dieser Allgemeinheit für meine Vorbereitung völlig aus. Ich weiß, das Schwergewicht dieses Trainings liegt nicht in der Wissensvermittlung, sondern in möglichst intensiven Übungsphasen und im Entwickeln von Sicherheit und Freude am Moderieren.

Natürlich könnte ich für die drei Tage auch drei Seiten Feinziele formulieren. Das wäre aber nur Schreibarbeit.

Affektive Lernziele raus aus der Stiefkind-Ecke!

Seminarteilnehmer kennen Besprechungsregeln und Methoden für Meetings. Sie haben im Training die Anwendung geübt. Trotzdem verändern sie nichts und wenden das neue Wissen und Können nicht an. Woran liegt es? Einer der Gründe liegt in den Einstellungen: Das Training hat es nicht geschafft, Einstellungen, Werte und Normen der Teilnehmer so zu verändern, dass sie die Besprechungskultur auch wirklich verändern wollen. Affektive Lernziele wurden nicht erreicht oder bei der Planung überhaupt nicht berücksichtigt.

Trainer aus dem Bankensektor formulieren affektive Lernziele

- Die Teilnehmer blicken mit Freude in einen Bilanzausdruck.
- Ich will den Teilnehmern die Scheu vor dem neuen Produkt nehmen.
- Die Teilnehmer sollen die Angst vor Bankgeheimnisfragen ablegen.
- Freude am neuen EDV-Tool durch spielerischen Zugang.
- Die Teilnehmer erkennen für sich den Nutzen der Aufgabenliste und verwenden sie in der täglichen Arbeit.
- Mitarbeiter sind vom Produkt überzeugt.
- Der Mitarbeiter will in Zukunft in seiner Filiale den Hörer spätestens nach dem dritten Läuten abnehmen.

(Aus einem Training von Dozenten in einer Bank)

Gründe für das Stiefkind-Dasein

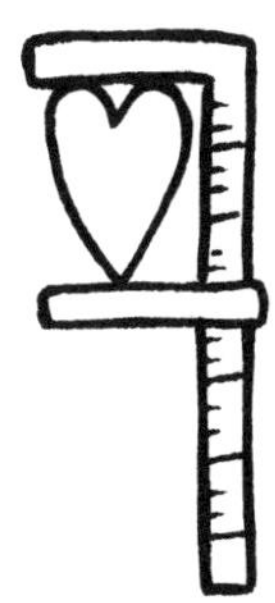

Mangelnde Messbarkeit: Selten genug werden emotionale beziehungsweise affektive Lernziele, die die Einstellungen der Teilnehmer betreffen, überhaupt formuliert. Diese Ziele haben einen Makel, ihre Erreichung ist nur sehr schwer messbar. Damit entsprechen sie nicht den Anforderungen an »richtige« Lernziele, wo die Messbarkeit ganz oben steht. Nach der SMART-Regel haben »richtige« Ziele immer folgende Eigenschaften: Specific, measurable, achievable, relevant, time-bound (oder nicht ganz 1:1 ins Deutsche übertragen: spezifisch, messbar, ambitioniert, realistisch und terminiert).

Fehlende Methoden: Es gibt eine Unmenge an Methoden zur Vermittlung und Erarbeitung von Wissen. Um praktisches Können zu erreichen, habe ich eine breite Palette an Übungsmöglichkeiten mit allen Variationen. Methoden für die affektiven Lernziele sind dagegen rar.

Die Manipulationsgefahr: Wer Gefühle und Werte, Interessen und Motive, Einstellungen und emotionale Haltungen beeinflusst, kann Menschen steuern und – nur einen kleinen Schritt weiter gedacht – manipulieren. Damit wollen wir als Trainer nichts zu tun haben und lassen lieber die Finger davon.

Auswirkungen

Das Fehlen affektiver Lernziele wirkt sich negativ aus. Das zeigt sich in folgenden Beispielen aus ganz unterschiedlichen Trainingsfeldern.

- Im Gesundheitswesen scheitern viele Trainings, weil sie die Einstellungen und Motive der Menschen nicht erreichen. Diabetiker wissen sehr wohl, was ihnen schadet. Sie können auch mit Tabellen und Zuckermessgeräten umgehen, und trotzdem halten sie sich nicht an die Diät. Bei übergewichtigen Menschen scheitert das Abnehmen meist am »Wollen«, und groß angelegte Aids-Programme in Afrika greifen kaum, weil sie die negative Einstellung der Männer gegen Kondome nicht verändern können.
- Nur selten sehen sich Pharmavertreter als Verkäufer. Ihr Selbstbild ist das eines Mediziners, eines Wissenschaftlers, der diskutiert und berät, aber nicht verkauft. Wer das ändern will, kann sich nicht auf eine Verkaufsschulung beschränken. So ein Training sollte auch das Ziel haben, die negative Einstellung zum Verkaufen zu verändern.
- Auch in Veränderungsprozessen geht ohne Einwirkung auf die Einstellung gar nichts. Das fängt schon im Kleinen an: Wird in einer Firma eine neue Software geschult, ist es notwendig den Abschied von der alten (oft »selbst geschnitzten«) zu erleichtern und eine positive Einstellung zur neuen Software samt ihrer ganzen Anfangsprobleme zu schaffen. Bei der Multiplikation neuer Lehrpläne an die Lehrer gilt es, die emotionale Ablehnung neuer Lehrpläne gegenüber den vertrauten alten abzumildern.
- Auch in unseren Train-the-Trainer-Kursen haben wir das Ziel, bei den Teilnehmern die Liebe zu den aktiven Methoden zu wecken. In Präsentationstrainings wollen wir Teilnehmer zu ausgefallenen Inszenierungen ermutigen.

Ansätze zur Erreichung affektiver Lernziele im Training

Am Beispiel eines Präsentationstrainings wird die Bedeutung der affektiven Lernziele im Trainingsalltag deutlich. Das Wissen über Möglichkeiten unüblicher Präsentationen zu vermitteln ist leicht und geht schnell. Das Können braucht eigentlich nur etwas Übungszeit im Training, aber das »Wollen« zu beeinflussen ist schwierig. Ich muss viele Teilnehmer dazu bringen, die Angst, sich zu blamieren zu überwinden. Wie schaffe ich es, dass kreative Inszenierungen attraktiver werden als die gewohnten sicheren, aber meist langweiligen Präsentationen mit Beamer und Laptop?

Wir haben in unserer Arbeit mit einigen Ansätzen gute Erfahrungen gemacht:

Rationale Argumente. Der erste Weg erfolgt »über den Kopf«: Ich erkläre mit Argumenten, warum die neue Software der alten überlegen ist.

Aha-Erlebnisse. Auch der zweite Weg geht »über den Kopf«: Ein effektiver, aber schwieriger Lernweg, der so aufgebaut ist, dass am Ende eine »Erleuchtung« (die Lernpsychologen nennen es die »Illumination«) steht. In unserem Softwarebeispiel lasse ich dieselbe Aufgabe zuerst mit der alten und dann mit der neuen Software lösen. Die Aufgabe ist so gewählt, dass die Vorteile der neuen Software ohne weitere Erklärung und sofort offensichtlich werden.

Risikofreies Ausprobieren: Ich stelle gern im Seminar eine Laborsituation her, in der ungewöhnliches oder unübliches Verhalten ohne Risiko ausprobiert werden kann. Da wird zum Beispiel »ganz trockener Stoff« auf eine verrückte Weise vermittelt, da können ausgefallenste Präsentationen gemacht werden. Gelingen diese Verhaltensweisen im »Labor«, ist der Schritt in die Praxis nicht schwer. Es ist gelungen, das Gefühl der Angst vor dem Unüblichen zu reduzieren und zu neuen Wegen zu ermutigen.

Erfolgserlebnisse. Ein einfaches Beispiel: Trainerkollegen weigern sich sehr oft bei Visualisierungen zu zeichnen und zu malen. »Ich kann das nicht! Das sieht bei mir dilettantisch aus! Ich blamiere mich nicht! Ich bin kein Künstler!« In einer »Kleinen Malschule« (s. S. 160) bringe ich sie in zwanzig Minuten dazu, Begriffe und Inhalte zeichnerisch darzustellen. Ohne dieses Erfolgserlebnis hätte ich keine Chance gegen die Vorbehalte.

Praktisches Lernen und Erlebnislernen (s. S. 56): Beides erleichtert das Erreichen affektiver Lernziele. Der Wirkmechanismus ist derselbe wie bei den Erfolgserlebnissen. Ich achte darauf, dass das praktische Tun mit positiven Gefühlen verbunden ist (Erfolg, Gruppenerlebnis, Anerkennung ...), und baue so eine positive Einstellung auf.

Alle Ansätze verbindet die Zielrichtung: Ich beeinflusse und verändere Einstellungen und Motive. Die Grenze zwischen Einfluss und Manipulation ist und bleibt unscharf.

Trainerleitfäden in Tabellenform

Es gibt keine Norm, wie ein Trainerleitfaden auszusehen hat. Wir verstehen unter einem Trainerleitfaden die Ablaufplanung. Sie soll neben einer Zeitverteilung auf alle Fälle auch die Zuordnung von Inhalten und Methoden sowie Angaben über Medien und Material enthalten. Die Ziele gehören jeweils an den Anfang einer Sequenz. Ein guter Leitfaden ist so gestaltet, dass ein fachkundiger Trainer die Schulung oder das Seminar nach kurzer Einarbeitungszeit selbst durchführen kann.

In unserer Arbeit hat sich die Tabellenform bewährt. Die Auszüge auf den Seiten 99 bis 102 aus einem Leitfaden enthalten zusätzlich eine ganze Reihe von methodisch didaktischen Tipps. Die Trainer, die damit arbeiten, sind weitgehend Neulinge.

Tipps für Trainerleitfäden

- Wir bevorzugen einen modularen Aufbau. Jede inhaltlich abgeschlossene Sequenz hat einen eigenen Trainerleitfaden. Manchmal ist das eine halbe Stunde, manchmal ein halber Tag. Damit wird der Trainer flexibler. Er kann ganze Sequenzen verschieben und austauschen.
- Die Spalte »Inhalt« enthält vom Inhalt nur Überschriften und Stichpunkte, damit der Zusammenhang mit den Methoden und dem Material klar wird. Der Inhalt im Einzelnen wie auch PowerPoint-Präsentationen und anderes Material findet sich in einem Anhang.
- Wir überarbeiten den Trainerleitfaden nach einem ersten und zweiten Probelauf (Piloting) gründlich. Dadurch ergibt sich auch die Möglichkeit, den Leitfaden mit Fotos von Plakaten, Pinnwänden und anderem mehr für »Augenmenschen« anschaulicher zu gestalten.
- Eine Zweiteilung der Zeitspalte in »Dauer« und »Beginn« ermöglicht, die konkreten Uhrzeiten einzutragen. Das erspart beim Kontrollblick auf die Zeitplanung während der Schulung umständliche Rechnerei.

Leitfäden ermöglichen Kreativität

- Der Hauptnutzen detaillierter Leitfäden ist das Erleichtern des Abweichens. Das ist nur vordergründig absurd. Kein gutes Training läuft wirklich wie geplant. Eine genaue Übersicht macht flexibel. Ich kann Inhalte verkürzen, ganz weglassen, nur anreißen, verschieben und gewinne so Zeit, wenn die Teilnehmergruppe einmal ein Thema vertiefen will, wenn Fragen und Verständnisprobleme auftreten oder sonst das Zeitmanagement nicht mehr stimmt.
- Afrikanische Leitfäden: »Ulli, dein Leitfaden als Tabelle ist uns zu ›deutsch‹. Wir können nicht einen Schritt im Lernprozess in Inhalt, Methoden und Material aufteilen. Das ist für uns ein Schritt, den wir auch als Ganzes beschreiben. (Siehe folgendes Beispiel)
  Diese Art des Planens, nämlich einen Lernschritt möglichst detailliert zu beschreiben, kenne ich aus Afrika. Das ist aber keine afrikanische Erfindung. Amerikanische Leitfäden sind oft ebenso gestrickt und sehr detailliert.

Beispiel für eine »ganzheitliche« Planung

Hier ist ein Ausschnitt aus einem Leitfaden aus Namibia. Das ganze Training heißt »Kundenorientierung und Bürgernähe im öffentlichen Dienst Namibias«.

Lernschritt: Schreiben und Einsammeln eigener Fälle und Erfahrungen der Teilnehmer

- Bitte die Teilnehmer eine Situation zu beschreiben, in der die Kundenorientierung beziehungsweise Bürgernähe im öffentlichen Dienst komplett fehlgeschlagen ist. Sie sollen dabei die Personen nicht mit ihren richtigen Namen nennen.
- Gib +/–15 Minuten Zeit, um in Einzelarbeit diese Situationen auf ein Blatt Papier zu schreiben.
- Sammle diese Fallbeschreibungen ein und informiere die Teilnehmer, dass einige davon für die Diskussion von möglichen Lösungen am vierten Tag verwendet werden. Dann soll das Wissen angewendet werden, das sie im ganzen Kurs über Bürgernähe und Kundenorientierung erworben haben.
- Der Trainer muss alle Fälle lesen und entscheiden, ob sie für die Arbeit am vierten Tag nützlich sind oder nicht.

xxxxxx – Produktchampions | Regionaltraining

Thema: Neue Leitlinien sicher argumentieren

Ziele:
1. Die Kolleginnen und Kollegen kennen die Inhalte der Leitlinien.
2. Die Kolleginnen und Kollegen kennen die für die Leitlinien relevanten Passagen der drei ausgewählten Studien.
3. Die Kolleginnen und Kollegen können den Nutzen der Leitlinien erläutern.

Das Training ist für 60 Minuten und etwa 15 Teilnehmer geplant. 57 Minuten davon sind im folgenden Ablaufplan verplant. Eine Sitzordnung im Halbkreis ohne Tische ist ideal, jede andere Bestuhlung geht aber auch.

Ablaufplan

Dauer	Beginn	Inhalt	Methode ...	Material
Max. 5 Min		**0. Prolog** Ich bin ein Produktchampion Kolleginnen und Kollegen, ich stehe hier in einer neuen Rolle vor euch ... Nicht zu meinen Aufgaben gehört ... Meine wichtigsten Aufgaben sind ...	Vortrag Tipps: • Prüfen, ob es notwendig ist! • Individuell gestalten und Ich-Botschaften absetzen. • Drei Kernaufgaben des Produktchampions anführen.	Ohne Zwei Seiten als Handout austeilen, aber erst zum Schluss (siehe Anhang).
Max. 5 Min		**1. Einstieg** Unser Thema hat mit Wien zu tun. Was fällt euch als Erstes zu Wien ein? Thema und Überblick 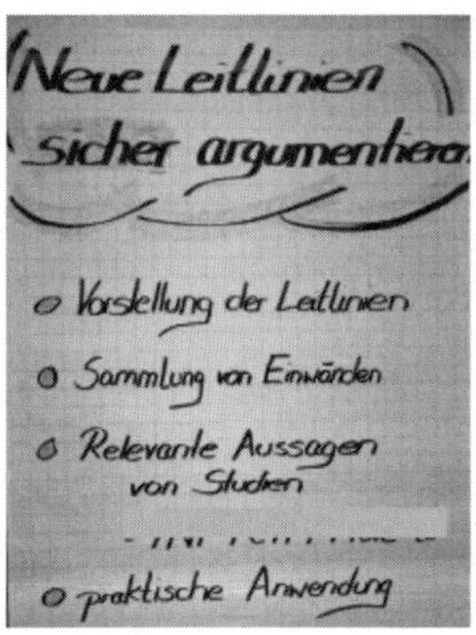	Blitzlicht im Sitzen oder Stehen mit oder ohne Aufschreiben je nach Gusto. Vorbereitetes Chart Tipp: Hier ist ein Plakat besser als eine Folie in PowerPoint. Thema und Überblick sollten während des ganzen Trainings sichtbar sein.	eventuell Flipchart Plakat/Flipchart

xxxxxx – Produktchampions				Regionaltraining
Dauer	Beginn	Inhalt	Methode ...	Material
10 Min.		**2. Vorstellen der Leitlinien** Ich stelle Ihnen die Veränderungen der Leitlinien vor, die auf dem ESC-Kongress 2007 in Wien vorgestelllt wurden.  Gibt es Verständnisfragen?	Präsentation/Vortrag Tipp für die Aktivierung: Anstatt die Veränderungen zu nennen, fragen Sie lieber nach Veränderungen und zeigen sie dann erst farbig unterlegt die einzelnen Punkte. Diskussionen verschieben!!	Laptop und Beamer
10 Min.		**3. Sammlung von Einwänden** Instruktion: 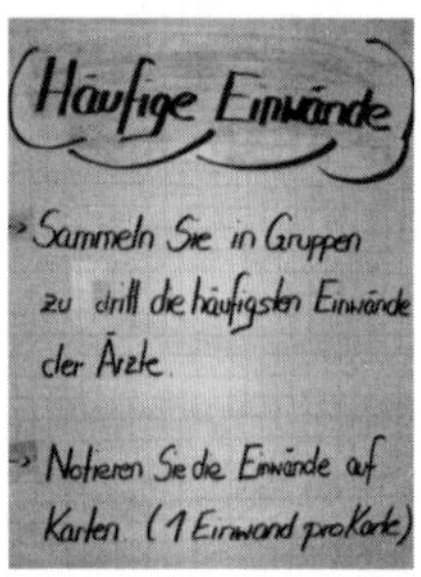 Instruktion: Ordnen Sie bitte nacheinander die Einwände, die Sie gefunden haben, den Überschriften zu. Überschriften: • Kosten • Studien • Patient • Leere Karte (Joker)	Kartenabfrage Pro Gruppe (am besten die Leute nebeneinander) etwa drei Karten. Musterkarte Ohne Loreley-Phase! Karten nach vorgegebenen Kategorien ordnen! Teilnehmer lesen vor und bringen die Karten nacheinander an die Pinnwand Tipp: Aufkommende Diskussion mit Hinweis auf spätere Bearbeitung zurückstellen	Flipchart für Instruktion Karten aus dem Moderationskoffer Filzstifte (neuland No1) Nadeln Pinnwand

xxxxxx – Produktchampions				Regionaltraining
Dauer	Beginn	Inhalt	Methode ...	Material
20 Min.		**4. Relevante Aussagen von Studien** Jede Gruppe bekommt einen Kartensatz mit relevanten Aussagen aus den drei Studien (siehe zur Kontrolle gut lesbar im Anhang) und eine dieser Studien im Original. (Anhang) Instruktion: 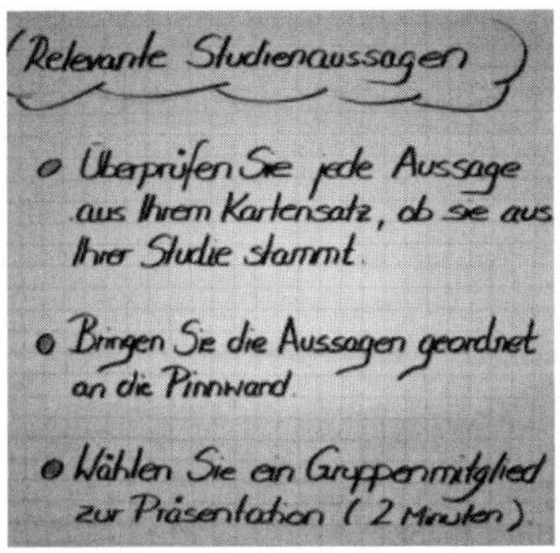 Ergebnisse: (komplett siehe Anhang) 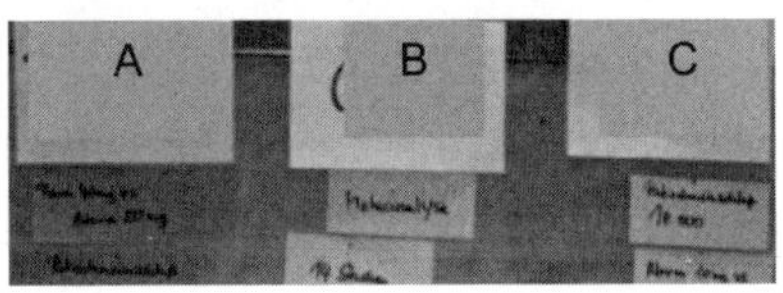	Zuordnungsaufgabe in Gruppenarbeit Tipps: • Wenn Sie Zeitprobleme befürchten, beschränken Sie sich auf 5 Aussagen zu jeder Studie. • Achten Sie darauf, dass die Studien wirklich kurz und knackig dargestellt werden. (Achtung: Zeitfresser an dieser Stelle!)	Vorbereiteter Kartensatz in Pinnwandkartengröße Kopien von den drei Originalstudien (drei pro Gruppe) Instruktion auf Flipchart Pinnwand

xxxxxx – Produktchampions				Regionaltraining
Dauer	Beginn	Inhalt	Methode ...	Material
5 Min.		**5. Praktische Anwendungen** Wir wenden uns mit dem Wissen über die Studien im Hinterkopf wieder den Einwänden der Ärzte zu. Wer meinen Ball fängt, wählt einen Einwand und versucht ihn zu entkräften. Dann gibt er den Ball weiter. Der Nächste sucht sich wieder einen Einwand ...	Schlagfertigkeitsübung. Tipps: • Wer den Ball hat, sollte ganz kurz nachdenken dürfen. • Es macht nichts, wenn ein Einwand öfter drankommt. • Achten Sie auf »O-Ton«: Statt »Ich würde sagen ...« besser »In der A-Studie steht ...«! • Ein Zeiger (aus einer Moderationskarte) hilft bei der Orientierung an der Pinnwand. »Wo sind wir gerade?« 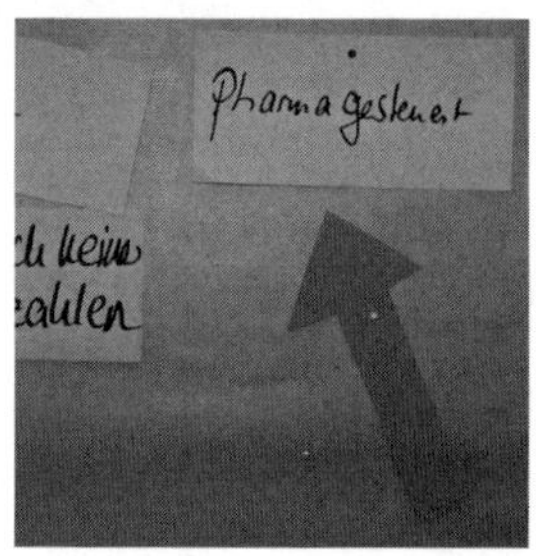	Pinnwand aus Phase 3 Ball zum Zuwerfen
2 Min.		**6. Schluss** Aus meiner Sicht lässt sich mit folgenden Erkenntnissen aus Studien am besten argumentieren ...	Lehrgespräch	

Kreativ planen!

Langweilige Seminare und Trainings gibt es genug. Die Veranstaltungen von erfahrenen Profis sind oft noch eintöniger als die von ganz jungen Trainern. Das liegt zum Teil am üblichen Planungsprozess der Routiniers. Auf der Grundlage von Inhalten und Zielen entsteht ganz fix ein Ablaufplan. Erfahrene Trainer greifen da gerne auf bewährte Designs aus thematisch ähnlichen Veranstaltungen zurück.

Wenn es nichts Verwertbares gibt, hilft immer noch der Standard-Dreischritt: Input, Gruppenarbeit zur Vertiefung, Präsentation der Ergebnisse. Grundsätzlich ist das nicht schlecht, aber eben Monokultur und wie alle Monokulturen nicht besonders aufregend.

Das Gleiche gilt für ein Seminar mit einem fertigen Ablaufplan, das immer wieder gehalten wird. Das wird zur Routine, und von Routine zur Langeweile ist es nur ein Katzensprung.

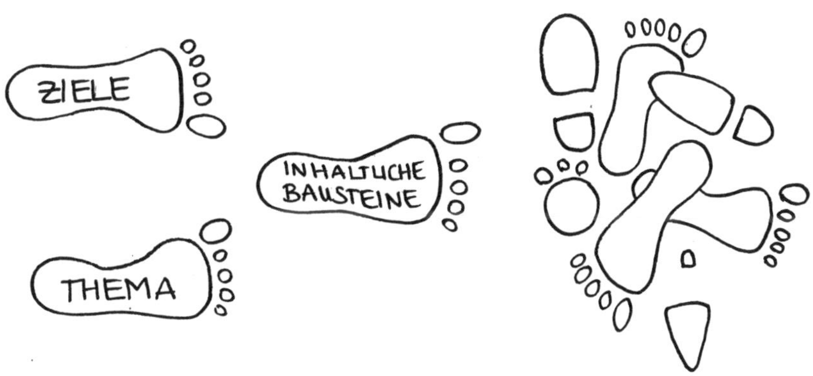

Ein *kreativer Zwischenschritt* in der Planung kann uns davor schützen: Könnten wir das Seminar nicht auch ganz anders konzipieren?

Was wir da tun, entspricht dem Vorgehen wie es DeBono einmal für seine Idee vom »lateralen Denken« beschrieben hat. Du gehst durch einen bequemen Gang ohne Hindernisse zu deinem Ziel. In den Wänden dieses breiten

Ganges gibt es zwar Türen, die aber nicht auf Anhieb sichtbar sind. Sie führen zu ganz anderen Gängen und Wegen zum selben Ziel. Deshalb heißt es, mühsam durch Klopfen die versteckten Türen zu finden und zu öffnen. Manchmal gibt es dahinter nur schmale Pfade, die nichts bringen. Türe zu und weiterklopfen! Manchmal öffnen sich aber auch Wege, die attraktiver sind und noch leichter und angenehmer zum Ziel führen als der ursprüngliche Weg (s. auch DeBono 1982).

„Laterales Planen"

Für die Trainingsplanung heißt das: Auch wenn nach Festlegung von Zielen und Inhalten eigentlich klar ist, wie das Training ablaufen könnte, legen wir das Planungsraster, auf dem der Trainerleitfaden entstehen soll, zunächst weg. Wir denken »lateral«, kreuz und quer und um die Ecke: Gibt es ein ganz anderes Grunddesign für diese Lernziele? Fangen wir mit dem Transfer an? Steht den Teilnehmern eine ganz konkrete Aufgabe bevor, an der wir ganz praktisch arbeiten können? Kann ich werkstattmäßig arbeiten? Lässt sich der Lernprozess auch »auf den Kopf stellen«? Kann ich durch Umwege ein »Aha-Erlebnis« schaffen? Wir suchen nach Metaphern, Bildern, Analogien, spielerischen Zugängen, szenischen Darstellungen, Inszenierungsmöglichkeiten, Doppeldeckern ...

Wichtig ist uns in diesem Prozess des Spinnens, wie wir das laterale Denken ganz profan nennen, dass nichts verloren geht, auch keine kleinen Gedankensplitter. Wir arbeiten da mit Karten Mindestgröße DIN A4 oder mit Mind-Maps.

Die allgemeine Regel für diese kreativen Prozesse gilt auch für uns: Wer allzu schnell die Umsetzbarkeit der Ideen und die Passung für die Zielgruppe prüft oder den Aufwand kalkuliert, lähmt das »Spinnen«. Oft ist es einfach so, dass erst nach 20 aberwitzigen Einfällen eine Idee dabei ist, die aus einem 08/15-Seminar ein Highlight macht.

Ich schreibe bewusst »wir«, weil nach meiner Erfahrung diese kreativen Planungssitzungen zu zweit und zu dritt immer intensiver und erfolgreicher sind, als wenn man alleine über der Planung sitzt.

Methoden

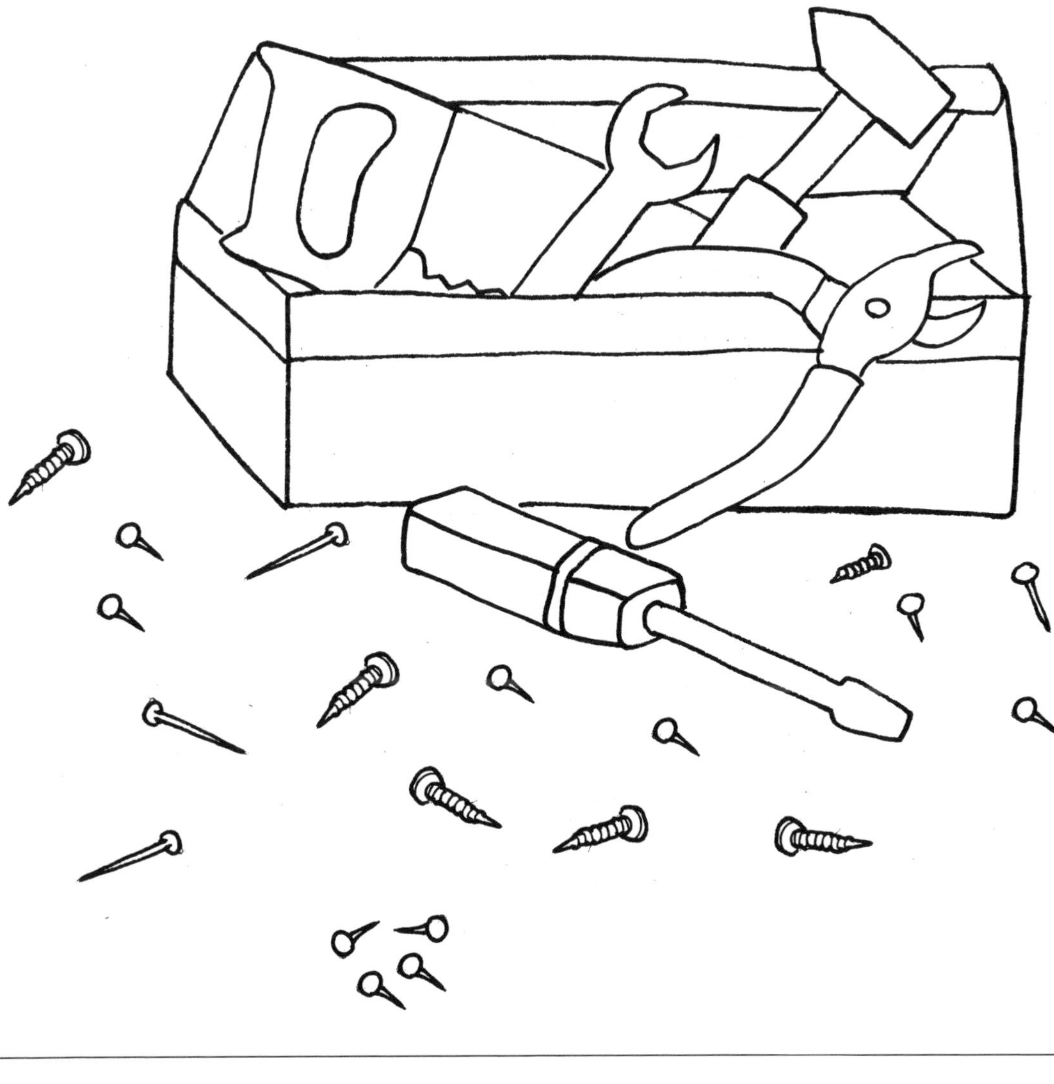

Ein gut gefüllter Werkzeugkasten

Viele Tipps für Training und Seminar beziehen sich natürlich auf Methoden. Ohne Anspruch auf Systematik und Vollständigkeit gebe ich hier Tipps für Methoden, die zu Unrecht in Misskredit geraten sind, wie beispielsweise der Frontalvortrag, greife Achillesfersen gängiger Methoden auf wie die Präsentation von Gruppenarbeitsergebnissen oder die Akzeptanz von Rollenspielen und Energizern. Ein Anliegen sind mir auch Vermittlungsmethoden für den sprichwörtlich »trockenen« Stoff.

Ein gut gefüllter Werkzeugkasten. ist nötig Das Methodenrepertoire eines Trainers kann nicht reichhaltig genug sein. Auch wenn er in der Regel nur etwa ein Dutzend von Standardmethoden immer wieder anwendet, ist es gut, Spezialmethoden auf Lager zu haben, auch wenn er sie nur gelegentlich braucht.

Methoden sind nur Werkzeug! Gerade als Methodenspezialist liegt mir daran, die Bedeutung von Methoden zu relativieren. Methoden werden oft überbewertet. Wer keinen Draht zu den Teilnehmern findet, wird die Qualität auch durch ausgefeilteste Methodik nicht steigern können. Wenn Trainer an den Bedürfnissen und Erwartungen der Gruppe vorbeiplanen oder die Inhalte nicht gründlich aufbereiten, erleben die Teilnehmer ein Seminar als Methodenspielerei, von der sie nicht profitieren.

Methodennamen im Training weglassen! »Kartenabfrage«, »Blitzlicht«, »Rollenspiel« oder »Murmelgruppe« sind Teil unseres »Fach-Chinesisch« als Trainer. Ich bin immer gut gefahren, diese Fachbegriffe im Training wegzulassen. Erstens lenken sie vom Inhalt ab, zweitens wecken sie oft unerwünschte Assoziationen und rufen Rollenspielhasser und Blitzlichtverweigerer auf den Plan. Beim Rollenspiel kündige ich an: »Wir werden das Verkaufsgespräch jetzt möglichst praxisnah ausprobieren.« Beim Blitzlicht sage ich nur: »Ich hätte zu dieser Frage gerne von jedem einen Satz, maximal zwei Sätze gehört, ohne gleich darüber zu diskutieren.«

Lehrvorträge frontal – ja bitte!

Qualität und keine Monokultur

Wahrscheinlich ist allein diese Überschrift für viele Kollegen eine Provokation. Zu Unrecht! Die Verteufelung der Frontalvorträge (alias Lehrvortrag, Präsentation, Input, Referat oder »Predigt«) geht immer von einem schlechten Frontalvortrag aus: langweilig, unstrukturiert, zu lang, ohne Visualisierung, ohne Merkanker und vor allem als Monokultur. Das liegt aber nicht an der Methode selbst, die wie alle anderen Stärken und Schwächen hat, sondern an der Durchführung. Denn es gibt eine ganze Reihe von Dozenten und Trainerkollegen, die im Lehrvortrag ihre Zuhörer fesseln können, die allein durch ihre Sprache Lerninhalte unauslöschlich in den Zuhörerköpfen verankern.

Argumente für den Lehrvortrag

- Für die *Vermittlung von neuem Wissen* an Teilnehmer ohne einschlägige Erfahrung wird der Vortrag die wichtigste Methode bleiben. Andere Methoden, mit denen neues Wissen weitergegeben werden kann wie Lernzirkel oder Lernen durch Lehren (s. S. 122 und 134) sind sehr vorbereitungsintensiv!
- Mit keiner anderen Methode können Lerninhalte *so klar und strukturiert* vermittelt werden. Nur der Dozent spricht, kein Teilnehmerbeitrag kann für Verwirrung sorgen und den Gedankengang stören.
- Ein guter Lehrvortrag kann begeistern, kann Teilnehmer *emotional ansprechen*. Unsere Sprache kennt viele bildhafte Ausdrücke für dieses Phänomen: Der gute Dozent »fesselt« die Zuhörer, er »zieht sie in seinen Bann«, er »lässt den Funken überspringen«, und die »Zuhörer hängen ihm an den Lippen«. Wenn ein Trainer das erreicht, eignen sich frontale Vorträge nicht nur für die rein kognitive Wissensvermittlung, sondern auch für affektive Lernziele, weil so Einstellungen ebenfalls verändert werden können.
- Mit dem Lehrvortrag kann ich Wissen *kurz und knackig vermitteln.* Voraussetzungen dazu sind aber eine genaue Kenntnis der Zielgruppe und die Fähigkeit, ganz Wichtiges von nur Wichtigem zu trennen und Letzteres im Vortrag auch wegzulassen.

Tipps für gute Vorträge

- *Der rote Faden bleibt immer sichtbar!* Die Struktur, die Gliederung, die Ordnung muss nicht nur dem Vortragenden zu jedem Moment des Vortrags klar sein, sondern auch dem Zuhörer. Dazu hilft ein Überblick am Anfang, der während des ganzen Vortrags sichtbar bleibt (auf Dauermedium s. S. 157). Während des Vortrags bezieht sich der Trainer immer wieder auf die Struktur. Ich bin jetzt mit dem Punkt xy fertig und komme zu ...).
- *Die Augen lernen mit!* Dass die Menschen vor allem auch »mit den Augen lernen« zieht sich durch dieses Buch. Gerade der Frontalunterricht verliert ohne visuelle Unterstützung deutlich an Effektivität. Falsch ist die Gleichsetzung Visualisierung zum Vortrag = PowerPoint. Oft sind wenig Text und ein paar Bilder, die Stück für Stück an der Pinnwand oder auf dem Flipchart entstehen, besser als 20 Folien, die mit dem Beamer an die Wand geworfen werden.
- *Informationen werden in Teilnehmerköpfen verankert!* Inhalte von Vorträgen, die eine Stunde nach dem Vortrag beim Zuhörer nicht mehr präsent sind, bleiben ohne jeden Wert und ohne Konsequenz. Deshalb verankere ich als Vortragender mit Bildern, mit treffenden Beispielen, mit Wortwitz und Humor, mit eingängigen und einfachen Formulierungen, mit Sprachbildern, mit Überraschungen, mit Wiederholungen ... Es ist kein Problem, Inhalte zugunsten von Ankerphasen wegzulassen, denn ohne Merkanker fallen Inhalte ohnehin weg.
- *Der Vortrag ist auf die Zielgruppe abgestimmt.* Bei anderen Vermittlungsmethoden werden Teilnehmer aktiv und bringen so fast zwangsläufig ihre Interessen und Themen ein. Beim Vortrag haben sie dazu wenig Chancen. Deshalb ist beim Lehrvortrag eigentlich noch mehr als sonst bei der Vorbereitung eine Abstimmung der Inhalte auf die Zielgruppe notwendig. Was wissen die Zuhörer schon? Wovon profitieren sie am meisten? Wird ihnen das im Vortrag klar? Wie heterogen ist mein Publikum?
- *Stopp nach längstens 20 Minuten Lehrvortrag!* Danach ist ein Methodenwechsel angesagt. Sie selbst als Dozent werden diese Notwendigkeit selten spüren. Sie stehen unter Strom, Sie wollen alle Ihre Inhalte loswerden. Wenn die Teilnehmer gähnen oder sich mit anderen Dingen beschäftigen, ist es ohnehin zu spät: Dann hat man die Teilnehmer schon verloren.

Sie brauchen nur in Ihrer eigenen Lerngeschichte zurückgehen und werden meine eigene Erfahrung als Zuhörer teilen. 20 Minuten kann ich ganz aufmerksam zuhören, aber dann wird es schwierig. Meine Gedanken fangen Spa-

Die spezielle Frontal-Vortrags-Uhr aus dem einschlägigen Spezialhandel

ziergänge an, manchmal zum Thema, manchmal zum Angeln. Ich bemühe mich dann schon, wieder zuzuhören, aber je länger der Vortrag sich hinzieht, desto häufiger konkurrieren meine gedanklichen Ausflüge mit zunehmendem Erfolg mit dem Vortrag.

Wenn ich diese Botschaft in meinen Train-the-Trainer-Kursen vermittle, gibt es zwei typische Reaktionen: Zustimmung zu dem Phänomen an sich und Zusammenzucken beim Gedanken an die Konsequenz: »Was mache ich nach den zwanzig Minuten und was mache ich mit meinen Inhalten, die ich in den ersten zwanzig Minuten nicht untergebracht habe?«

Ich verwende gerne das Bild mit den Aktivierungsinseln. Die Vortragsfahrt über das Meer wird immer wieder unterbrochen von »Inseln«, auf denen der Teilnehmer aus seiner passiven Zuhörerrolle herausgerissen wird und aktiv werden muss. Anregungen für Aktivierungsphasen im Frontalvortrag folgen auf der nächsten Seite.

Nach einer Aktivierungsphase, in der die Teilnehmer nicht von vorne »berieselt« wurden, kann durchaus die nächste Portion Vortrag folgen.

Zehn Tipps zur Aktivierung beim Vortrag

Ein längerer Vortrag mit PowerPoint steht in der Liste der Schlafmittel für Training und Seminar ziemlich an der Spitze. Das können ein witziger und spritziger Vortragsstil und ansprechende Folien abschwächen, aber nicht verhindern.

Wenn der Vortrag sein muss, gibt es eine ganze Reihe von kleinen Aktivierungsmethoden, die das ermüdende passive Aufnehmen unterbrechen.

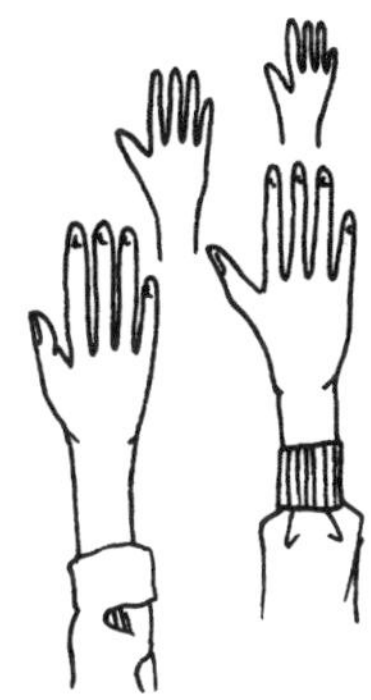

Die Handzeichenfrage. Beispiel: Im Vortrag über die Gestaltung von Trainings: »Wer von Ihnen hat schon einmal in einem Seminar Körperübungen oder Spiele erlebt? Ich bitte um Handzeichen.« Viele heben die Hände. Zweite Frage: »Wen haben diese Übungen und Spiele gestört?« Deutlich weniger Handzeichen. Der Vortrag geht weiter mit Tipps zu Übungen und Spielen.

Die Handzeichenfrage wirkt, wenn sie nicht inflationär eingesetzt wird und der Vortragende das Ergebnis der Frage in seinen Vortrag einbaut.

Die erste Frage soll immer so gestellt werden, dass möglichst viele Zuhörer die Hand heben.

Die Zurufliste zwischendurch. Beispiel: In der Fortbildung für Pharmareferenten ist ein Thema der Wirkstoff xy. Referent: »Sie alle kennen die Indikationen. Wir wollen sie noch einmal am Flipchart sammeln. Bitte helfen Sie mir!« Er geht zum Flipchart, schreibt als Überschrift »Indikationen für xy«. Dann wartet er auf die Zurufe der Teilnehmer. Der erste Zuruf dauert manchmal eine Weile, aber schließlich füllt sich das Blatt.

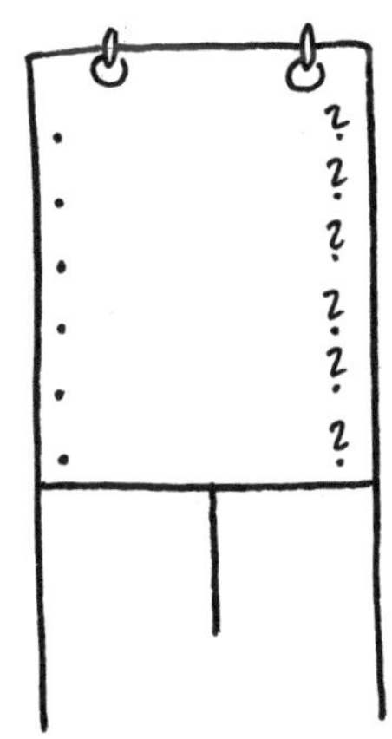

Der Fragenspeicher am Anfang. Methodisch ist auch das eine Zurufliste, bei der der Dozent selbst schreibt.

Beispiel: Das Thema »Kleiderregeln im Servicebereich« steht schon als Überschrift auf dem Flipchart. Der Referent fragt die Teilnehmer: »Welche Fragen haben Sie zu diesem weiten Themenfeld? Ich möchte sie hier am Flipchart festhalten, damit ich sie im Laufe meines Vortrags beantworten kann.«

Wichtig ist, dass der Dozent so oft wie möglich auf diesen Fragenspeicher zu sprechen kommt.

Das Blitzlicht. Beispiel aus einem Moderatoren-Training: Schwierige Situationen für Moderatoren. Der Dozent bringt ein krasses Beispiel: »Stellen Sie sich vor, Sie moderieren einen Workshop, in dem Ideen für die Vermarktung eines neuen Produkts entwickelt werden sollen. Ein Teilnehmer meldet schon bald seine grundsätzlichen Bedenken an: Das solle doch gefälligst eine Werbeagentur machen oder die Marketingspezialisten. Der ganze Workshop sei doch ein Witz ...« Um zu klären, wie der Moderator reagieren könnte, setzt der Dozent das Blitzlicht ein. Auf das Flipchart schreibt er dazu folgenden Satzanfang: »Mein nächster Satz als Moderator ...«. Nach zwei Minuten Zeit zum Nachdenken bittet er um Antworten. Bei wenigen Zuhörern (bis 10) kann jeder antworten. Sind es mehr, jeder zweite oder jeder, der will.

Radio Hanoi. Eine Kurzumfrage bringt Leben in jeden Vortrag. Beispiel: Vortrag über PowerPoint. Der Dozent fragt fünf Leute aus dem Zuhörerkreis ganz direkt: »Worin sehen Sie einen Vorteil von PowerPoint?« Ein Schuss Inszenierung lockert das zusätzlich auf. Da wird der dicke Filzstift zum Mikrofon, die Umfrage zum Interview von Radio Westerham, Salzburg, Hanoi oder wo sonst das Seminar stattfindet. In dieser Verfremdung ist auch das direkte Ansprechen kein Problem. Durch das »Mikrofon« in der Hand kann der Dozent auch die Geschwindigkeit.

Murmelgruppe. Beispiel: Langjährige Gefahrguttransporteure erfahren in einem Vortrag umfassende gesetzliche Neuregelungen. Der Dozent schließt eine ganz kurze Gruppenarbeit an. Instruktion: »Diskutieren Sie bitte: Welche Veränderungen müssen wir an den Fahrzeugen und unserer Ausrüstung vornehmen? Notieren Sie bitte Ihre Ergebnisse auf einem Blatt!« Anschließend holt er die Ergebnisse ab und visualisiert auf einer Pinnwand oder einem Flipchart.

Tipps zur Murmelgruppe:

- Viele Teilnehmer sind solche kurzen Gruppenarbeiten nicht gewohnt und brauchen Unterstützung. Der Dozent sagt und zeigt: »Sie drei zusammen, Sie drei ...!«
- Bei Murmelgruppen verlässt niemand den Platz. Es arbeiten immer die Leute zusammen, die auch nebeneinander sitzen.
- Die Dauer beträgt nur ein paar Minuten.
- Den Methodennamen »Murmelgruppe« lasse ich wie andere Methodennamen auch lieber weg und sage nur: »Diskutieren Sie bitte zu dritt in fünf Minuten folgendes Thema: ...!«

Fragen und Lehrgespräch. Der Dozent unterbricht seinen Vortrag, um mit den Teilnehmern in ein Gespräch zum Thema zu kommen. Beispiel: Ein Vortrag über die neue Software. Dozent: »Ich habe Ihnen jetzt einige Veränderungen, die mit der neuen Software verbunden sind, aufgezeigt. Wo sehen Sie Vorteile? Wo haben sie Probleme?« Der Dozent wartet geduldig auf die erste Wortmeldung und ermuntert durch positives Feedback andere Teilnehmer zum Mitreden. Das Lehrgespräch ist keine Plauderei, sondern eine Lehrmethode, um Lernziele zu erreichen. Deshalb ist es nützlich, die wichtigsten Inhalte des Lehrgesprächs abschließend zur Verankerung aufzuschreiben.

Teilnehmer zum Reden bringen

Quiz. Dafür gibt es viele Varianten.

- *Ampelabfrage*: Immer zwei oder drei Teilnehmer zusammen bekommen drei Moderationskarten in den Farben rot, gelb, grün. Der Dozent hat Multiple-Choice-Aufgaben vorbereitet. Die drei Antwortmöglichkeiten sind entweder rot, gelb oder grün hinterlegt. Nur eine Antwort und nicht nur immer die grüne ist richtig.
  Zum Beispiel: Murmelgruppen ...
  - brauchen einen eigenen Arbeitsplatz (rot),
  - dauern nur wenige Minuten (gelb),
  - können auch einmal aus acht Personen bestehen (grün).

  Die Teilnehmer diskutieren kurz und heben dann die Karte mit der Farbe der vermeintlichen Richtiglösung. Die Farben sind natürlich austauschbar. Moderne Kongresszentren sind mit einem elektronischen TED-System für Live-Befragungen und Abstimmungen ausgestattet. Das lässt sich für diese Art von Quiz nutzen.

- *Gedächtnistest:* Wer kann sich erinnern? Ich drehe die Pinnwand mit der Visualisierung zum Thema um oder schalte den Beamer auf Schwarz. Dann drücke ich jedem Zuhörer eine Moderationskarte in die Hand. »Ich habe Ihnen jetzt ausführlich die fünf Grundlagen des Erwachsenenlernens erzählt. Versuchen Sie sich zu erinnern! Schreiben Sie die fünf Grundlagen in Stichworten auf die Moderationskarte!«

- *Bekannte Quizsendungen im Fernsehen* (Zum Beispiel »Wer wird Millionär?) liefern oft einen Rahmen für ganz normale Wissensabfragen. Der Vorteil: Das bekannte Format aus der Fernsehunterhaltung macht Spaß und vermeidet negative Assoziationen mit dem Abfragen in der Schule.

Mini-Partnerarbeit. Beispiel: Ärztefortbildung zum Thema Diabetes. Der Dozent sagt nach 20 Minuten Vortrag über den neuesten Forschungsstand als Überleitung zum Thema Medikation: »Schildern Sie bitte Ihrem Nachbarn die Medikationsprobleme bei Ihrem schwierigsten Diabetespatienten! Und dann natürlich umgekehrt!«

Diese Minipartnerarbeiten sind immer dann angesagt, wenn man als Dozent bemerkt, dass die Teilnehmer über das Thema, das ihnen vorgetragen wird, auch reden wollen. Gibt man die Zeit zum Reden nicht, nehmen sich viele Teilnehmer die Zeit, und das ist oft störend.

Arbeit in den Unterlagen. Beispiel aus einem Vortrag in der Medizintechnik. Der Dozent unterbricht seine PowerPoint-Präsentation: Ich habe Ihnen die verschiedenen Varianten gezeigt, wie dieses Navigationssystem zu kalibrieren ist. In den Unterlagen auf Seite 31 finden Sie zwei Beispiele zum Berechnen. Sie haben fünf Minuten Zeit, diese Aufgabe zu lösen.« Diese Arbeit in den Unterlagen kann allein, in Partner- oder in Gruppenarbeit erledigt werden.

Für mich schwer verständlich ist auch die Scheu, Teilnehmer ganz einfach in den Unterlagen lesen zu lassen. Wer einen Vorwurf »Zum Lesen muss ich doch nicht in ein Training, das kann ich besser zu Hause!« vermeiden will, kann ja begründen: »Den nächsten Punkt, der für die Projektion an der Wand zu viele Details enthält, habe ich in den Unterlagen zusammengefasst. Bitte lesen Sie von Seite 17 bis Seite 19!« Die Lesepause endet dann mit Fragen wie: »Was ist der wichtigste Aspekt für Sie?« oder »Welchen der Punkte soll ich noch genauer erklären?«

Diese zehn »Aktivierer« werden ausnahmslos zur Weiterbearbeitung des Themas eingesetzt, nicht um der Aktivität willen. Das muss auch dem Zuhörer deutlich werden. Sonst entsteht der Eindruck der »Methodenspielerei« und darauf reagieren die Leute genauso allergisch wie auf PowerPoint- und Vortragsmonotonie.

Anleitung zum Unglücklichsein mit Gruppenarbeiten – Zehn Spezialtipps

- Nehmen Sie sich als Trainer während der Gruppenarbeit eine Auszeit! Am besten sind Sie gar nicht da, dann können Sie die Teilnehmer auch nicht belästigen. Gehen Sie einkaufen, schwimmen, Kaffee trinken. Die Teilnehmer sind alt genug und brauchen keine Bemutterung.
- Relativieren Sie schon vor Beginn den Wert der Gruppenarbeit. Machen Sie den Teilnehmern klar, dass sie ausgiebig diskutieren dürfen. Was richtig und falsch ist, erfahren sie von Ihnen als Fachmann nach der Gruppenarbeit.

- Hören Sie auf, bei Gruppenarbeiten die Teilnehmer zu verwöhnen. Die werden ihren Platz schon finden, und wenn sie Flipchart, Pinnwand oder Stifte brauchen, müssen sie sich diese besorgen.
- Eine mündliche und nicht zu detaillierte Arbeitsanweisung muss genügen, wie zum Beispiel: »Bearbeiten Sie das Thema mal in der Gruppe!«
- Übergehen Sie konsequent Ergebnisse von Gruppenarbeiten. Kommt jemand übereifrig mit einem Plakat, das er präsentieren will, dann sagen Sie ihm, das sei nicht vorgesehen gewesen und würde außerdem ohnehin nichts bringen. Bleibt er unbelehrbar, dann nehmen Sie sein Plakat und werfen es in den Papierkorb!
- Überlassen Sie die Gruppenbildung ganz den Teilnehmern. Das sind Erwachsene, die sich selbst zusammenfinden können.
- Lassen Sie die Teilnehmer bevorzugt zu den Themen in Kleingruppen arbeiten, wovon die Teilnehmer keine Ahnung haben.
- Reihen Sie eine Gruppenarbeit an die andere! Nehmen Sie diese aktivierende und moderne Methode ernst und verzichten Sie konsequent auf eigene Inputs.
- Geben Sie für Gruppenarbeiten nie die Zeit, die die Gruppe braucht. Zu wenig Zeit bringt die Gruppe ans hektische Arbeiten, zu viel Zeit ermuntert sie, die sozialen Kontakte untereinander nicht zu vernachlässigen.
- Lassen Sie bei Gruppenarbeiten immer den beschäftigungstherapeutischen Ansatz deutlich werden.

Wem bei der Überschrift über diese Tipps zur Gruppenarbeit der Autor Paul Watzlawick einfällt, liegt genau richtig. Seine Vorgangsweise, die Sachen »andersherum« anzugehen, ist einen eigenen Tipp wert (s. »Paradoxe Lernstrategie«, S. 63).

So kommen Arbeitsergebnisse von Kleingruppen ins Plenum

Eine Präsentation nach der anderen: Das ist die Standardvariante. Die Gruppe arbeitet. Sie hält das Ergebnis der Arbeit auf Flipchart oder Pinnwand fest. Ein Gruppenmitglied trägt das Ergebnis mithilfe des Plakats im Plenum vor. Manchmal schließt sich eine Diskussion an.

Dagegen ist prinzipiell nichts einzuwenden. Gibt es jedoch mehr als drei Präsentationen, die sich auch noch in die Länge ziehen, also länger als fünf Minuten dauern, macht sich in der Regel Langeweile breit und die letzten Gruppen bekommen nicht mehr die Aufmerksamkeit, die sie verdienen.

Eine strikte, vorher angekündigte Zeitlimitierung für jede Präsentation und das Zulassen von Diskussionen erst gesammelt nach der letzten Präsentation können Abhilfe schaffen. Es gibt aber eine ganze Reihe anderer Möglichkeiten, Langweile und Müdigkeit erst gar nicht aufkommen zu lassen.

Wechselnde Bühnen: Eine kleine Variation ist Bewegung zwischen den Präsentationen durch Ortswechsel. Sind die Arbeitsräume, in denen die Gruppen gearbeitet haben, groß genug, kann das Plenum von einem Gruppenarbeitsraum zum anderen wandern. Schon zwei verschiedene »Bühnen« sind besser als ein Präsentationsmarathon an einem Platz. Manchmal bietet sich auch an, Gruppenarbeitsergebnisse im Freien anzuhören. Wichtig für die Aufmerksamkeit sind kurze Pausen und Bewegung zwischen den einzelnen Gruppenauftritten.

Präsentationsmarathon häppchenweise: Viele Präsentationen lassen sich auch häppchenweise ins Plenum bringen. Der Tag wird so organisiert, dass nach längstens drei Präsentationen Kaffee- oder Mittagspause ist. Oft schadet es auch nicht, die erste Hälfte der Arbeitsergebnisse am Abend zu präsentieren und den Rest am nächsten Morgen. Manchmal hilft auch ein Energizer (s. S. 145) gegen offensichtlich abflauende Konzentration bei der Präsentation von Gruppenarbeitsergebnissen.

Arbeitsteilige Präsentationen. Arbeitsgleiche Gruppenarbeiten sind in Trainings und Seminaren nicht selten. Alle Gruppen machen das Gleiche. Da muss eine Präsentation nach der anderen wie eine Überdosis Baldrian wirken.

Alternative: Der Arbeitsauftrag besteht aus mehreren Teilen (A–C), die von allen Gruppen bearbeitet werden.

- Gruppe 1 präsentiert Teil A,
- Gruppe 2 ergänzt,
- Gruppe 3 präsentiert Teil B,
- Gruppe 4 ergänzt,
- Gruppe 5 präsentiert Teil C,
- Gruppe 6 ergänzt.

So sind sechs Gruppen mit ihren Ergebnissen eingebunden, obwohl nur einmal präsentiert wird.

Wir haben mit solchen arbeitsteiligen Präsentationen an vietnamesischen Verwaltungsschulen schon Gruppenarbeiten bei 70 Teilnehmern organisiert.

Postersession: Die Instruktion für die Gruppenarbeit enthält einen Zusatz: »Halten Sie Ihr Arbeitsergebnis auf einem selbstredenden Plakat fest! Es gibt keine Präsentation der Ergebnisse.« Allein dieser Zusatz bewirkt, dass sehr viel Sorgfalt auf die klare und informative Plakatgestaltung gelegt wird. Das braucht natürlich extra Zeit.

Ich schließe daran gerne eine »*Führung*« an: Die Plakate sind in einem oder mehreren Räumen großzügig verteilt. Alle Teilnehmer ziehen gemeinsam von Plakat zu Plakat. Einer der Autoren steht jeweils neben dem Plakat der Gruppe, um auftauchende Fragen zu beantworten. Als Trainer muss man dabei sehr aufpassen, dass aus dem Beantworten von Fragen nicht doch eine Präsentation wird.

Eine Alternative ist die »Vernissage-Methode«: Der Trainer gibt einen Zeitrahmen vor und bittet die Teilnehmer, herumzugehen und sich die Plakate anzusehen. Das ist natürlich sehr offen und unverbindlich. Die Vernissage-Methode lässt sich durch die Methode »*Schriftliches Diskutieren*« ergänzen: Alle Plakate hängen an Pinnwänden. Davor liegen Moderationskarten, Stifte und Nadeln bereit. Instruktion: »Schreiben Sie bitte alle Anmerkungen, Fragen ... auf Karten und hängen Sie diese einfach zum Plakat!« Im Anschluss an die Vernissage werden dann diese Karten im Plenum kurz besprochen.

Flash-Präsentationen: Man glaubt nicht, wie viel Information in zwei Minuten unterzubringen ist. Die Instruktion zur Gruppenarbeit lautet: »Sie haben im Plenum 120 Sekunden Zeit, Ihr Arbeitsergebnis zu präsentieren.« Natürlich gibt es da nur Kernbotschaften und die Quintessenz aus der Gruppendiskussion. Ich habe das aber nie als Nachteil erlebt.

120 Sekunden

Eine Beobachtung bei Blitzpräsentationen erstaunt mich immer wieder: Fast alle Teilnehmer, die das zum ersten Mal machen, schöpfen den Zeitrahmen von 120 Sekunden nur zur Hälfte aus. Zwei Minuten sind so knapp nicht.

Verschiedene Präsentationsformen

Arbeitsergebnisse können auch anders als durch einen Vortrag ins Plenum kommen. Das selbstredende Plakat und seine Vorzüge wurden bereits bei der Postersession angeführt. Als »schräge« Alternativen haben wir schon Präsentationen in Lied-, Gedicht- oder Moritatenform gesehen. Rollenspiele sind dagegen fast schon alltäglich. Ganz kurze Videos (»Barfußvideos« s. S. 141) brauchen ein wenig mehr Zeit in der Vorbereitung. Ihre Erstellung ist aber weniger kompliziert als gedacht. Vielen Leuten fällt es heute leichter, mit dem Handy oder der digitalen Kamera einen kurzen Videofilm zu drehen als ein ansprechendes Plakat zu gestalten. Dann fehlt nur noch das passende Equipment, den Videoclip per Beamer zu projizieren.

Umschlussverfahren: Dieses furchtbare Wort weckt Assoziationen an Gefängnisse, wo die Insassen von einer Zelle in eine andere gesperrt werden. Damit ist man dem Kern aber schon recht nahe. Ein Mitglied jeder Gruppe wird auserwählt, das Arbeitsergebnis weiterzugeben. Alle anderen Mitglieder der Gruppe begeben sich auf Wanderschaft und hören sich die Ergebnisse der anderen Gruppen an. Der Trainer gibt jeweils ein akustisches Signal zum Wechsel. Dieses Verfahren ist durch den häufigen Wechsel recht dynamisch, hat aber einen großen Nachteil: Die Präsentatoren erzählen mehrmals dasselbe, bekommen aber von den anderen Gruppen nichts mit.

Ein Tipp: Wenn es sehr viele Gruppen gibt, müssen sich nicht alle Gruppen alle Ergebnisse anhören, drei sind genug.

World Café: Dahinter verbirgt sich eine Workshop-Methode, die gewöhnlich aus drei Runden besteht. In jeder Runde sitzen drei bis vier Leute mit einem Gastgeber an einem runden Café-Tisch mit Papiertischdecke und diskutieren eine vorgegebene Fragestellung.

Die Diskussionen sollen auf der Tischdecke für die folgenden Teilnehmer in der nächsten Runde festgehalten werden. Nach Ablauf der vorher festgelegten Diskussionszeit bleibt ein Teilnehmer als neuer Gastgeber für die nächste Runde sitzen, die anderen ziehen zum nächsten Café-Tisch weiter (s. auch Brown/ Isaacs 2007).

Die Methode World Café lässt sich etwas modifiziert auch für die Verbreitung von Gruppenarbeitsergebnissen verwenden und entspricht dann im Kern dem Umschlussverfahren. Der Unterschied liegt in den Schwerpunkten: Beim World Café geht es hauptsächlich um die Diskussion der Ergebnisse und das Visualisieren der Diskussion.

Gruppenfusion: Wenn in allen Gruppen das Gleiche erarbeitet wird, reicht es, dass sich immer zwei Gruppen in einer zweiten, kürzeren Gruppenarbeitsphase zusammensetzen und ihre Ergebnisse austauschen. Ins Plenum kommen dann nur noch offene Fragen an den Trainer, die sich auch in der »fusionierten« Gruppe nicht klären ließen.

Gruppenpuzzle: Wenn jede Gruppe einen anderen Inhalt erarbeitet, dann kann in einer zweiten Phase mit neu zusammengesetzten Gruppen jeder Teilnehmer das in der ersten Gruppe erarbeitete Wissen weitergeben. Das klingt einfacher als es in der Praxis ist. Dieses etwas komplizierte Verfahren ist im folgenden Kapitel genau beschrieben.

Lernen durch Lehren

Ein Teilnehmer unterrichtet andere Teilnehmer. Den Inhalt hat er sich kurz vorher selbst erst angeeignet.

Alle Kolleginnen und Kollegen kennen das aus eigener Erfahrung: Wenn wir ganz neue oder fremde Inhalte weitergeben sollen, haben wir spätestens nach der ersten Vermittlung diesen neuen Inhalt »intus«. Der unbekannte Inhalt wird bei der Vorbereitung auf den Kurs oder das Training so intensiv bearbeitet, dass er gründlich abgespeichert ist. Es ist keinem Kollegen fremd: Wir lernen, indem wir lehren.

Dieses Phänomen machen wir uns im Seminar zunutze. Teilnehmer werden zu Lehrenden und prägen sich so die Lerninhalte selbst ein.

Eine einfache Version

Wir geben den Teilnehmern Texte zum Thema und bitten sie, nach dem Lesen die enthaltenen Informationen so aufzubereiten, dass sie sie im Plenum in einer 5-Minuten-Präsentation weitergeben können. Bewährt hat sich dabei die Kleingruppenarbeit.

Lernen durch Lehren	
Infoquellen	Präsentationsformen (auch Kombination)
• Texte • Videos • PowerPoint-Präsentationen • Internetadressen • Hörbücher	• Kurzvortrag • Lernplakat • Mind-Maps • Handout zum Selbstlesen • Postersession

Lernen durch Lehren als Methode

Verfeinert ist das Prinzip, Teilnehmer zum Lernen zu bringen, indem man sie lehren lässt, in der Methode Jigsaw (= Laubsäge, Puzzle). Dafür gibt es in der Weiterbildungslandschaft ganz verschiedene Alias-Namen: Gruppenpuzzle oder Stammgruppen-Experten-Methode (Stex). Wir nennen die Methode der Einfachheit halber nach ihrem Prinzip »Lernen durch Lehren«. Der Clou dabei ist, dass jeder Lernende auch zum Lehrenden wird.

Ablauf

Es gibt zwei Gruppenarbeiten nacheinander. In der ersten Gruppenarbeit (Expertengruppe) bekommen die Teilnehmer Texte, die sie so bearbeiten und aufbereiten, dass sie die wichtigsten Inhalte in der zweiten Gruppenarbeit (Vermittlungsgruppe) als »Lehrende« weitergeben können.

1. Die Expertengruppe
Jede Expertengruppe bearbeitet nur einen Text. Der Trainer bereitet so viele verschiedene Texte vor, wie es Expertengruppen gibt, da jede Gruppe einen anderen Text bekommt. Die Arbeitszeit für diese erste Gruppenarbeit, in der die Teilnehmer zu Experten werden, hängt von der Länge und der Schwierigkeit der Texte ab. Für einen vierseitigen Text kalkuliere ich in etwa 30 Minuten.

Arbeitsauftrag zur ersten Gruppenarbeit (Expertengruppe)

> **In der Expertengruppe** (Sie machen sich mithilfe eines Textes zu Experten):
>
> - Lesen und diskutieren Sie den Text!
> - Wählen Sie die für uns wichtigsten Informationen aus!
> - Bereiten Sie die Informationen so auf, dass Sie sie weitervermitteln können.
>
> Eine Visualisierung (DIN-A3-Papier oder Flipchart) ist für die Vermittlung nützlich!

2. Der Wechsel von der Experten- in die Vermittlungsgruppe

Zu einem festgesetzten Zeitpunkt wechseln die Teilnehmer der Expertengruppen nach dem System, wie es in der Abbildung dargestellt ist, in die Vermittlungsgruppen. In jeder Gruppe soll jeder Text durch einen »frisch gebackenen« Experten vertreten sein. Deshalb ist es nicht beliebig, wer in welche Gruppe geht. Das Beispiel in der Abbildung geht von zwölf Teilnehmern aus.

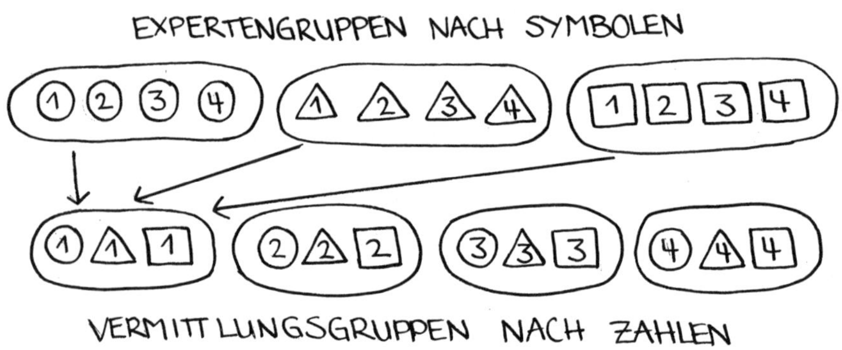

Jetzt geben die Teilnehmer ihr Wissen weiter. Es gibt zudem Zeit sowohl für Nachfragen als auch zur Diskussion. Die Arbeitszeit in der Vermittlungsgruppe ist deshalb länger als die reine Vermittlungszeit.

Arbeitsanweisung zur zweiten Gruppenarbeit (Vermittlungsgruppe)

> **In der Vermittlungsgruppe:**
>
> Sie haben fünf Minuten Zeit, den anderen Gruppenmitgliedern die aufbereiteten Informationen zu vermitteln.

3. Kurzes Plenum

Nach den zwei Gruppenarbeiten treffen sich alle im Plenum für Rückfragen an den Trainer. Dieser muss aber aufpassen, dass er nicht noch einmal eine lange Wiederholungsschleife zieht, sonst geht die Wirkung »Super, jetzt bin ich Experte für einen ganz neuen Inhalt!« bei den Teilnehmern verloren.

Wir haben sehr gute Erfahrungen mit dieser Methode gemacht. Alle Teilnehmer werden aktiv. Gleichzeitig kann das auch eine gute Alternative zu einem Vortrag sein: Die Teilnehmer erarbeiten sich neues Wissen selbst.

Immer wieder auftauchende Probleme

- Es ist schwierig, gleich anspruchsvolle und in derselben Zeit bearbeitbare Texte zu finden.
- Bei der Vermittlung können sich Fehler einschleichen, die der Trainer womöglich gar nicht bemerkt.
- Die Qualität der Vermittlung kann sehr unterschiedlich sein. Die Informationen, die die Teilnehmer nicht selbst aufbereiten, sondern nur hören, werden manchmal nicht richtig verstanden oder schlecht abgespeichert.

Tipps für die Methode »Lernen durch Lehren«

- Das Verfahren mit den zwei aufeinanderfolgenden Gruppenarbeiten in unterschiedlicher Konstellation muss am Anfang genau erklärt werden.
- Zur Orientierung bekommt jeder eine Art Laufkarte: Auf der einen Seite steht ein Symbol (Kreis, Dreieck, Quadrat), auf der anderen Seite eine Zahl von 1 bis 4. Damit ist festgelegt, wer in welchen Gruppen mitarbeitet.
- Wenn die vorgegebenen Zeiten nicht eingehalten werden – vor allem beim Wechsel von der Experten in die Vermittlungsgruppe – entsteht Chaos.
- Immer wieder gibt es bei diesem Wechsel Verwirrung. »Wo muss ich jetzt hin?« Hier ist der Trainer als »Wegweiser« gefragt.
- In den Vermittlungsgruppen ist es hilfreich, einen Zeitwächter einzusetzen, damit für jeden Teilinhalt etwa die gleiche Zeit zur Verfügung steht.
- Ideale Teilnehmerzahlen sind 9, 12, 16, 20. Da geht das System glatt auf. Wenn die Teilnehmerzahl nicht so günstig ist, vermitteln zwei Teilnehmer gemeinsam einen Text.

Tipps für Paukstoff

Notwendiger Paukstoff

In vielen Schulungen gibt es Paukstoff. Das sind Lerninhalte, die auswendig gelernt werden, weil sie ganz sicher sitzen müssen. Ich kenne von Teilnehmern aus Trainerkursen zwei krasse Beispiele. Das sind zum einen Kurse für Gefahrguttransporteure, die die ganzen Gefahrgutklassen, ihre Kennzeichnungen und die Vorschriften dazu aus dem FF kennen müssen. Zum anderen ist das die Ausbildung an medizintechnischen Geräten. Weil diese Techniker bei Operationen dabei sind, müssen sie in Anatomie genauso fit sein wie die Chirurgen. Was also machen Trainer mit Paukstoff?

Die Illusion des schnellen Lernerfolgs

Der Dozent zeigt den Teilnehmern das beschriftete Bild einer Wirbelsäule, oder er verteilt und bespricht ein Übersichtsblatt mit den Gefahrgutklassen. Der Lerninhalt ist behandelt, aber das Lernziel ist sicher nicht erreicht. Nur die wenigen Gedächtniskünstler unter den Teilnehmern haben danach das umfangreiche Wissen so sicher abgespeichert, dass sie die in diesen Bereichen üblichen Prüfungen bestehen. Auch im Alltag kann das Wissen bei Bedarf nicht abgerufen werden.

Paukhilfen

Übersicht erstellen: Der erste Schritt beim Pauken ist die *Übersicht.* Der Lernstoff muss präsentiert werden.

Aufschreiben lassen: Trainer tun den Teilnehmern keinen Gefallen, wenn sie fertige Unterlagen verteilen. Teilnehmer bekommen eine unbeschriftete Abbildung des Querschnitts durch die Wirbelsäule und beschriften sie bei der Präsentation selbst. Aufschreiben und Abschreiben unterstützen den Lernprozess gerade bei einem Paukstoff.

Zuordnungsübungen einbauen: Paukstoff braucht Wiederholungen. Erst dann werden die Synapsen stabil, und der Lernstoff »sitzt«. Im Anschluss an das Aufschreiben bekommen die Teilnehmer der Anatomiefortbildung eine Pinnwand mit dem unbeschrifteten Querschnitt durch die Wirbelsäule und Karten mit den richtigen Begriffen. Die Teilnehmer sollen die Karten möglichst ohne Nachschauen richtig annadeln. Bei den Gefahrguttransporteuren funktioniert das analog: An der Pinnwand hängen die Gefahrgutzeichen. Der Dozent verteilt Karten mit den Bedeutungen an die Teilnehmer.

Je häufiger auch im Zeitabstand solche Zuordnungen gemacht werden, desto besser werden die Begriffe verankert.

Teilnehmer ordnen an der Pinnwand dem Bild der Wirbelsäule die richtigen Begriffe zu. Am Ende müssen sie es ohne die vorbereiteten Karten können

Variationen gegen schematisches Lernen: Werden diese Übungen immer in der gleichen Art durchgeführt, also immer die Gefahrgutklassen zu den Gefahrgutzeichen, wird das Lernen zu schematisch. Rechts oben ist dann immer das Zeichen für »Explosionsgefährlich«. Variation tut not. Da können auch einmal die Zeichen vorgegeben werden und das in einer ganz anderen Reihenfolge, und die Erklärungen werden zugeordnet. In der Anatomie wird als Variation ein anderes Bild verwendet oder statt eines Bildes ein Modell.

Die »Fahrschultechnik«: Kollegen aus den Fahrschulen haben gute Erfahrungen mit ihrem Paukstoff (»Theorie«). Sie simulieren wiederholt theoretische Prüfungen mit echten Prüfungsbögen. Die Auswertung erfolgt mit einer Schablone sofort, und so erhält der Teilnehmer umgehend Feedback. Wäre das schon »bestanden« oder immer noch »durchgefallen«?

Quiz, Rätsel, Spiele: Pauken schlägt mitunter aufs Gemüt und zieht die Lernatmosphäre nach unten. Da tut es gut, den Paukstoff in Spiel, Rätsel und Quiz zu verpacken.

Pauken als individuelle »Hausaufgabe«: Alle Pauktipps kosten Zeit. Den letzten Schliff für Prüfungen müssen sich in den meisten Fällen die Teilnehmer selbst außerhalb der Schulungszeit geben. Gäbe es diese Möglichkeit nicht, müsste man bei jedem Paukunterricht wegen der Unterschiede in Lerntempo und Wissensstand Zeit für Individualarbeit einrichten. Auch für dieses Pauken allein gibt es Hilfen (s. S. 129).

Das Lernen lehren

Lernen lehren und dann Teilnehmer allein lernen lassen

Das Sich-Einprägen von Faktenwissen kommt ohne »Hausaufgaben« oder Zeit für individuelles Lernen nicht aus. Viele Teilnehmer wirken da ziemlich hilflos. Sie haben das Lernen trotz fast 20 Jahren Schule und Studium nicht gelernt. Deshalb kann es manchmal sinnvoll sein, zusätzlich Lerntechniken zu vermitteln und das Pauken des speziellen Inhalts dann ganz den Teilnehmern zu überlassen.

Mnemo-Techniken

Mnemo-Techniken entwickeln Gedächtnishilfen von der simplen Eselsbrücke bis zu komplexen Systemen, wie man sich ohne Mühe ganze Reihen von Begriffen einprägen kann. Gedächtnistrainer, die solche Techniken vermitteln, ziehen inzwischen wahre »Lernshows« ab. Einige der Lernstrategien lassen sich aber auch ganz einfach vermitteln.

Die Loci-Technik (vom lateinischen Wort *locus* für Ort/Platz) ist uralt. Ein Simonides von Keos hat sie in der Antike erfunden, und Cicero beschreibt, wie er sich seine Reden einprägte, indem er gedanklich das Forum Romanum durchschritt.

Das Vermitteln dieser Loci-Technik im Training dauert gut 30 Minuten. Es funktioniert nur durch ein praktisches Beispiel, nicht indem ich erkläre, was die Loci-Technik ist. Ich sammle mit einer Zurufliste auf dem Flipchart zehn beliebige Begriffe und verspreche, dass nach der Übung jeder mindestens neun dieser Begriffe der Reihe nach nennen kann. Dann lege ich wie im Beispiel (s. Kasten auf der nächsten Seite) gemeinsam mit den Teilnehmern das Briefkastensystem im Seminarraum an und fülle es wieder gemeinsam mit den Teilnehmern mit den zehn Begriffen. Nach zwei oder drei Wiederholungen mit allen klappt das wunderbar. Fast alle Leute können die zehn Begriffe aufsagen. Für ein dauerhaftes Behalten ist eine Wiederholung am nächsten Tag sinnvoll.

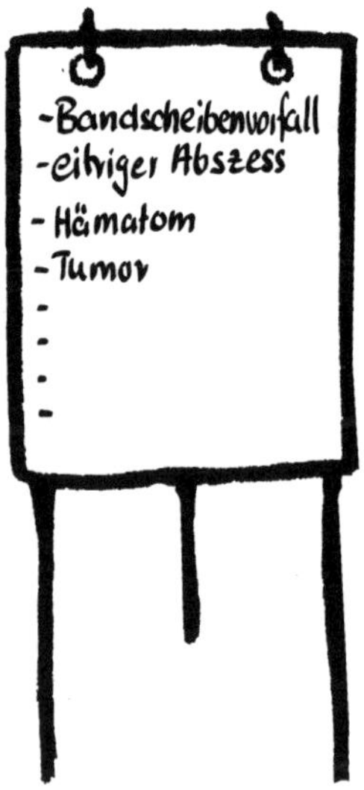

Die Loci-Technik

Schritt 1: Ich lege mir ein gedankliches Briefkastensystem an. Dazu wähle ich einen Raum, den ich sehr gut kenne. Wenn ich die Augen zumache oder ganz woanders bin, muss ich den Raum vor mir »sehen«. Jetzt lege ich – rein gedanklich – bei einem Gang durch den Raum zehn Briefkästen an. Ich gehe durch unsere eigene Küche.

- Briefkasten 1 ist die Eckbank,
- Nummer 2 die Mitte des Küchentisches,
- 3 die Obstschale,
- 4 die Spüle und so weiter.

Dieses Briefkastensystem 1–10 muss 100-prozentig sitzen.

Schritt 2: Jetzt kann ich – wieder rein gedanklich – die Briefkästen mit den Begriffen füllen, die ich lernen soll. Bleiben wir bei einem medizinischen Lernstoff. Ich soll mir die Faktoren einprägen, die eine Rückenmarkswurzel reizen können: *Bandscheibenvorfall, eitriger Abszess, Hämatom, Tumor usw.*
Den zu lernenden Begriff bringe ich so im Briefkasten unter, dass ich mich später beim gedanklichen Aufsuchen des Briefkastens erinnern kann:

- In den Briefkasten 1 bei der Eckbank lege ich den *Bandscheibenvorfall*. Die Eckbank ist so unbequem, dass ich beim Sitzen die Bandscheibe spüre.
- In der Mitte des Küchentisches (Briefkasten 2) möchte ich den *eitrigen Abszess* garantiert nicht haben.
- In der Obstschale (Briefkasten 3) liegt das *Hämatom*. Da kann das Blut nicht weglaufen.
- Der *Tumor* kommt in die Spüle (Briefkasten 4), damit er schnell weggespült werden kann und so weiter.

Die Anwendungsmöglichkeiten der Loci-Technik sind natürlich beschränkt. Aber sie ist auch nur eine von vielen Mnemo-Techniken. Dafür gibt es schlaue Bücher und viele Informationen im Internet. Besser ist allerdings, die Veranstaltung eines Gedächtnistrainers zu besuchen, nicht nur wegen der gebotenen Show.

Die gute alte Kartentechnik

Der Paukstoff wird auf Karten geschrieben und dazu in Fragen (Vorderseite) und Antworten (Rückseite) umgewandelt. Der Lernende fragt sich selbst aus. Fragen, die er sicher beantworten kann, kommen auf einen Stapel, die »Sitzt-nicht-Karten« auf einen anderen. Dieser Stapel wird dann weiter bearbeitet, bis keine Karte mehr übrig ist. Nach spätestens drei Tagen ist eine Wiederholung notwendig, damit die Inhalte im Langzeitgedächtnis verankert werden.

Lernkarten als Reklamegag?

Trainer, die Schulungen mit immer demselben Paukstoff vermarkten, können natürlich auch mit vorgefertigten Lernkarten werben. Der Lerngewinn beim Schreiben der Karten fiele dann aber weg.

Natürlich wird durch alle diese Lerntechniken relativ starr auswendig gelernt. Die gedankliche Durchdringung, das systematische Verständnis der Zusammenhänge, die Integration in das kognitive System des Lernenden wird damit nicht erreicht. Deshalb werden diese Lernstrategien oft mit Naserümpfen (trotz der Empfehlung durch Cicero) diskutiert.

Solange es aber viele Situationen – besonders bei Prüfungen – gibt, wo es auf die Wiedergabe von Faktenwissen ankommt, soll man Lernenden diese Techniken nicht vorenthalten.

Kartenordnen ohne Kartenabfrage

Moderations- und Workshoptechniken sind aus Seminaren und Trainings nicht mehr wegzudenken, obwohl sie ursprünglich als Techniken für Meetings eingesetzt wurden. Zu den Standardtechniken gehört die Kartenabfrage und das anschließende Ordnen (= Clustern) der Karten. Wir arbeiten gern mit dem Clustern ohne vorausgehende Kartenabfrage. Der Trainer selbst schreibt die Karten, die die Teilnehmer dann sortieren. Der Lerngewinn ist offensichtlich. Wer Karten an der Pinnwand nach bestimmten Kategorien sortiert, sortiert und ordnet auch im Kopf. Der Lerner muss nachdenken, gedankliche Beziehungen herstellen und Zuordnungen prüfen.

Die Siebmethode alias das Richtig-Falsch-Ordnen: Vietnams Dozenten an den Verwaltungsschulen suchten nach ganz einfachen Methoden, um auch für ihre großen Gruppen die Dominanz des Lehrvortrags aufzubrechen. Wir zeigten ihnen die Siebmethode. Der Dozent befestigt 10 bis 15 DIN-A4-Karten mit richtigen und falschen Aussagen zu seinem Thema an der Tafel. Dann lässt er Einzelne der Teilnehmer stellvertretend für alle die Karten nach »richtig« und »falsch« ordnen (wie mit einem Sieb die richtigen Aussagen herausfischen, deshalb »Siebmethode«). Der Schwierigkeitsgrad ist entscheidend für den Lernprozess. Das kann ruhig ganz schön anspruchsvoll sein und zum Nachdenken zwingen. Die Frage, ob denn ein negativer AIDS-Test rechtlich eine Ehevoraussetzung ist, wurde heiß diskutiert. Die Siebmethode lässt sich vor einem Vortrag zum Feststellen des Vorwissens einsetzen, aber auch danach als eine Art Quiz zur Verankerung des eben Gelernten.

Reihenfolgen bilden lassen: Viele Lerninhalte bestehen aus einer weitgehend festgelegten oder logischen Abfolge von Schritten. Gerade in Softwarekursen oder Schulungen an neuen Maschinen und Geräten ist das so.

Bei unseren Inhalten gibt es zum Beispiel bei der Gruppenarbeit oder bei der Vorbereitung auf ein Training bestimmte Ablaufschritte. Ich bereite Karten mit den einzelnen Schritten vor. Die Teilnehmer müssen dann die Karten in der richtigen Reihenfolge an die Pinnwand hängen und begründen, warum.

Manchmal lasse ich auch die Pinnwand weg, drücke den Leuten je eine Karte in die Hand und bitte sie, sich in der richtigen Reihenfolge aufzustellen.

Teilnehmer stellen sich mit Karten in der richtigen Reihenfolge auf

Karten Überschriften zuordnen lassen: 30 Krankheitssymptome – je eines auf einer Karte – hängen an einer Pinnwand. Auf der Pinnwand daneben gibt es vier Krankheiten auf Überschriftenstreifen. Arbeitsanweisung: »Hängen Sie die Karten zu den richtigen Überschriften!« Die Teilnehmer ordnen die Symptome den Krankheiten zu.

Diese letzte Variante ist für viele Inhalte einsetzbar: Ich habe erlebt, wie Schulungsmethoden nach Funktionen (Wissen vermitteln, sammeln ...) geordnet werden oder Gefahrgüter nach Gefahrgutklassen.

Lernzirkel

Zirkeltrainings stammen aus dem Sport. Verteilt über eine Turnhalle wird ein Parcours mit verschiedenen Stationen eingerichtet, den die Sportler in kleinen Gruppen nach einem festgelegten zeitlichen Rhythmus durchlaufen. Sie wechseln bei einem akustischen Signal zur nächsten Station, wo mit den bereitliegenden Utensilien eine andere Muskelpartie trainiert wird, bis alle Stationen durchlaufen sind.

Neues Wissen ohne Vortrag

Ein Lernzirkel ist nichts anderes. An den einzelnen Stationen werden nicht Muskeln trainiert, sondern es wird gelernt.

Wir haben in den letzten Jahren viel mit Lernzirkeln in Trainings und Seminaren experimentiert. Teilnehmer schätzen Lernzirkel, weil der Lernprozess rhythmisiert ist und sie nicht allein arbeiten müssen. Uns Trainern ist die Methode wertvoll, weil wir umfangreiches und neues Wissen ohne Lehrvortrag vermitteln können.

Teilnehmer arbeiten an einer Lernstation

Eine ganz einfaches Beispiel mit Texten

Ein Lernzirkel zu Medien in Training und Seminar besteht aus vier Stationen. An jeder Station ist ein Tisch, auf dem Texte liegen, und ein paar Stühle ringsherum. Jede Station beschäftigt sich speziell mit einem Medium. Der Arbeitsauftrag ist an allen Stationen derselbe: »Lesen Sie den Text! Diskutieren und notieren Sie nach dem Lesen die Vor- und Nachteile des Mediums! Schreiben Sie auch offene Fragen an den Trainer auf!« Alle 15 Minuten schlage ich als Trainer auf den Gong, und die kleinen Gruppen wechseln von einer Station zur nächsten. Am Ende beantworte ich im Plenum die offenen Fragen aus den Gruppen.

Ein Lernzirkel in Afrika ganz ohne Pinnwände

Eine aufwendigere Weiterentwicklung: Lernzirkel »Auftritt«

Natürlich lassen sich Stationen auch viel abwechslungsreicher und für die Teilnehmer anregender gestalten. Ich nehme Stationen aus dem Lernzirkel »Auftritt«, der Teilnehmer auf Präsentationsaufgaben vorbereitet. Der Lernzirkel wird in einem Raum in vier Lernkojen aufgebaut. Jede Lernkoje besteht aus drei Pinnwänden (s. Abbildungen S. 138).

- *Station Filmanalyse und Verhalten bewerten:* Im Laptop gibt es ganz kurze Videos mit Ausschnitten aus Präsentationen. Die Teilnehmer schauen sich die Videos an und diskutieren: Was können wir uns abschauen? Was würden wir anders machen?

- *Station Lampenfieber:* Arbeitsauftrag: »Tauschen Sie sich bitte aus: Was sind Ihre Rezepte gegen Lampenfieber? Ergänzen Sie bitte an der Pinnwand!« Damit die erste Gruppe schon eine Musterkarte vorfindet, hänge ich einen Vorschlag schon auf.
- *Station Körpersprache:* Methodisch wird hier wieder mit Texten gearbeitet. Dabei ist es gut, die Arbeitsaufträge so zu formulieren, dass die Teilnehmer nach dem Lesen auch wirklich miteinander ins Gespräch kommen.

Die Lernstation »Mimik und Haltung« wartet auf Teilnehmer

- *Station »Schwierige Situationen«:* Verteilt über zwei Pinnwände finden die Teilnehmer kurze Fallbeispiele, die sie in der Gruppe bearbeiten. Ihre Lösungsvorschläge hängen sie zu den Situationen.

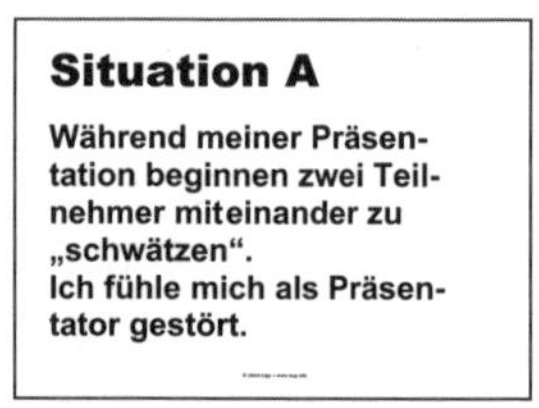

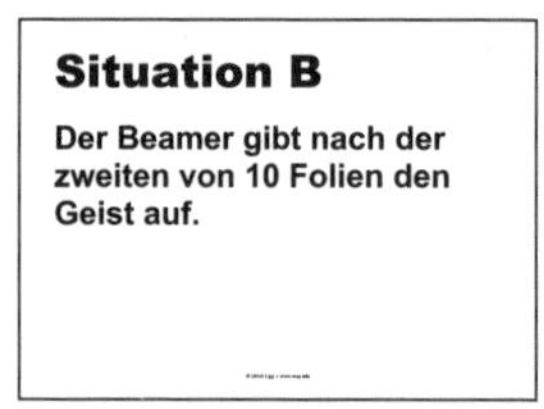

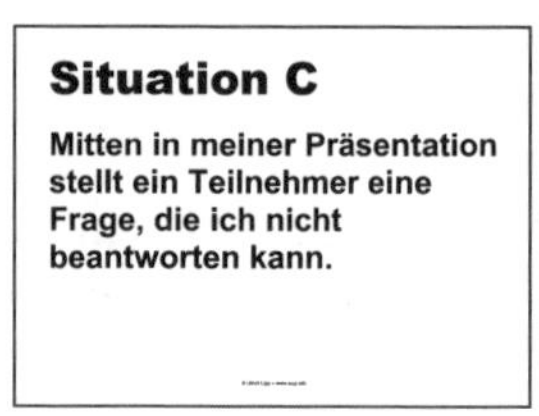

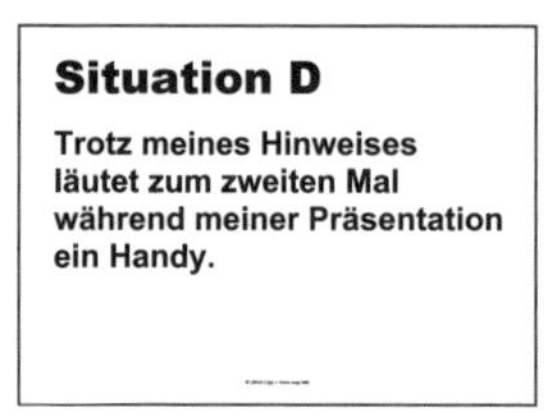

Die einzelnen Stationen lassen sich folgendermaßen gestalten:

- Es gibt nur Texte.
- Filme, Videos, DVDs (auf Laptop) stehen zur Verfügung.
- Praktische Übungen werden eingesetzt (beim Lernzirkel »Auftritt« gibt es zum Beispiel eine Zusatzstation »Stimmübungen«).
- Lernprogramme werden auf dem PC bearbeitet.
- Fälle zum Bearbeiten liegen vor.
- Es werden konkrete Tests eingesetzt.
- Mind-Maps animieren die Teilnehmer zum Weiterschreiben.
- Wandzeitungen hängen aus zum Lesen, Diskutieren und Weiterschreiben.
- Themen für eine Diskussion werden vorgegeben.
- Sammelaufgaben (beispielsweise als Zuruflisten oder Kartenabfragen) sollen durchgeführt werden.
- Die Teilnehmer begeben sich auf Fehlersuche.
- Aufgabenstellungen für die Folgegruppe werden entwickelt.

Tipps für die Lernzirkelarbeit

- Lerninhalte und Aufgaben sollen in ungefähr gleiche Portionen zerlegt werden, weil das Zeitfenster an jeder Station gleich groß ist. Bei einem neu entwickelten Lernzirkel muss ich stets nach dem ersten Einsatz nachjustieren. Den Zeitbedarf beim Bearbeiten von Texten unterschätze ich gern.
- Inhalte dürfen nicht aufeinander aufbauen. Das bedeutet: Die Reihenfolge darf keine Rolle spielen, weil jede Gruppe an einer anderen Station beginnt.
- Vier Stationen haben sich bewährt. Drei sind möglich, bei fünf lässt die Konzentration schon nach.
- Die Arbeitszeit muss an jeder Station gleich sein. Damit durch den Wechsel auch ein Rhythmus entsteht, arbeite ich mit Arbeitszeiten zwischen 15 und 40 Minuten.
- Der Trainer hat bei einem Lernzirkel eine ruhige Stunde. Er setzt deutliche Zeitsignale und achtet auf den richtigen Wechsel. Unterstützung gibt er nur im Notfall, wenn zum Beispiel ein Arbeitsauftrag nicht verstanden wird. Fragen an den Trainer werden an jeder Station auf einem Flipchartblatt gesammelt.
- Lernzirkel sind sehr aufwendig in der Vorbereitung. Das rentiert sich wirklich nur, wenn man den Lernzirkel immer wieder verwenden kann.

- Ich baue Lernzirkel gerne in einem Raum auf, sonst verliert man viel »Verkehrszeit«. Nur wenn bei der Arbeit an einer Station Lärm entsteht, nehme ich einen Gruppenraum dazu.
  Damit die Gruppen voneinander getrennt sind, mache ich gerne Lernkojen und ordne sie wie in der Abbildung an.

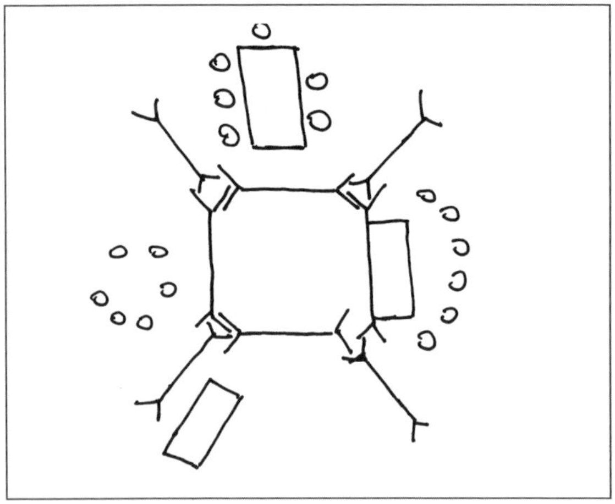

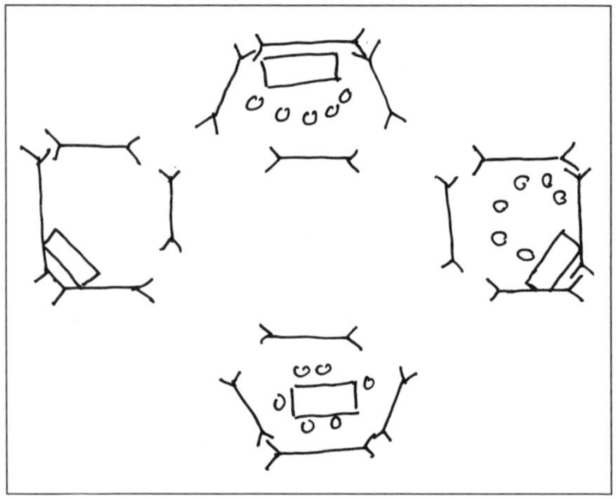

Diese Anordnungen verlangen natürlich sehr viele Pinnwände. Es geht zur Not auch viel einfacher und ganz ohne Pinnwände (s. Abbildung S. 135)

- An jeder Station sollten drei bis maximal sechs Leute arbeiten.
- Nach einem Lernzirkel gibt es oft ein kurzes Plenum. Dort werden die Fragen an die Trainer, die an jeder Station gesammelt wurden, beantwortet, und es ist Gelegenheit, die Arbeitsergebnisse an den Stationen anzusehen. Das sollte aber wirklich nur ganz knapp sein, Lernen sollen die Teilnehmer an den Stationen.

Eine konkrete Erfahrung mit dem Lernzirkel

Die Kollegin Astrid Harbich lernte die Methode für Erwachsene kennen und setzte sie in ihrem Unterricht ein. Sie berichtet:

> *»Ich habe beim Lehrgang ›Industriemeister-Metall‹ einen Lernzirkel mit fünf Stationen durchgeführt und dabei verschiedene Elemente eingesetzt, zum Beispiel Film anschauen, Gesprächsleitfaden entwickeln, Kartenabfrage,*

ein Mind-Map ergänzen und gegenteilige Meinungen auflisten (analog zu Watzlawick).
Den Teilnehmern hat die Methode sehr gut gefallen, aber fünf Gruppen waren zu viel, insbesondere beim Mind-Map hatten die letzten zwei Gruppen wenig Lust, noch was beizutragen, da ja schon so viel an der Pinnwand stand. Sie hatten die Idee, dass es motivierender wäre, wenn man die Ergebnisse der jeweiligen Gruppe erst verdeckt anpinnt und später noch einmal gemeinsam durchgeht und alle Ergebnisse auf Gemeinsamkeiten überprüft.
Für das Sicherheitsgefühl der Teilnehmer (›Habe ich das auch wirklich richtig gemacht im Sinne meiner bevorstehenden Prüfung?‹) war es wichtig, dass ihre jeweiligen Ergebnisse kurz bestätigt wurden. Es reichte ihnen nicht, von den Kollegen innerhalb ihrer Gruppe Feedback zu erhalten. Irgendwie wollten sie alle noch einmal das große Okay.
Mir hat es viel Spaß gemacht, auch wenn es sehr viel Vorbereitungszeit erforderte und man sich als Dozent kurzzeitig völlig überflüssig vorkommt.«

Storytelling: Geschichten didaktisch zuspitzen!

Vorneweg: Storytelling ist weder neu noch typisch amerikanisch. Ohne Geschichten, ohne Beispiele, ohne Fälle kam und kommt kein Trainer aus. Je mehr Erfahrung ein Trainer hat, umso größer ist auch sein Fundus.

Auffällig: Teilnehmer lieben diese Geschichten, vielleicht auch als Kontrapunkt zu der Maxime »Kürzer, knapper, präziser!« Das Erzählen von Geschichten zur Methode zu machen und eine eigene Didaktik des Storytelling zu entwickeln ist eine relativ junge Entwicklung (Birkenbihl ²2001, Blenk ²2006).

Das Problem vieler Kollegen ist aber nicht das »Wie«, sondern das »Woher«. Woher nehme ich denn die Storys? Das wirkliche Leben schert sich leider nicht um Didaktik. Sonst würde es Beispiele und Geschichten liefern, die wir 1:1 beim Storytelling einsetzen können. Dem ist aber nicht so. Deshalb müssen wir Geschichten so verändern, dass sie für Lernzwecke taugen. Wir müssen sie *»didaktisch zuspitzen«*.

Viele Geschichten wirken, weil Spannung aufgebaut wird und uns irgendein schlauer Mensch in der Geschichte zu einem Aha-Erlebnis führt. Aha-Erlebnisse sind überraschende Erkenntnisse und »Edelsteine« im Lernprozess. Hier funktioniert Lernen wie das sprichwörtliche »Platzen des Knotens« oder das »Fallen des Groschens«.

Anleitung zum »Zuspitzen« einer Geschichte

»*Didaktisch zuspitzen*« heißt: Was nicht passend ist, wird passend gemacht. Es kommt auf das »Aha-Erlebnis« beim Zuhörer an, nicht darauf, dass sich die Geschichte auch genauso zugetragen hat.

Zu der Botschaft, die ich vermitteln will, suche ich mir ein konkretes Beispiel, am besten eins, das ich selbst erlebt habe. Diese Beispielgeschichte wird so verändert, dass die Zuhörer sie beim Erzählen plastisch miterleben können. Dazu wird Spannung aufgebaut, und erst am Ende kommt die Erkenntnis, die ich vermitteln will. Gut wirken die Geschichten, in denen die Teilnehmer die Botschaft oder Schlussfolgerungen selbst erkennen können.

Am besten sind die Storys, bei denen sich die Zuhörer in die Situation der handelnden Menschen versetzen können und mit ihnen eine Erkenntnis gewinnen und somit lernen.

Die Geschichten müssen zelebriert werden. Ein guter Storyteller fesselt die Zuhörer durch Mimik, durch Gestik, durch das Ausschmücken der Erzählung wie die Märchenerzähler auf dem Djemaa el Fna, dem berühmten Platz in Marrakesch. Ihre Geschichten wirken, als Text gelesen, nur halb so lebendig. Um zu illustrieren, dass die Geschichten, die wir im Seminar erzählen, ganz simpel sind, habe ich trotzdem drei Geschichten zu ein und demselben Thema aufgeschrieben.

Barfuß-Video-Story 1

Der Ausdruck »barfuß«, wie wir ihn verwenden, stammt aus dem China der Kulturrevolution in den 60er-Jahren des letzten Jahrhunderts. Nach ganz kurzer Ausbildung in traditioneller und ein klein wenig moderner Medizin und minimal ausgestattet, hielten die sogenannten »Barfuß-Ärzte« über viele Jahre hinweg die Gesundheitsversorgung Chinas aufrecht. Mit einer Tasche auf dem Fahrrad fuhren sie von Dorf zu Dorf und behandelten die Kranken.

»Barfuß« steht bei uns deshalb für einfach, schnell erlernbar, reduziert bis auf die Basics und ohne große Kosten. Das Barfuß-Prinzip bedeutet aber auch größtmögliche Professionalität und Effektivität auf diesem einfachen Level.

Barfuß-Videos im Training sind ganz einfache, selbst gemachte Videoclips ohne Schauspieler, Schnitt und Studio. Entstanden ist die Idee aus der Erkenntnis, dass für die meisten Zeitgenossen das Bedienen einer Video- oder Handykamera einfacher ist als das Gestalten eines einfachen Flipchartplakats.
Wir animierten also Seminarteilnehmer, die Ergebnisse ihrer Gruppenarbeiten über verschiedene Lehrmethoden nicht per Flipchart oder Pinnwand ins Plenum zu bringen, sondern als Videoclip, damals noch mit VHS-Kassette und Fernsehgerät. Wir hatten uns allerdings getäuscht. Nach der 40-minütigen Gruppenarbeit waren die zwei Gruppen, die ein Barfuß-Video produzieren wollten, nicht fertig. Sie waren aber so in Fahrt und so motiviert, dass sie am Abend nach dem Tagesschluss mit großer Freude weiter arbeiteten und uns am nächsten Morgen begeistert zwei tolle 3-Minuten-Videoclips zeigten. Ein Film hatte sogar einen kurzen Vorspann (»Barfuß-Studio Westerham proudly presents ...) und enthielt in fünf Szenen die »Todsünden bei der Kartenabfrage«. Der zweite Film hatte den Titel »Was Sie schon immer über den Lehrvortrag wissen wollten und sich nie zu fragen getraut haben«.
Die Begeisterung, die Psychologen würden sagen »der Flow«, der bei der Arbeit entstanden ist, bringt uns dazu, die Methode »Barfuß-Video« immer wieder in Seminaren einzusetzen, wohlwissend dass sie ein absoluter Zeitfresser ist.

Barfuß-Video-Story 2
Ein Finanzdienstleister will seine neue Philosophie »Confidence is our business!« bei den 200 Führungskräften implementieren. Dass am Anfang die gestylte Hochglanzpräsentation durch den Vorstand stehen sollte, war klar. Was aber dann? Wie bringen wir den Slogan zum Leben? Wie erreichen wir, dass das Motto von den Führungskräften an die Mitarbeiter weitergegeben wird und nicht zu einer neuen Worthülse »oben drüber« und auf den Prospekten verkommt. Die simple Antwort: Barfuß-Videos. In aus verschiedenen Abteilungen bunt zusammengewürfelten Gruppen zu je 15 Leuten bekamen die Führungskräfte einen Moderator, eine gute Kamera, ein Zeitfenster von drei Stunden und einen Auftrag: »Drehen Sie einen Film mit maximal fünf Minuten Dauer, mit dem Sie Ihre eigenen Mitarbeiter von der Philosophie ›Confidence is our business‹ überzeugen!«
Was sich dann abspielte, war gigantisch. 13 Gruppen legten los, und alle schafften es. In drei Stunden wurden Ideen geboren und Drehbücher geschrieben. Aus Bankern wurden Regisseure, Kameraleute, Requisiteure und Schauspieler. Am Abend gab es in einem großen Kinosaal die Premiere von 13 ganz verschiedenen Spots über dasselbe Thema. Es versteht sich von selbst, dass es eine Prämierung der besten Clips gab, wobei alle gut und vor allem witzig waren.

Ich erinnere mich noch gut an den Kommentar von einer der Führungskräfte: »Den Drive, der beim Drehen der Filme in unseren Gruppen entstanden ist, wenn wir den nur annähernd in unsere Abteilungen und den Alltag bringen könnten, das wäre der Sprung vorwärts!«

Barfuß-Video-Story 3
Der Trainingsleiter eines Unternehmens in der Baubranche führte nicht nur selbst viele Trainings durch, sondern hielt engen Kontakt zur Praxis. Jede Woche war er mindestens auf zwei Baustellen. Diese Erfahrungen brachte er immer in seine Schulungen ein. Anfangs erzählte er nur. Dann reicherte er seine Erzählungen mit Bildern an. Schließlich kaufte er sich eine einfache Videokamera und filmte auf den Baustellen. Er hielt einfach drauf, auf besondere Bauwerke, komplizierte Schalungen und Arbeitsabläufe beim Betonieren. Diese Barfuß-Videos baute er in seine PowerPoint-Präsentationen ein. Das ersparte viele Worte. Die Teilnehmer konnten die Abläufe genau sehen. »Ich brauche keine teuren Videos von Profifirmen, meine Barfuß-Videos können das genauso oder besser. Ich bringe Realität in die Schulung. Wenn das etwas verwackelt ist oder leicht unscharf, ist es kein Problem. Im Gegenteil, dadurch wirken die Aufnahmen nicht gestellt, sondern echt!«

Eine Maschine für Rollenspiele

Rollenspiele stoßen nicht selten auf Ablehnung. »Ich mach mich hier nicht zum Kasper!« oder »Ich will nicht in die Situation kommen, dass ich nicht weiß, was ich machen soll!« Die Rollenspielspezialisten (zum Beispiel Schaller [2]2006) zeigen vernünftige Wege, wie Rollenspiele ein- und durchgeführt werden. Ich möchte hier nur einen kleinen methodischen Tipp meines Kollegen Bernhard Stieger weitergeben, den ich selbst oft erfolgreich eingesetzt habe.

Bei Rollenspielen, besonders von schwierigen Situationen, gibt es den SSSP-Player, den Schwierige-Situationen-Solution-Player. Diese »Maschine« ist nichts anderes als eine Pinnwand mit ein paar Schaltknöpfen wie bei guten alten Kassettenrekordern. Die Pinnwand steht möglichst nahe der Spielszene. Drückt ein Spieler auf »Stop«, frieren alle Akteure ein, zur Not mitten in einer Bewegung. Jetzt hat der Akteur verschiedene Möglichkeiten:

Eine Pinnwand mit den wichtigsten »Hilfe-Knöpfen« beim Rollenspiel

- Er nimmt sich Zeit zum Überlegen. Dann drückt er auf »Play«, und es geht weiter.
- Er drückt auf »Aloisius« (Die Taste kann auch einfach »Rat« heißen) und holt sich Ratschläge bei einem vorher vereinbarten Berater, wie es am besten weitergehen könnte.
- Er drückt »Back« und geht zurück in die Szene, in der er noch einmal neu beginnen möchte.
- »Forward« bedeutet das Überspringen einer kniffligen Situation.
- »Eject« heißt Abbruch. Ich gehe raus aus dem Rollenspiel.

Mir fällt auf, dass Teilnehmer die Möglichkeiten, die so ein SSSP-Player bietet, gut finden. Es erleichtert ihnen das Mitmachen. Im Rollenspiel selbst nutzen sie die »Maschine« dann allerdings selten.

Energizer mit Themen- und Firmenbezug!

Wenn es zäh wird und die Leute in den Seilen hängen, bringe ich mit "Gordischem Knoten" oder Jonglierbällen Bewegung und Energie in die Gruppe!

Die üblichen Spiele lehne ich ab. Das ist etwas für Kindergeburtstage, aber nicht für Schulungen von Erwachsenen!

Ich liebe Energizer! Mir sind diese schnellen Spiele und Übungen zwischendurch ein wichtiges Gestaltungselement. Im Training setze ich sie beispielsweise ein,

- um Teilnehmer in Bewegung zu bringen, die offensichtlich nicht mehr voll aufnahmefähig sind und abschlaffen;
- als Starter in den Nachmittag, um die Teilnehmer aus dem Mittagsloch herauszubekommen;
- um eine angespannte Atmosphäre zu lockern (aber mit aller Vorsicht!);
- als Strukturierungshilfe zwischen zwei inhaltlichen Bausteinen, die nicht zusammengehören;
- damit Teilnehmer den Kopf frei bekommen;
- vor Seminarphasen, in denen Kreativität und »schräges« Denken gefragt sind.

Der Eindruck, Energizer seien direkt aus den Kindergeburtstagen übernommen, fällt dann weg, wenn die »Spiele« und Übungen mit dem Thema zu tun haben.

Beispiele

Die Trainer eines Herstellers von Betonschalungen entwickelten eine ganze Reihe von Energizern, bei denen ihre speziellen Produkte oder Werkzeuge verwendet werden. Hier nur zwei ihrer Übungen neben anderen Beispielen.

Das Hüllrohr-Spiel (Hüllrohre halten den Abstand zwischen den Schalungselementen): Die Teilnehmer versuchen ein ungefähr zwei Meter langes Kunststoff-Hüllrohr, das auf ihren ausgestreckten Zeigefingern liegt, auf den Boden zu legen. Regel: Alle Zeigefinger müssen immer das Rohr berühren.

H 20 Nageln: Die Teilnehmer schlagen Nägel in einen hölzernen Schalungsträger. Die Nägel müssen noch fünf Millimeter aus dem Holz herausschauen.

Energizer mit Material aus dem Unternehmen

Der Gordische Knoten: Vor komplexen Themen mit vielen Vernetzungen setze ich gerne den »Gordischen Knoten« ein: »*Unser nächster Punkt ist auf den ersten Blick sehr kompliziert. Dass komplizierte Dinge meist doch relativ einfach zu entwirren sind, möchte ich Ihnen mit einer Übung zeigen.*« Dann führe ich die Übung »Gordischer Knoten« durch: Die Teilnehmer stehen im Kreis, jeder fasst mit jeder Hand die Hand eines anderen Teilnehmers, aber nicht die des Nachbarn und nicht nur einer Person. So entsteht ein Menschenknäuel, das ohne Loslassen der Hände zu entwirren ist.

Der rollende Euro: Für Themen in Richtung Teambuilding gibt es eine Menge an Übungen, bei denen es auf Kooperation ankommt. Eine meiner Lieblingsübungen ist der »*rollende Euro*«: Eine Gruppe, die eine Plane (ganz simpel aus dem Baumarkt) in Bauchhöhe hält, muss es schaffen, eine Zwei-Euro-Münze, die auf dem Rand auf der Folie rollt, am Rollen zu halten.

Eine Zwei-Euro-Münze muss auf der Folie rollen, ohne umzufallen

Das klingt unmöglich, ist es aber nicht. Der nächste Schwierigkeitsgrad, bei dem es aber tatsächlich auf die gute Teamarbeit ankommt: »Die Münze soll auf der Plane im Kreis rollen!«

Hier wird die Nahtstelle von Energizern zum Erlebnislernen (s. S. 56) berührt, wo »Spiele«, Körperübungen und verwandte Settings direkt in den Lernprozess integriert sind.

Weitere Tipps für Spiele und Energizer

- *Spielen Sie mit!* Das zeigt, dass Sie sich ebenfalls in die »Niederungen« des Spielerischen begeben. Nur selten brauchen Spiele einen neutralen Spielleiter.
- *Zelebrieren Sie Spiele!* Überlegen Sie sich zu Ihren Lieblingsspielen eine passende und mitreißende Einführung.

- *Zwingen Sie niemanden zu spielen!* Wer eine Spielediktatur ausübt, provoziert unnötig Widerstand. Es stört niemanden, wenn jemand einfach nur zusieht.
- *Formulieren Sie die Spielregeln einfach und klar!* Nicht immer sind komplizierte Spiele einfach zu erklären. Versuchen Sie die Spielregeln auf wenige Sätze zu reduzieren! Bieten Sie keine Spiele an, von denen Sie selbst nicht überzeugt sind!
- *Es muss nicht immer körperliche Bewegung sein!* Manchmal sind Konzentrationsübungen oder »Gehirnjogging« angebracht, manchmal will ein Trainer, dass die Teilnehmer sich persönlich näherkommen. Dazu eine schöne Übung meines Kollegen Desmond Nels aus Namibia für den Start am Morgen: »Stellen Sie sich vor, Sie sitzen jetzt nicht im Seminar, sondern bei einem ausgiebigen Frühstück. Suchen Sie sich aus, mit wem sie frühstücken wollen. Das kann eine lebende oder schon verstorbene Person sein. Sie sagen uns bitte ganz kurz, warum Sie diese Person wählen!«

Meine Energizer habe ich in der Regel von Kollegen, weil ich immer zuerst mitspielen muss, um eine Übung selbst durchführen zu können. Wem Lesestoff für neue Spiele reicht, der findet eine Fülle an Büchern (zum Beispiel Wallenwein 2003; Baer 2003). Trainer im englischsprachigen Raum arbeiten viel mit Energizern, und es lohnt sich, im Internet unter dem Stichwort »icebreaker facilitation« nachzusehen.

Medien

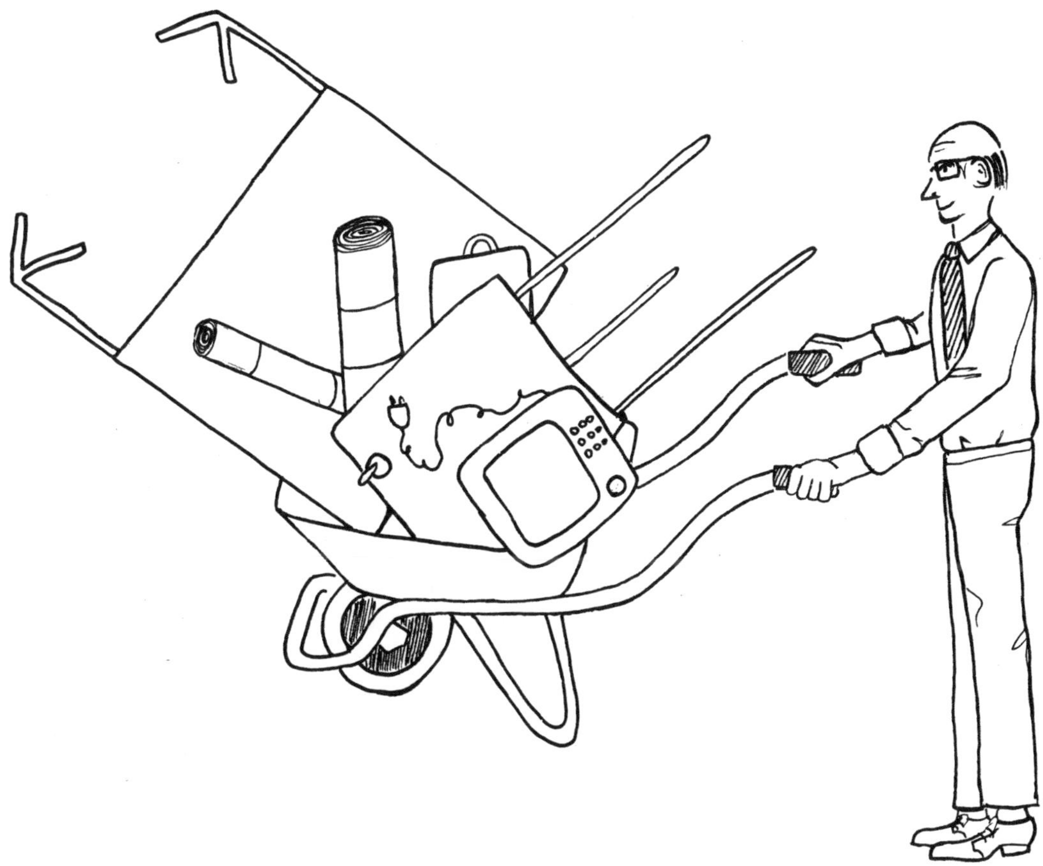

Liebeserklärung an die Pinnwand

Liebe Pinnwand,

hier sitze ich in einem Seminarraum eines Hightech-Unternehmens, und Du bist nicht da. Gerade kam jemand von der Weiterbildung rein: »Beamer an der Decke, Laptop ham'se selber, Flipchart, alles paletti! Schönes Seminar morgen!« Ich kann ihn gerade noch aufhalten und nach Dir fragen. »Altmodisches Zeug« nennt er Dich. Er wird Dich aber aus dem Keller zu mir bringen, morgen.

Dabei wollte ich Dich schon heute chic machen für das Seminar, die Seminarbausteine aufschreiben und zeichnen. Die Überschriften für die erste Präsentation und einige Bilder dazu muss ich nun morgen früh anbringen.

Hartmut von Hentig (1984) meinte vor vielen Jahren: *»Hätte ich unter alten und neuen Unterrichtsmitteln ein einziges zu wählen, ich wählte Tafel und Kreide.«* Ich widerspreche dem großen Pädagogen ungern. Aber vermutlich kannte er Dich damals noch nicht. Denn fast alle Vorzüge, mit denen er die Tafel rühmt, sich auch Deine: Du bist einfach zu handhaben, ohne Strom. Der Dozent kann mit seiner Visualisierung ganz flexibel und spontan auf den Unterrichtsprozess reagieren. Auch die Teilnehmer können Dich benutzen, ohne vorher einen Kurs zu besuchen. Du hast aber noch weit mehr Vorzüge: Mit ein paar Nadeln kann ich Karten, Papiere und viele andere Dinge an Dir befestigen. Du bist federleicht. Kleingruppen nehmen Dich zum Arbeiten mit und bringen Dich zur Präsentation wieder. Das geht sogar im Freien. Weißt du noch, als wir mit Dir auf einem Hotelsteg am Schliersee gearbeitet haben und Dich ein Windstoß ins Wasser befördert hat? Ich wollte Dir zuerst trotz Kälte hinterherspringen, aber Du kannst ja sogar hervorragend schwimmen.

Tafel gibt es im Raum nur eine, aus Platz- und Kostengründen. Du tauchst dagegen mit vielen deiner Schwestern auf, hintereinander gestapelt und ohne viel Raum wegzunehmen. Ich muss nichts löschen, wenn ich neuen Platz brauche, ich nehme Deine Schwester. So bleibt das Lernergebnis dank Deiner Hilfe länger sichtbar. Ich verwende Dich als Raumteiler, wenn ich keine Gruppenräume habe, und gestalte Lernkojen beim Lernzirkel.

Hätte ich unter alten und neuen Unterrichtsmitteln ein einziges zu wählen, ich wählte die Pinnwand.

Tipps brauche ich hier für Dich nicht eigens aufzuschreiben, da gibt es ganze Bücher (von Bernd Weidenmann beispielsweise die »100 Tipps & Tricks für Pinnwand und Flipchart« ^{4}2008).

Einen Vorschlag hätte ich aber zu Deiner Vollkommenheit. Dein unteres Drittel ist Deine Problemzone. Teilnehmer können sie oft nicht richtig sehen, und ich gestehe: Beim Schreiben auf deinem unteren Drittel fällt mir das Bücken mit jedem Jahr schwerer. Ideal wärst du im Querformat mit richtig schönen langen Beinen.

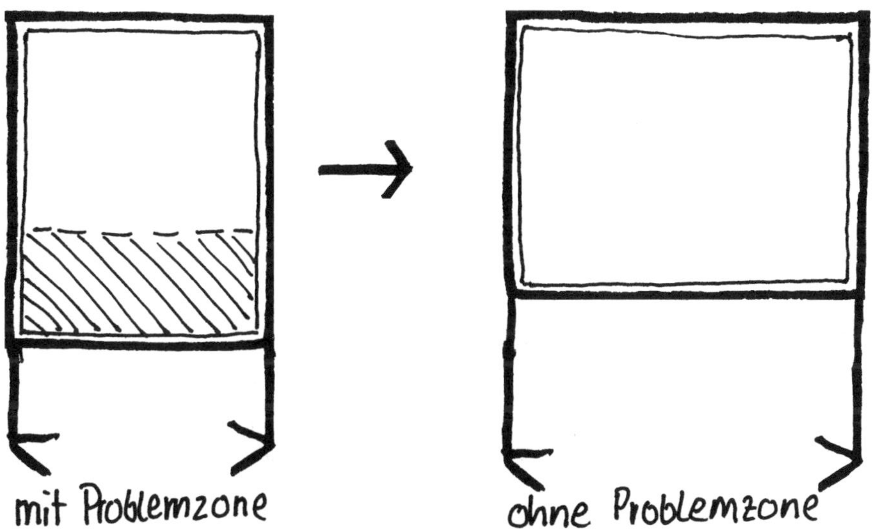

Ich will ja nicht meckern und freue mich auf das Wiedersehen morgen früh samt Deiner Problemzone.

In Dankbarkeit für viele gemeinsame Seminartage
Dein Ulrich Lipp

Langzeitmedien wirken intensiver!

Laptop und Beamer laufen zurzeit anderen Medien den Rang ab. Originalton aus einem Vorgespräch für ein Train-the-Trainer-Seminar: » Wir sind ein Hightech-Unternehmen. Mit antiquierten Medien wie Flipchart und Pinnwand arbeiten wir nicht.«

Wenn ich hier eine Lanze für Pinnwand, Flipchart und sogar die Tafel breche, hat das mit dem Aspekt »Wie modern sind unsere Medien?« nichts zu tun. Mir geht es vielmehr um die Wirkung.

Wie lange ist eine Visualisierung per Beamer zu sehen? Selten länger als 60 Sekunden. Klick! Das nächste Bild. Klick! Das übernächste. Klick! Die Zeit, in der Kurzeitmedien wie Beamer und Overheadprojektor wirken, ist kurz, oft zu kurz, um die Informationen im Gehirn abspeichern zu können.

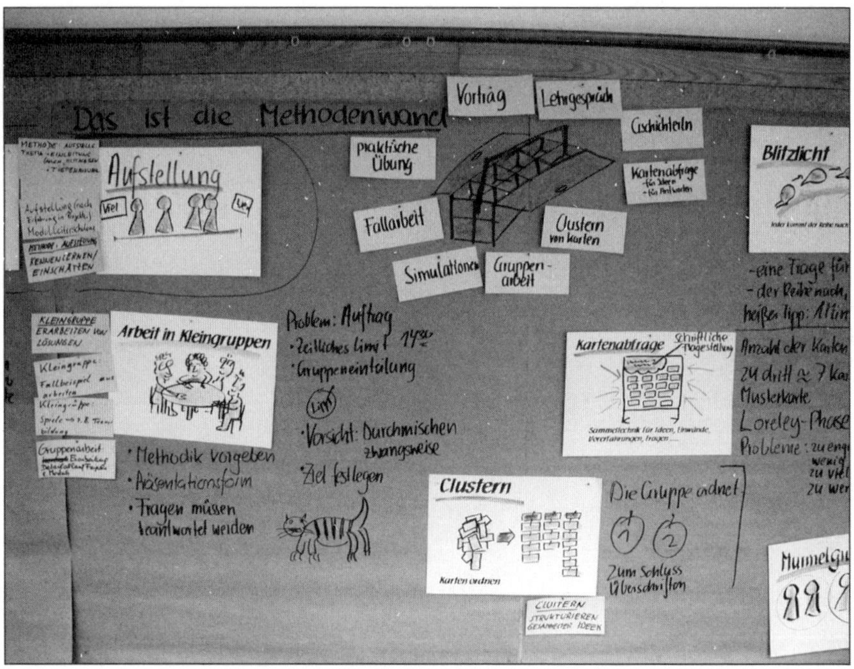

Bei Langzeitmedien ist das anders. Pinnwände bleiben stehen. Sie werden bei der nächsten Präsentation zwar zur Seite gerückt, bleiben aber sichtbar. Ich unterstütze die Langzeitwirkung von Visualisierungen. Wichtige Plakate kommen an die Wand. Je wichtiger die Information, desto prominenter der Platz. Damit gebe ich den Teilnehmern die Chance, noch einmal draufzuschauen. Bei Zusammenfassungen, Wiederholungen und Übungen rücke ich sie wieder ins Blickfeld. Die Wirkungszeit wird deutlich erhöht. Nebeneffekt: Die meisten Teilnehmer (nicht alle) schätzen die Arbeitsatmosphäre, wenn der Raum nicht kahl, sondern mit eigenen Plakaten tapeziert ist.

Langzeitmedien und PowerPoint, nicht Langzeitmedien statt PowerPoint!

Wir können und sollen auf Beamer und PowerPoint nicht verzichten. Das wäre moderne Maschinenstürmerei. Ich plädiere für die Verbindung. Zwei Beispiele:

Keine Beamer-Präsentationen ohne Flipchart! Zumindest die Übersicht beziehungsweise Gliederung steht auf dem Flipchart und bleibt während der ganzen Präsentation sichtbar. So können sich die Zuhörer jederzeit orientieren: Wo sind wir jetzt? Was kommt noch? Als Präsentator kann ich auf den Überblick Bezug nehmen: »Ich bin mit diesem Punkt fertig und komme zum nächsten.« Wenn die Gliederung lediglich auf einer Folie am Anfang steht, fällt die Orientierung während des Vortrags schwer.

Das Großplakat: In einem Unternehmen der Autoindustrie werden ganz speziell für die Entwicklung Projektmanager ausgebildet. Das ist ein Lehrgang, der sich über mehrere Wochen hinzieht. Der gesamte entwicklungsspezifische Projektablauf hängt als drei Meter langes Riesenposter hinten an der Rückseite des Schulungsraums. Die einzelnen Referenten in dieser Ausbildung nehmen immer wieder Bezug zum gesamten Projektablauf an der Wand. So haben die Teilnehmer den gesamten Überblick immer vor Augen. Diese Großplakate herzustellen ist heute kein Problem. Das sind Plankopien, die jeder bessere Kopierladen als ein Meter breite und beliebig lange Rollen liefern kann.

Ein Flipchart ist im Training mit PowerPoint als Hauptmedium ohnehin unverzichtbar, sei es um einen Fragen- oder Themenspeicher aufzumachen, für schnelle Handzeichnungen zwischendurch, für die Fragestellung bei einem Blitzlicht oder die Instruktion für eine Murmelgruppe.

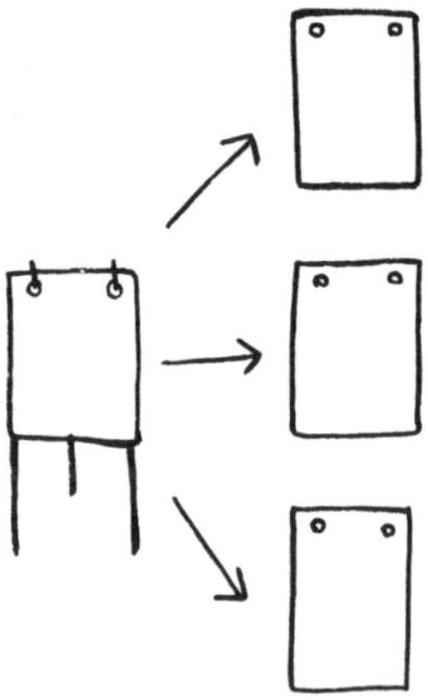

Das Flipchart als Langzeitmedium nutzen!

Das Flipchart ist das einzige Medium, das nach einem Nachteil benannt ist. Das Chart (= Blatt) wird nach hinten »geflippt«, also umgeblättert. Damit ist die Langzeitwirkung des Plakates weg. Durch das Umblättern wird aus dem Langzeitmedium Flipchart ein Kurzzeitmedium. Das ist wie beim Weiterklicken auf dem Laptop.

Besser: Ich nehme das Blatt, mit dem ich fertig bin, ab und hänge es an eine bereitgestellte Pinnwand. Da bleibt es sichtbar.

Der Trick, ein nicht perforiertes Flipchartblatt mit einer Pinnwandnadel abzuschneiden, dürfte nur noch für die Kollegen neu sein, die das Flipchart ausschließlich für den Schriftzug »Herzlich Willkommen!« einsetzen.

F. LIPP und C.H.ART, die »Erfinder« des FLIPCHARTs

Der PowerPoint-Knigge

Perfekt gestaltete PowerPoint-Folien garantieren keine perfekte Präsentation. Es kommt viel mehr darauf an, wie der Trainer mit dem Medium umgeht. Dazu gibt es einige Grundregeln, die wir in einem PowerPoint-Knigge zusammengefasst haben, frei nach Freiherr Adolf Knigge (1788), dem Urvater aller Benimmlehrer: »Über den geziemenden Umgang mit Beamer und PowerPoint« (s. auch Will ^{6}2006).

Freie Sicht! Bei vielen Präsentationen mit dem Beamer ist der Vortragende schlicht im Weg. Das Bild wird frontal und möglichst groß projiziert. Um den Teilnehmern freie Sicht zu geben, steht der Trainer am besten rechts und links neben der Projektionsfläche – mit dem Nachteil, dass er dann oft relativ weit weg von den Teilnehmern ist.

Eine Alternative bei allen Sitzordnungen in U-Form ist, sich zu den Teilnehmern in das U zu setzen und mit Funkmaus oder Presenter den Laptop zu bedienen. Bei der Position an einem Pult vor den Teilnehmern zu sitzen und die Projektion hinter sich über dem Kopf zu haben ist die Projektionsfläche automatisch eingeengt.

Mir selbst gefällt eine an die Seite gerückte Projektionsfläche ganz gut, weil ich dann PowerPoint ohne große »Umbaumaßnahmen« gut mit anderen Medien verbinden kann, zum Beispiel Flipchart und Pinnwand.

In vielen Trainingsräumen ist der Beamer fest an der Decke installiert. Der Vorteil, dass der Beamer nicht immer im Weg steht, wird erkauft durch den Nachteil fehlender Flexibilität. Dann kann ich die Projektionsfläche nicht zur Seite rutschen und wo im Raum »vorne« ist, das ist festgelegt.

Das »Dreamteam«: PowerPoint und Aktivierung. PowerPoint-Vorträge sind manchmal ganz schön ermüdend, vor allem wenn sie länger als 20 Minuten am Stück dauern (s. S. 109). Was aber mache ich nach 20 Minuten, wenn der Vortrag dann noch weitergehen soll? Ich baue in den Vortrag »Aktivierungsinseln« ein. Das sind Phasen, in denen die Teilnehmer aktiv werden und nicht nur passiv zuhören. Für diesen methodischen Wechsel steht uns eine ganze

Reihe von Methoden zur Verfügung (s. S. 111). Der PowerPoint-Vortrag bildet den roten Faden und die Argumentationskette. In den Aktivierungsinseln werden die Teilnehmer nach Beispielen und Anwendungen gefragt, sie haben kleine Aufgaben zu lösen. Sie können ihre eigene Sicht darstellen, untereinander das Für und Wider diskutieren und vieles mehr.

Aktivierungsphasen zwischendurch machen PowerPoint-Vorträge erst richtig anregend und effektiv.

Medien »dienen«, auch PowerPoint! Notgedrungen besuche ich alle Jahre wieder Veranstaltungen unserer örtlichen Apotheke und lasse mich zum Abnehmen animieren. Lange Zeit machte dies die Apothekerin mit einem eindringlichen Vortrag. Sie sprach uns ganz direkt an, wusste, wo sie uns zu packen hatte. Mit ihrem ganz persönlichen und lebendigen Stil war das ein Erlebnis unabhängig vom Erfolg. Immerhin schaffte sie es regelmäßig, dass ich mich zumindest einige Tage mehr bewegte und vernünftiger aß. Bis sie für diese deutschlandweit organisierte Abnehmaktion eine wirklich professionell gestaltete PowerPoint-Präsentation einsetzte. Sie stand nicht mehr vor uns, sondern saß an der Seite. Sie degradierte sich selbst zu einer Art Filmvorführerin, deren Hauptaufgabe war, auf ein Knöpfchen zu drücken und die Folien zu kommentieren. Viel von ihrer Lebendigkeit und ihrer Wirkung war weg. Sie machte sich zur Dienerin des übermächtigen Mediums.

Umgekehrt wäre es richtig. Medien haben uns zu dienen, sie sind unser Werkzeug. Das beginnt schon mit Kleinigkeiten. Ich will als Teilnehmer eines Trainings nicht in einen Raum treten, wo mich eine Folie an der Wand »ganz herzlich« begrüßt. Ich will vom Trainer begrüßt werden. Ich will die Botschaften und Inhalte vom Trainer hören. PowerPoint soll die Botschaften visuell unterstützen. Deshalb meine Botschaft: Macht euch PowerPoint untertan!

Die Leute können selbst lesen! Allergisch reagiere ich auf das Vorlesen von PowerPoint-Slides. Ganz unabhängig vom Verdacht, der Referent ist inhaltlich nicht fit, widerspricht es dem Grundgedanken: Der rote Faden ist sichtbar in Stichwörtern an der Wand. Der Vortragende führt das genauer aus. Wenn die Information auf der PowerPoint-Folie aber ausreichend ist, spricht nichts gegen eine Lesepause. Zum Beispiel: »Ich habe Ihnen die Nebenwirkungen bei dem Präparat xy auf einer Folie zusammengestellt. Schauen Sie sich das bitte an!«

Man kann an die Lesepause auch eine aktivierende Fragerunde anschließen: »Ich liefere Ihnen bei Interesse gerne Hintergrundinformationen zu jeder der Nebenwirkungen. Fragen Sie ruhig nach!«

Folienfreie Zonen! Die meisten PowerPoint-Nutzer wissen, wie sie eine Überschrift dreimal um die eigene Achse gedreht von unten her einfliegen lassen, unterlegt mit dem Geräusch eines beschleunigenden Ferrari. Dass es eine Taste gibt, mit der man eine Präsentation ganz einfach unterbrechen kann, ist sogar manchen Leuten neu, die fast täglich PowerPoints vorführen. Das ist die Taste für das Satzzeichen Punkt. Drücke ich sie im Präsentationsmodus, ist das Bild an der Wand weg. Drücke ich sie noch einmal, ist das weggeschaltete Bild sofort wieder da. Die Taste für den Buchstaben »B« (für black) hat die gleiche Funktion.

Dadurch wird das Herstellen folienfreier Zonen ganz simpel. Jetzt folgt man der Grundregel: Ich schalte die Präsentation immer weg, wenn sie gerade nicht zum Vortrag passt, bei Aktivierungen, bei kurzen Diskussionen zwischendurch, bei einem Exkurs.

Wem es beim Wegschalten der PowerPoint-Präsentation zu dunkel wird, der drückt statt der Taste für »Punkt«, die daneben für »Komma« (ersatzweise die Taste für den Buchstaben »W«), dann projiziert der Beamer eine leere, aber helle Fläche.

Wer mit anderen Programmen arbeitet, kann auch am Beamer die Projektion unterbrechen (»No-show« oder »mute«).

Nützliche Tasten im Präsentationsmodus

Punkt oder b(lack)	Schwarzer Bildschirm (zurück: noch einmal Punkt).
Komma oder w(hite)	Weißer Bildschirm (zurück: noch einmal Komma).
Strg + P	Mauszeiger wird zum Stift, mit dem man in die Präsentation schreiben kann (wird nicht gespeichert). Rechte Maustaste: Zeigeroption und Stiftfarbe (zurück zum Zeiger: Strg + A).
P-Taste	Zurück zur vorherigen Folie.
S-Taste	Eine automatisch ablaufende Präsentation wird gestoppt (weiter: noch einmal drücken).
Nummer der Folie + Return	Sprung zu der Folie mit dieser Nummer

Folien und Bilder ankündigen! Alle kennen das Phänomen. Der Referent klickt die nächste Folie an und spricht sofort weiter. Wir orientieren uns zuerst mit den Augen und versuchen die Visualisierung zu erfassen. Die ersten Sätze überhören wir dabei. Deshalb:

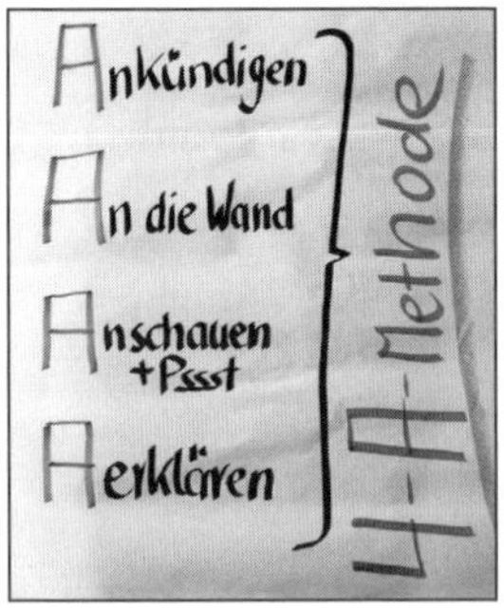

- Schritt 1: Ich kündige ein Bild an: »Ich zeigen Ihnen in der nächsten Folie eine Grafik über den Zusammenhang zwischen Tageszeit und Aufmerksamkeit.«
- Schritt 2: Jetzt erst klicke ich und werfe die Folie an die Wand.
- Schritt 3: Ich bin so lange still, wie die Teilnehmer brauchen, die Folie zu erfassen.
- Schritt 4: Jetzt erst spreche ich und erkläre das Bild.

Das galt schon für die alten Folien auf dem Overheadprojektor und für alle anderen vorgefertigten Bilder.

In meinen Trainings höre ich an dieser Stelle immer wieder den Einwand: »Da komme ich ja mit meinen Folien in der vorgesehenen Zeit nicht durch!« Meine Antwort ist stets die gleiche: »Dann haben Sie für die vorgesehene Zeit zu viele Folien eingeplant!«

Regeln für die Gestaltung von PowerPoint-Folien ergeben sich aus der Checkliste »Folien-TÜV« (s. S. 167 als Beispiel für Mini-Handouts). Dabei gilt wie für alle Regeln: Sie sind immer auch dazu da, gebrochen zu werden.

PowerPoint – nicht Teufelszeug, nicht Gottesgabe

Es ist chic geworden, PowerPoint zu verteufeln. Im Internet geht das so weit, dass »PowerPoint-Hasser« verbreiten, das Programm habe Schuld am Verglühen von Raumschiffen und am Irakkrieg. Das ist so albern, als gäbe man dem Papier an sich die Schuld für all den Unsinn, der jemals auf Papier geschrieben wurde.

Selbst die verbreitete PowerPoint-Monokultur, die Teilnehmer schon beim bloßen Anblick von Beamer und Laptop reflexartig gähnen lässt, haben die Anwender zu verantworten, nicht das Medium selbst. PowerPoint ist nichts anderes als eine Software neben anderen, um eine weiße Projektionsfläche zu gestalten. Das ist im Prinzip das Gleiche wie der Moderationskoffer mit Stiften und Karten, der neben der Pinnwand oder dem Flipchart steht. Dass die Werkzeuge bei PowerPoint ungleich vielfältiger sind, bedeutet ja nicht, dass man möglichst alle und dann noch in einer Präsentation verwenden muss.

Ich sehe ein Problem, das aber weniger mit der Software selbst als mit der Herstellung am Computer zu tun hat. Eine Pinnwand, ein Flipchart gestalte ich auf dem großen Format als Präsentationsmedium. Eine PowerPoint-Präsentation erstelle ich am PC, wo ich gewohnt bin, Papier zu produzieren. Ich muss mich zwingen, mir den Bildschirmausschnitt an der Wand und in groß vorzustellen. Ich muss mich zwingen, auf Sätze und gar ganze Textpassagen zu verzichten. Bei der Pinnwand geht das ganz automatisch.

Mein Tipp dazu: Keine PowerPoint-Präsentation sollte vor Publikum verwendet werden, die nicht vorher an der Wand geprüft wurde. Manche Gestaltungsmängel fallen nämlich erst da auf.

Die kleine Malschule

Ich verwende gerne Zeichnungen und Bilder in meinen Trainings. Das beginnt schon beim inhaltlichen Überblick. Jeder Baustein ist mit Text und Bild dargestellt. Im Train-the-Trainer-Seminar wie in Moderationstrainings gibt es ein Bild zu jedem Methodennamen (s. S. 106). Methodische Abläufe wie die »Experten-Befragung« (s. Bild unten rechts) stelle ich als Bildfolge dar. Die Zeichnungen sind vorbereitet, den Text schreibe ich live.

Wann immer ich eine Bildidee habe, ergänze ich Texte auf Pinnwand, Flipchart oder in PowerPoint mit eigenen Zeichnungen.

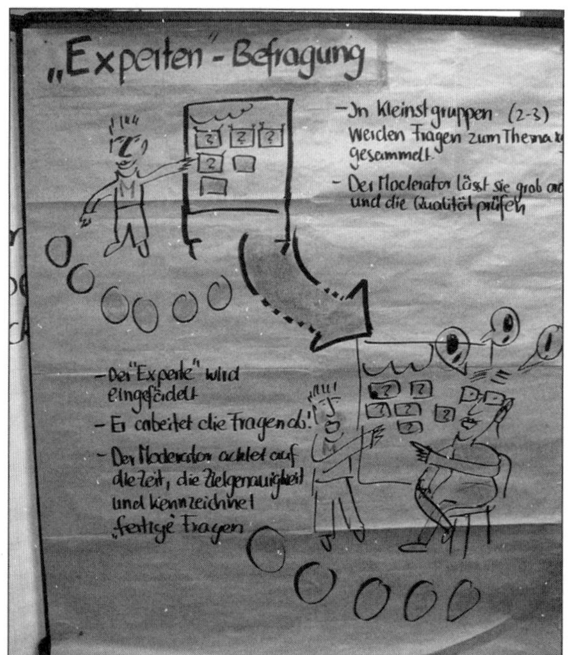

Zeichnen ist keine Kunst

»Ich möchte auch so zeichnen können wie Sie!« Das ist natürlich schmeichelhaft. Dabei reichen meine Zeichenkünste nicht aus, um dieses Buch zu illustrieren. Ich weiß, viele meiner Kolleginnen und Kollegen zeichnen künstlerisch anspruchsvoller. Der Vorteil meiner Art zu zeichnen: Jeder lernt das erwiesenermaßen in 20 Minuten. So ist »Die kleine Malschule« entstanden, ein oft gewünschter kleiner Baustein vieler Trainer-Seminare.

Die Standardfigur. Ich verwende bei der Darstellung von Menschen immer die gleiche Standardfigur und variiere sie nur ganz wenig. Irgendwann geht das so automatisch und ohne Nachdenken wie Zähneputzen.

Standardzeichnungen für immer wieder auftauchende Gegenstände. In meinen Trainings tauchen Pinnwand, Flipchart, Overheadprojektor, Beamer und Laptop immer wieder auf. Auch da habe ich mir auf ganz wenige Striche reduzierte Standardzeichnungen angewöhnt.

Standardgegenstände und vereinfachtes »Männchen« sind die Basis der meisten Zeichnungen. Jetzt fehlt nur noch eine vernünftige, das heißt auf den ersten Blick verständliche Bildidee. Wenn das Bild verschieden interpretiert werden kann, ist das auch nicht so tragisch. Der Text kommt in der Regel dazu, und die Kombination Text und Bild ist dann wieder eindeutig.

Die Kegelfigur, wenn die Zeit drängt. Die Zeit ist knapp, und am Morgen vor dem Seminar ist noch viel zu zeichnen. Da wechsle ich von der Standardfigur zum Kegelmännchen.

Fünfzehn Minuten Übung. In der Seminarsituation gibt es jetzt nach den fünf Minuten Einführung an der Pinnwand (mit den gleichen Informationen wie hier im Buch) eine kurze Übungsphase. Teilnehmer bekommen jetzt einige DIN-A3-Blätter, halbdicke Eddings und Wachsmalkreideblocks in die Hand gedrückt und zeichnen einfach drauflos. Als Anregung schreibe ich ein paar Themen auf die Pinnwand wie »Methodenwechsel«, »Blickkontakt halten«, »Medienwechsel statt Monokultur«, »Jeder Hammer kommt zurück!« oder Ähnliches. Oft zeichnen Teilnehmer aber gleich für eigene Zwecke.

Warum gezeichnete Bilder?

Die Wirkung selbst gezeichneter Bilder hat mich lange erstaunt und verstärkt, das Malen zu einem persönlichen »Markenzeichen« weiterzuentwickeln.

Bild und Text bleiben hängen: Ganz offensichtlich behalten Teilnehmer Text und Bild besser als nur Begriffe. Die Kombination wird als Ganzes im Gedächtnis abgespeichert und ist relativ einfach wieder abrufbar.

Bilder zwingen zur Vereinfachung: »Mit Bildern darstellen, heißt klarstellen!« Unter diesem Titel brachte ich internen BMW-Trainern in einem Kurzworkshop einfaches Zeichnen bei. Voraussetzung, um überhaupt Informationen in Bilder umzusetzen, ist eine Beschränkung auf das Wesentliche. Klarheit wird durch das Reduzieren von Information hergestellt. Die Gefahr, dabei zu überziehen und komplexe Abläufe zu stark zu simplifizieren, darf nicht übersehen werden.

Bilder schaffen Atmosphäre: »Ich kommen in den Raum und sehe die vielen Bilder. Das gefällt mir. Da fühle ich mich wohl.« Solche Sätze höre ich immer wieder. Für viele Teilnehmer schaffen Bilder eine anregende und positive Lernatmosphäre.

Zeichnungen und Bilder wirken überall: Hier Zeichnungen vietnamesischer Kollegen

Tipps zum Zeichnen und Malen

- Verwenden Sie Filzstifte mit Keilspitze mit einer etwa 5 mm Strichstärke und auf keinen Fall dünne Stifte. Dünne Stifte verleiten zum Stricheln und zum Zeichnen von Details. Das verhindert die plakative Wirkung.
- Blockwachsmalkreiden: Die Firma Stockmar bietet sie in verschiedenen Farben an. Sie haben die Maße 4 cm × 2,5 cm × 1 cm. Damit lassen sich die Zeichnungen ganz einfach mit einem Strich kolorieren.
- Will ich Karikaturen oder komplizierte Abbildungen auf Pinnwand oder Flipchart übertragen, projiziere ich das Bild mit Beamer oder Overheadprojektor auf das Großformat und zeichne nach.
- Auf DIN-A3-Kartons lassen sich Bilder und Zeichnungen gut vorbereiten und im Training einfach annadeln.
- Verzichten Sie auf den Anspruch, künstlerisch wertvolle Bilder zu produzieren. Es geht nicht um Kunst, sondern um die Unterstützung des Lernprozesses.

Mini-Handouts

Handouts und Unterlagen haben bisweilen ein trauriges Schicksal. Mit viel Aufwand und Liebe erstellt, landen sie oft in Ordnern und Schubladen und erinnern einen Seminarteilnehmer allenfalls beim »Ausmisten«.

Wie schaffen wir es, dass im Training verteilte und erarbeitete Unterlagen im Alltag zur Hand genommen werden? Ich habe gute Erfahrungen mit Mini-Handouts gemacht. Das ist nichts anderes als die Weiterentwicklung von sogenanntem »Pocketmaterial«, das es schon vor 20 Jahren gab. In vielen Seminaren bei Siemens gab es Leporellos beziehungsweise Folder mit den wichtigsten Inhalten zu einem Training ganz kurz zusammengefasst. Diese Folder, auf farbiges festes Papier kopiert, waren so klein, dass sie in einem größeren Geldbeutel oder einer Brieftasche bequem unterzubringen waren. Die Grundidee dabei: Ich habe die wichtigsten Infos wie einen Spickzettel immer griffbereit, wenn ich sie brauche. Themen waren da etwa »Argumentation«, »Präsentieren«, »Einwandbehandlung«.

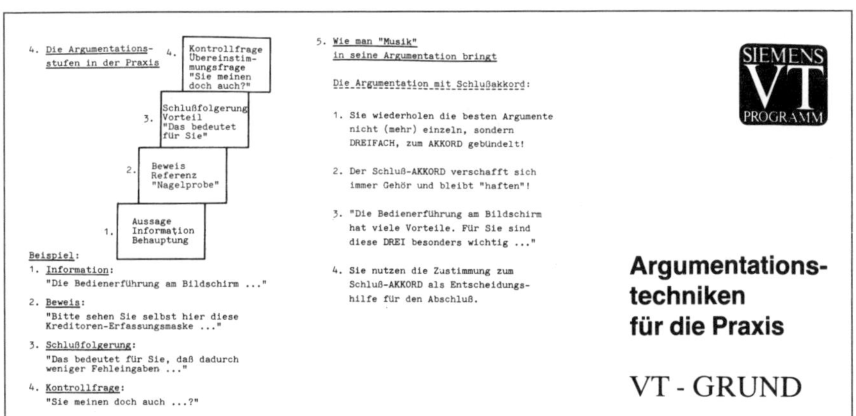
4. Die Argumentationsstufen in der Praxis

4. Kontrollfrage Übereinstimmungsfrage "Sie meinen doch auch?"
3. Schlußfolgerung Vorteil "Das bedeutet für Sie"
2. Beweis Referenz "Nagelprobe"
1. Aussage Information Behauptung

Beispiel:

1. Information: "Die Bedienerführung am Bildschirm ..."
2. Beweis: "Bitte sehen Sie selbst hier diese Kreditoren-Erfassungsmaske ..."
3. Schlußfolgerung: "Das bedeutet für Sie, daß dadurch weniger Fehleingaben ..."
4. Kontrollfrage: "Sie meinen doch auch ...?"

5. Wie man "Musik" in seine Argumentation bringt

Die Argumentation mit Schlußakkord:

1. Sie wiederholen die besten Argumente nicht (mehr) einzeln, sondern DREIFACH, zum AKKORD gebündelt!
2. Der Schluß-AKKORD verschafft sich immer Gehör und bleibt "haften"!
3. "Die Bedienerführung am Bildschirm hat viele Vorteile. Für Sie sind diese DREI besonders wichtig ..."
4. Sie nutzen die Zustimmung zum Schluß-AKKORD als Entscheidungshilfe für den Abschluß.

SIEMENS VT PROGRAMM

Argumentationstechniken für die Praxis

VT - GRUND

Die Grundidee ist immer noch aktuell, nur das Design ist alt!

Heute stecken Kreditkarten und Führerschein dort, wo einmal Platz für den Folder »Argumentieren« war. Wir pflegen die Idee des »Pocket-Materials« in Form von Mini-Handouts trotzdem weiter.

Beispiele für Mini-Handouts

Mini-Handout für Kurzseminare: Für zweistündige Kurzseminare etwa über Lernzirkel (s. S. 134) oder das richtige Präsentieren von PowerPoints im Training (s. S. 155) entwickelte ich Mini-Handouts, die den Inhalt der Trainings auf einem DIN-A5-Faltblatt zusammenfassen. Ich beschränke mich dabei auf vier Seiten und verwende zum besseren Abspeichern viele Bilder. Die Mini-Handouts drucke ich in Farbe aus.

Mit diesem Format und dem ganz geringen Umfang will ich das »Schubladisieren« bewusst vermeiden. Das Handout soll ruhig herumliegen. So wird es vielleicht doch noch ein zweites Mal angesehen.

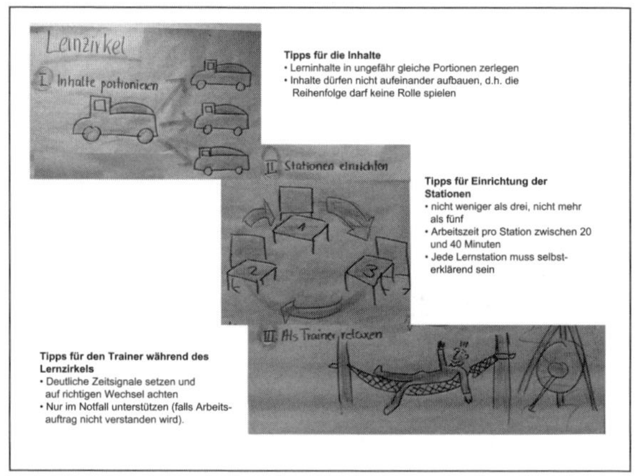

Die Wächter-Funktionen in Teams: Für Besprechungstrainings hat Hermann Will eine DIN-A5-Karte entwickelt, auf der die vier Aufgabenbereiche des Leiters einer Besprechung plakativ aufgelistet sind. Dieses Mini-Handout sollte jeder Besprechungsleiter nach dem Training mitnehmen, es könnte auch in Besprechungsräumen ausliegen.

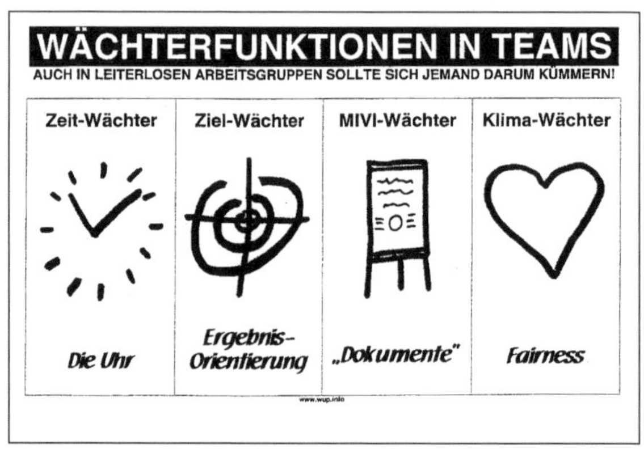

Kartensets: Für einige Themen eignen sich richtige Kartensets. Bei uns sind das vor allem Methoden, Tools und Übungen. Da gibt es zu jeder Methode eine eigene Karte in der Größe von DIN A7 bis maximal DIN A5. Die Vorderseite zeigt den Methodenbegriff und ein Bild, auf der Rückseite ist die Methode beschrieben. Damit die Karten schön geordnet sind, gibt es zum Aufbewahren einen passenden Klarsichtumschlag.

Die Bedienungsanleitung: Teilnehmer an Train-the-Trainer-Seminaren haben die Idee des Mini-Handouts übernommen. So gibt es bei den Schulungen für ein medizintechnisches Gerät für die Teilnehmer sauber eingeschweißt eine Bedienungsanleitung für die Geräte im DIN-A5-Format. Anhand dieser Anleitung werden die Medizintechniker direkt am Gerät geschult. Die Karte enthält die wichtigsten Schritte und die entscheidenden Tipps.

Der Folien-TÜV entstand im WUP-Netzwerk gemeinsam mit PowerPoint-Spezialisten. Das ist eine Checkliste zur Qualitätsprüfung der Gestaltung von PowerPoint-Präsentationen (siehe Abbildung). Im Seminar wird die Liste genau besprochen und an Beispielpräsentationen eingeschult. Ohne die Liste, die beim Erstellen immer greifbar sein sollte, hat die Schulung wenig Effekt. So viele Punkte, wie im Folien-TÜV aufgeführt, kann kein Mensch behalten, der nicht täglich damit umgeht. Ein Lernziel heißt dann ganz schlicht: Die Teilnehmer haben den Folien-TÜV in Griffweite und benutzen ihn. Das Originalformat ist DIN A4 längs halbiert.

Der »Pocket-Guide«: Für die Schulung neuer Mitarbeiter im öffentlichen Dienst Namibias wurde ein kleines Büchlein im handlichen DIN-A6-Format entwickelt. »Beeing a PUBLIC SERVANT in Namibia – The Pocket-Guide«.

Es enthält kurz und knackig und mit vielen grafischen Elementen alles, was ein Staatsdiener wissen sollte. In den Trainings wird es sehr intensiv verwendet, obwohl es mehr Mini-Handbuch als Schulungsunterlage ist.

Folien-TÜV

Eine Checkliste zur Prüfung einzelner Slides aus Präsentationen

- ☐ **Struktur**
  Auf einen Blick erkennbar?
- ☐ **Botschaft & Titel**
  Kernaussage hervorgehoben?
  Attraktive Überschrift?
- ☐ **Lesbarkeit**
  Auch aus letzter Reihe?
- ☐ **Text**
  Stichpunkte statt Sätze und Fließtext?
- ☐ **Schrift**
  Einheitlich und serifenfrei? (z.B. Arial statt Times New Roman)

44 Punkte und 28 Punkte?

- ☐ **Hintergrund**
  Weiß oder hell?
- ☐ **Farbigkeit**
  Zwei Farben? Haben unterschiedliche Farben auch Bedeutung?
- ☐ **Bulletpoints**
  - Maximal 5 pro Seite?
  - Alternativen möglich?
- ☐ **Bilder und Grafik**
  Alle Chancen für Bild statt Text genutzt?
  Grafiken mit Aussage ergänzt?
- ☐ **Animation**
  Macht Animation wirklich Sinn oder ist es Spielerei?

Zertifizierte Folie – www.wup.info

WUP® WILL UND PARTNER

„Mini-Handbuch Vortrag und Präsentation"
Beltz-Verlag ISBN 3-407-22615-2

Tipps für die Herstellung von Mini-Handouts

- *Auffällige Gestaltung:* Mini-Handouts sollen herausstechen. Wir verwenden dazu farbigen Karton oder gleich farbige Ausdrucke. Es muss auch nicht immer die rechteckige Form sein. Die modernen Stanzmaschinen lassen fast alles zu. Abgerundete Ecken wie bei Spielkarten machen sich immer gut.
- *Es darf auch ein bisschen mehr sein!* »Haben Sie davon nicht noch eins übrig?« Diese beim Austeilen von Minihandouts öfter gestellte Frage brachte mich dazu, gleich mehr anzubieten. Teilnehmer geben sie nämlich gerne an Kollegen weiter. So erzielt ein Training über die Unterlagen Breitenwirkung.
- *Laminierung:* Wenn Kartons wie der »Folien-TÜV« oder der »Schnell-TÜV für Unterrichtsplanung« (s. S. 35) häufig verwendet werden, schauen sie schnell unansehnlich aus. Das Laminiergerät schafft Abhilfe. Gleichzeitig schaut der Karton dann noch ein Stück professioneller aus.
- *Vorsicht vor Überdosierung:* Im Rahmen der Trainerausbildung haben wir es im Übereifer schon geschafft, in einem Modul vier ganz verschiedene Mini-Handouts zu verteilen. Den Vorwurf der verwirrenden Zettelwirtschaft bekamen wir zu Recht.

Laserpointer: Nein!

Ein übliches Bild: Der Referent zückt den Laserpointer und will auf der Leinwand eine Aussage hervorheben. Zuerst versucht er den roten Minipunkt auf einer Stelle zu halten, was misslingt. Der Punkt zittert und hüpft. Dann versucht der Referent die Stelle auf der Leinwand einzukreisen, er ist ganz fixiert auf die Projektionsfläche hinter sich. Die üblichen Gedanken: Warum zittert der so? Hat er vielleicht am Tag zuvor ein Glas zu viel gehoben?

Fakt ist: Einen Laserpointer kann man nicht stillhalten, der zittert immer. Das ist aber nicht der einzige Nachteil: Der Punkt ist meistens zu klein und schlecht zu sehen. Beim Zielen ist so viel Konzentration notwendig, dass der Blickkontakt zum Publikum oft ganz abreißt und der Referent mit dem Rücken zum Publikum spricht.

Fazit: Laserpointer sollen da bleiben, wo sie herkommen – in den Waffenschränken als Hilfsmittel zum Zielen bei Schusswaffen.

Tipps zum Zeigen ohne Laserpointer

- Im Präsentationsmodus bei PowerPoint wird die Maus zum Zeiger, und kann ebenso bewegt werden.
- Der Zeiger kann zum Stift umfunktioniert werden, in neueren Versionen auch zum Textmarker. Da lassen sich vor Publikum wichtige Stellen mit der Maus anstreichen.
- Geplante Hervorhebungen baut man am besten mit farbigen Unterlegungen in die Präsentation ein.
- Wer mit guten alten Folien arbeitet, nimmt einen gespitzten Bleistift und legt ihn auf die Folie. Nicht in der Hand lassen, das zittert bei allen Menschen.
- Immer noch besser als der Laserpointer ist ein Zeigestab. Mit etwas Routine schafft man sogar Zeigen, Sprechen und Blickkontakt-Halten gleichzeitig.

Seminarschluss und danach

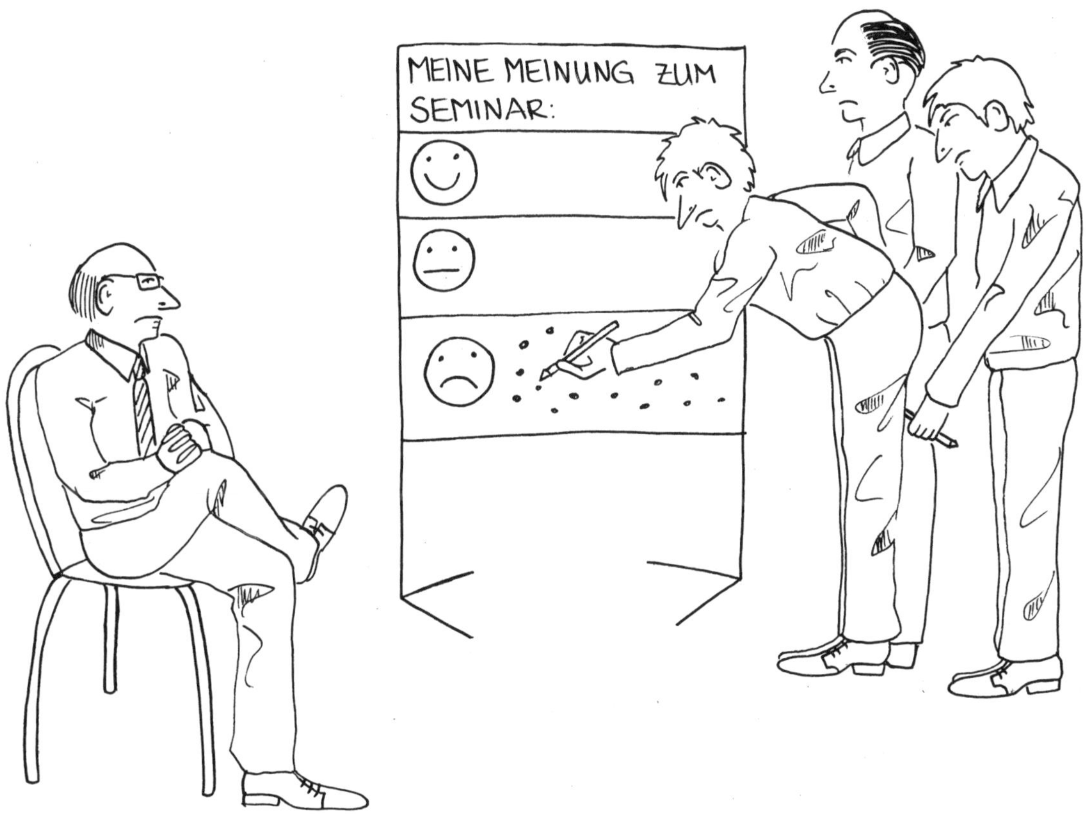

Meine Lieblingsschlüsse

Es gibt 1.000 Möglichkeiten, ein Seminar abzuschließen. Welche Variante ein Trainer wählt, hängt davon ab, was er mit dem Schluss in erster Linie erreichen will. Mögliche Funktionen von Schlüssen sind:

Aufgaben von Schlüssen

- Umsetzen des Gelernten in die Praxis (Transfer) anschieben,
- sich als Trainer Feedback holen,
- den Teilnehmern Feedback geben,
- Lerninhalte wiederholen und zusammenfassen,
- Kernbotschaften noch einmal absetzen,
- emotionale Anker setzen,
- den Abschied erleichtern,
- Lernpartnerschaften etablieren,
- ein Folgetreffen planen.

Meine Lieblingsschlüsse vereinen mehrere Funktionen.

Koffer packen: Das ist ein ganz simpler und geläufiger Schluss, der schnell geht und Zusammenfassung, eine Prise Umsetzung anschieben und Feedback für das Seminar verbindet.

Ich stelle zwei Koffer in die Mitte. Wir sitzen im Kreis. »Die Koffer sind gepackt und voll. Viel hat nicht mehr Platz. Ein Koffer ist Ihrer, den nehmen Sie mit, der andere ist meiner. Geben Sie bitte in Ihren Koffer nur eine Sache, die Sie nach dem Training sofort realisieren wollen. In meinen Trainerkoffer kommt ganz kurz das Feedback für die Veranstaltung!«

Umsetzungsbeginn noch im Training selbst: Nach Seminaren mit methodischem Schwerpunkt bekomme ich öfter Feedbacks wie »Das muss sich erst alles setzen!« oder »Das waren so viele Anregungen, da kann ich viele Ideen in meiner täglichen Arbeit umsetzen!«

Ich bin da etwas skeptisch und vermute, ich habe zu viel Inhalt in das Seminar gepackt. Ich befürchte Verluste beim Transfer.

Vorbeugen kann ich, wenn ich den Transfer schon im Training beginne. Dazu bitte ich die Leute – beispielsweise in Train-the-Trainer-Kursen – die Leitfäden oder sonstige Vorbereitungen für ihre eigenen Kurse und Seminare mitzubringen. In der letzten Seminarphase bauen sie sofort Anregungen in ihre eigenen Veranstaltungen ein. Damit bleibt das Anschieben der Umsetzung nicht beim unverbindlichen Vorsatz (»Ich möchte in meinen Trainings die Leute noch mehr aktivieren!«), sondern die aktivierenden Phasen werden gleich in die eigene Planung integriert.

Wenn die Teilnehmer nicht an gemeinsamen Kursen arbeiten, ist das eine gerade gegen Ende eines Seminars meist unbeliebte lange Einzelarbeit. Ich mache es trotzdem, versuche den Sinn dieser Umsetzungsplanung zu »verkaufen« und biete »als Zuckerl« meine unterstützende Beratung an.

Dieser Schluss braucht Zeit. Unter einer Stunde ist da wenig ausgerichtet, denn sonst bleiben Teilnehmer wieder nur bei allgemeinen Formulierungen stehen: »Man könnte ..., man sollte ...«

Danach folgt ein ganz kurzes Blitzlicht »Mein Gewinn aus der Arbeit an meinen Leitfäden ...« als Abschluss im Plenum!

Das Umsetzungsversprechen: Am Ende des ersten Teils eines zweigeteilten Trainings schreiben die Teilnehmer auf eine DIN-A4-Karte, was sie bis zum Folgetermin ausprobieren beziehungsweise umsetzen werden. Jeder pinnt seine natürlich namentlich gekennzeichnete Karte mit zwei Sätzen zur Erklärung seines Vorhabens an die Pinnwand. Diese Seite landet im Protokoll. Außerdem klebe ich die Karten nach dem Seminar auf und nehme das Plakat zum Folgetermin mit. Dadurch wird ein »sanfter Druck« zur Umsetzung aufgebaut. Die Wirkung ist aber enorm.

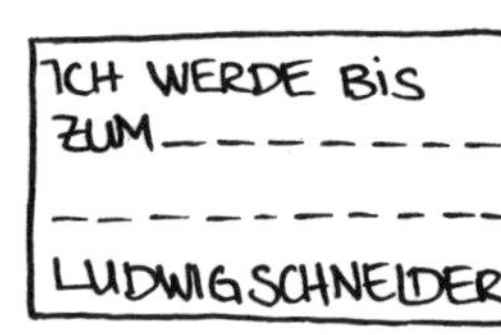

Beibehalten/Ändern: Will ich am Ende eines Seminars Feedback von Teilnehmern, lasse ich ein Beibehalten-/Ändern-Blitzlicht durchlaufen. Meine Erläuterung dazu: »Ich werde dieses Seminar noch einmal durchführen. Was soll ich in jedem Fall beibehalten? Was soll ich ändern?« Flankierend steht auf einem Flipchart »Beibehalten ...? Ändern ...? Diese Abschlussrunde muss nicht unbedingt in einer festen Reihenfolge ablaufen, und wer sich nicht äußern will, den sollte man als Trainer auch tunlichst nicht dazu zwingen.

Der Tendenz, am Ende eines Seminars mit Kritik sparsam umzugehen, kann ich entgegenwirken:

- Ich suche mir als ersten Teilnehmer für die Blitzlichtrunde einen kritischen Geist aus.
- Manchmal lasse ich die Statements vor der Antwortrunde auf eine Moderationskarte schreiben. Das hat auch den Vorteil, dass ich die Karten einsammeln und mitnehmen kann.
- Genaues, hilfreiches und kritisches Feedback erhalte ich bei folgender Variante: »Ich muss dieses dreitägige Seminar demnächst in zweieinhalb Tagen durchführen. Wo kann ich kürzen?«

Lügenblitzlicht: Instruktion: »Sagen Sie bitte zwei Sätze über dieses Seminar. Ein Satz ist wahr, und ein Satz ist gelogen, aber Sie sagen uns nicht, welcher Satz wahr und welcher gelogen ist!«

Es ist erstaunlich, wie intensiv viele Teilnehmer mit dieser Vorgabe versuchen, die kritischen Anmerkungen in einen »gelogenen Satz« zu verpacken. Selten erlebe ich ehrlichere Feedbacks als beim Lügenblitzlicht. Die Qualität des Lügenblitzlichts hängt von der Pause ab, die der Trainer den Teilnehmern zum Nachdenken gibt. Natürlich können sich die Teilnehmer auch Notizen machen, weil es bei den Sätzen oft auf Nuancen ankommt. Beispiel: »Ich habe mich nie gelangweilt. Die Seminarzeit wurde effektiv genutzt.«

Diashow: Dieser Schluss bedarf einer intensiven Vorbereitung. Ich schließe während des Trainings viele Fotos, auch solche, die Stimmungen einfangen und Teilnehmer »in action« zeigen. Diese füge ich zu einer »Diashow« zusammen. Die spezielle Software dafür ist nicht notwendig, das geht in PowerPoint ebenfalls (eine Seite ein Bild und alle drei Sekunden ein neues). Wenn ganz wenig Zeit ist, gebe ich alle Bilder in einen Ordner im Laptop und klicke die Funktion »Als Diashow anzeigen« an. Das hat nur den Nachteil, dass ich die Reihenfolge über den Dateinamen festlegen muss und keinen Einfluss auf die Übergänge habe.

Zwölf Bilder aus einer Diashow einer Trainerausbildung in Vietnam habe ich auf einer Seite zusammengefasst. Insgesamt bestand die Diashow aus 60 Bildern.

Die Diashow mit mindestens dreißig, besser aber mit rund fünfzig Bildern, zeige ich mit einer passenden Musik untermalt und richtig zelebriert (»Jetzt lehnen Sie sich bitte bequem zurück ...) ganz am Ende eines längeren Trainings. Die Hauptwirkung dieses Schlusses ist, einen deutlichen emotionalen Anker zu setzen, während das Seminar im Superzeitraffer noch einmal vorbeizieht.

Folgende Tipps zur Diashow möchte ich Ihnen mitgeben:

- Eine Seminarassistenz ist für die Vorbereitung einer Diashow Gold wert.
- Alle Teilnehmer sollten mindestens einmal vorkommen. Das ist nicht immer ganz einfach. Manche Leute verstecken sich konsequent beim Fotografieren.
- Eine Diashow ohne Lacher zwischendurch wirkt schnell fade. Trotzdem sollten die Fotos – auch wenn sie nicht in irgendeinem Protokoll auftauchen – für keinen Teilnehmer »peinlich« sein. Das nähme die Wirkung.

Die Bilder von Leuten und Situationen tragen die Stimmung und ankern emotional. Dazwischen richtig ins Bild gesetzt und drei Sekunden gezeigt, können auch wichtige Inhalte und Kernbotschaften auf diesem Weg noch einmal geankert werden.

Der ausgeschnittene Merkzettel: Ich gebe jedem Teilnehmer eine leere Moderationskarte und teile Scheren aus. Instruktion: »Nach den zwei Tagen haben wir jede Menge Plakate an den Wänden und den Pinnwänden. Gehen Sie herum und schneiden Sie sich ein Stück aus einem Plakat in der Größe einer Pinnwandkarte heraus, das Sie sich mitnehmen wollen. Anschließend sagen Sie uns bitte, woran Sie durch diesen Merkzettel erinnert werden wollen.«

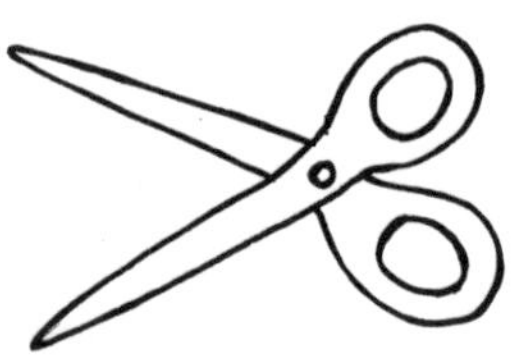

Vorher bringen die Teilnehmer und ich natürlich diejenigen Plakate in Sicherheit, die erhalten bleiben sollen. Viele Teilnehmer haben trotzdem etwas Scheu, sich ein Stück aus einem Plakat herauszuschneiden, und brauchen etwas Ermunterung.

Danach sitzen alle im Kreis, und die Begründung für die Wahl des Ausschnitts hole ich mit einem Blitzlicht ab. Natürlich mache ich bei diesem Schluss selbst mit. Die ausgeschnittenen Teile hängen an der Pinnwand bei mir im Büro. Diese Trainings und der spezielle Gedanke, den ich mit dem Merkzettel verbinden wollte, bleiben so noch über lange Zeit präsent.

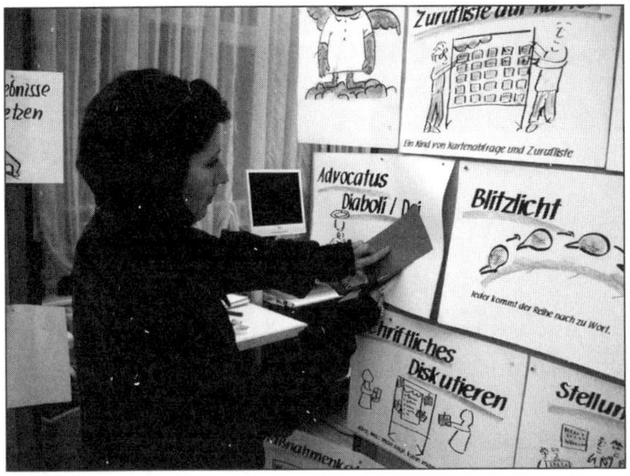

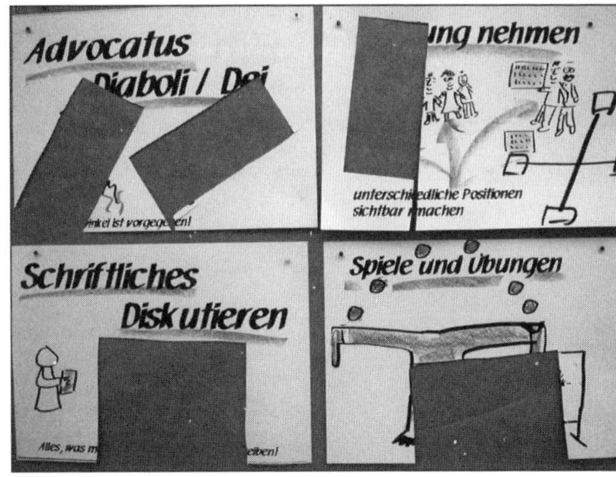

Die Teilnehmer schneiden sich »Erinnerungsstücke« aus Visualisierungen an der Pinnwand

Wer mehr über Schlüsse in Seminaren und anderen Veranstaltungen erfahren will, dem sei das spezielle Buch dazu empfohlen: Schlusssituationen von Karlheinz A. Geißler (^{4}2005).

Ein Lanze für Feedbackbögen

Am Ende eines Seminars, das auch nur einigermaßen gut läuft, entsteht oft eine eigentümlich euphorische Stimmung. Offensichtlich gibt es einen biologischen Automatismus, der Glücks- und Zufriedenheitshormone ausschüttet. Vergessen sind kritische Momente, zähe und langweilige Sequenzen oder Phasen, die an den Teilnehmern völlig vorbeigingen. Und genau in dieser »Alles Paletti-Stimmung« bekommen die Teilnehmer in der Regel die Beurteilungsbögen in die Hand gedrückt. Wen wundert es, wenn da viele Teilnehmer undifferenziert nur Bestbeurteilungen vergeben? Eine aussagekräftige Evaluation entsteht so nicht.

Das wirft die Frage nach Alternativen auf. Es gibt in der Pädagogik und in der Psychologie Messinstrumentarien zur exakten Erfassung der Qualität von Trainings und Seminaren. Allerdings sind die Instrumentarien, die ich kenne, sehr komplex und langwierig. Wenn die Evaluation eines Trainings aufwendiger ist als Planung und Durchführung des Trainings selbst, stimmen die Relationen nicht.

Evaluation einfach?

Die Forderung »Dann macht es halt einfacher!« stammt meist von Leuten ohne Erfahrung in der empirischen Forschung. Ich kann Aussagen über Veränderungen durch ein Seminar nur machen, wenn ich bei allen Teilnehmern den Zustand (Wissen, Einstellungen, Verhalten) vor und nach dem Training vergleiche. Weil das aber ohne umfassende Fragebögen und andere Instrumentarien schlecht möglich ist, entsteht beim Versuch, exakt zu messen, schnell ein ungeheurer Aufwand.

Das ist der Hauptgrund, warum sich hinter vielversprechenden Ausdrücken wie »Qualitätssicherung« oder »Bildungscontrolling« eben doch nur die Auswertung der Feedbackbögen verbirgt.

Verzichten möchte ich aber auf die Feedbackbögen nicht. Auch wenn sie keine »saubere« Evaluation liefern und ihr Aussagewert begrenzt ist, gibt es gute Gründe sie einzusetzen.

Fünf Gründe, Feedbackbögen am Seminarende zu nutzen

Pro Feedbackbögen

- Am Ende des Seminars haben Sie eine realistische Chance, alle Teilnehmer zu erwischen.
- Alle Eindrücke sind noch frisch. Die Bewertung wird kaum durch Faktoren außerhalb des Trainings verfälscht.
- »Ausreißer« in der Qualität lassen sich gut erkennen.
- Verzerrungen durch den Zeitpunkt am Ende lassen sich herausrechnen. Außerdem ist der Zeitpunkt für alle Trainer gleich.
- Alle Alternativen sind deutlich aufwendiger.

Fünf Gründe, Feedbackbögen am Seminarende zu misstrauen

Contra Feedbackbögen

- Persönliche Sympathie und Antipathie mischen sich mit sachlichen Bewertungen.
- Gemessen wird der »Euphorie«-Status, nicht der Lernerfolg.
- Feedbackbögen sind pauschal und wenig genau.
- Ein Training lässt sich erst mit zeitlichem Abstand beurteilen, wenn es gilt, Trainingsinhalte anzuwenden und umzusetzen.
- Die Fragebögen werden in der Regel zwischen Schlusswort und Abreise ohne Ruhe zum genauen Lesen und ohne Zeit zum Überlegen ausgefüllt.

Tipps für die Gestaltung von Evaluationsbögen

- Die Mischung bringt's. Neben der Einschätzung mit einer Ratingskala, die eine quantitative Auswertung und den Vergleich verschiedener Trainer möglich macht, sollte immer auch Raum für Kommentare sein (wie im Beispiel auf dieser Seite). Für mich als Trainer sind die Kommentare wichtig, für den Veranstalter das Rating.

IHK IHK-Akademie München ▪ Westerham
IHK für München und Oberbayern

Ihre Meinung ist uns wichtig!

Seminar:	«Seminartitel»	«Beginn» «Ende»	«Sem Nr»

Ihr Feedback hilft uns, unsere Seminare zu verbessern.

Bewerten Sie bitte nachfolgende Aussagen und nutzen Sie auch den Platz auf der Rückseite für Anregungen und Verbesserungsvorschläge.

«Trainer»

1 = „ich stimme voll zu", 2 = „ich stimme zu", 3 = „ich stimme teilweise zu", 4 = „ich stimme nicht zu", 5 = „ich stimme gar nicht zu"

Trainer	**1 – 5**
1. Der Trainer war fachlich kompetent.	☐
2. Die Seminarinhalte wurden verständlich vermittelt.	☐
3. Die eingesetzten Methoden und Medien waren hilfreich.	☐
4. Der Trainer hat die Teilnehmer aktiv in das Seminar eingebunden.	☐
Inhalt und Konzept	**1 – 5**
5. Die Seminarunterlagen sind übersichtlich und gut verständlich aufbereitet.	☐
6. Beispiele und Übungen waren hilfreich.	☐
7. Das Seminar ist für meine Praxis nützlich.	☐
8. Meine Erwartungen wurden erfüllt.	☐
9. Die Seminarzeit wurde effektiv genutzt.	☐
Umfeld	**1 – 5**
10. Das Ambiente des Veranstaltungsortes war gut.	☐
11. Das Seminar war von der IHK-Akademie gut organisiert.	☐
12. Mit Verpflegung und Service war ich zufrieden.	☐

Mein Gesamteindruck von diesem Seminar ist: sehr gut ☐ ☐ ☐ ☐ ☐ mangelhaft

Wie wurden Sie auf dieses Seminar aufmerksam?

☐ Seminar-Gesamtprogramm ☐ Faltblatt ☐ Empfehlung ☐ Internet ☐ Weiterbildungsinformationssystem (WIS)
☐ E-Mail-Letter ☐ IHK Magazin „Wirtschaft" ☐ Sonstiges: ____________

Bitte wenden!

Anregungen und Verbesserungsvorschläge

Was hat Ihnen gut gefallen?

Was hat Ihnen nicht gefallen? Welche Verbesserungsvorschläge haben Sie?

Welche Seminar-Themen soll die IHK-Akademie in ihr Programm aufnehmen?

Ihr Kommentar zum Seminar:

Ich bin damit einverstanden, dass mein Kommentar zum Seminar veröffentlicht werden kann. ____________ Unterschrift

Bitte Name und Firma angeben:

Name:

Firma

Wer ist in Ihrer Firma Ansprechpartner für Weiterbildung?

Name und Funktion:

Herzlichen Dank, wir freuen uns auf Ihren nächsten Seminarbesuch in der IHK-Akademie München ▪ Westerham

- Ratings mit Zahlen schaffen Probleme. Ist jetzt 1 wie bei den Schulnoten besonders gut oder besonders schlecht? Durch flüchtiges Lesen vor dem Ankreuzen kann sich eine Beurteilung in das Gegenteil verkehren. Wenn sich Zahlen nicht vermeiden lassen, ist vor der Auswertung eine Plausibilitätskontrolle notwendig.

- Den Wert des Ausfüllens hervorheben! Viele Seminarteilnehmer gehen davon aus, dass diese Beurteilungsbögen ohne Konsequenz bleiben, ja in der Regel gar nicht gelesen werden. Dem kann der Trainer beim Austeilen entgegenwirken.
- Das Seminarende ist wirklich der ungünstigste Zeitpunkt zum Ausfüllen der Bögen. Bei mehrtägigen Trainings lege ich den Bogen während der Mittagspause vor der abschließenden Nachmittagseinheit auf den Platz und gebe vor Wiederbeginn auch noch etwas Zeit. Es gibt regelmäßig Teilnehmer, die das Ende abwarten wollen. Das können sie dann auch.
- Zwei Seiten sind genug! Ich habe Feedbackbögen mit mehr als 50 Fragen gesehen. Die füllt niemand am Seminarende (und später schon gleich gar nicht) vernünftig aus. Zwei Seiten, die in maximal zehn Minuten – Zeit zum Nachdenken inklusive – zu bearbeiten sind, sind die Obergrenze.

- Die Aussagekraft realistisch einschätzen! Wir Trainer und die Trainingsabteilungen tun gut daran, die Aussagekraft der Feedbackbögen am Ende eines Trainings nicht zu überschätzen. Eine geschulter Beobachter, der das Training begleitet, kann die Qualität besser beurteilen als die Teilnehmer.
- Die Feedbackbögen beiseitelegen, die undifferenziert nur Bestnoten und keine Kommentare enthalten! Die Teilnehmer, die Differenzierungen vornehmen, einige Punkte besser, einige Punkte schlechter beurteilen und dann auch noch mit Kommentaren versehen, geben sich offensichtlich Mühe und geben uns Trainern Impulse zur Weiterentwicklung.
- Einen Fragebogen mit deutlichem zeitlichem Abstand zum Seminar ausfüllen zu lassen ist dann ratsam, wenn Langzeitwirkung und Transfer überprüft werden. Erfahrungsgemäß ist der Rücklauf dann geringer.
  Einige Firmen und Organisationen haben ein zweites Trainingsfeedback zwischen einem und sechs Monaten danach ritualisiert und gute Erfahrungen gemacht. Die späte Frage »Was hat das Training tatsächlich gebracht?«, fällt allerdings meist ernüchternd aus. Die Euphorie ist verflogen, der graue Alltag ist übermächtig und verdrängt die ernst gemeinten guten Transfervorsätze am Seminarende.

Protokolle – Nutzen für Teilnehmer und Trainer!

Viele Trainerinnen und Trainer verzichten auf das gute alte Seminarprotokoll als Dokumentation des Ablaufs mit Fotos und Text. Obwohl das Erstellen einer liebevollen Dokumentation eines Trainings immer aufwendig ist, möchte ich meine guten Erfahrungen mit Protokollen weitergeben. Die in diesem Kapitel abgebildeten sechs Seiten stammen aus einem Protokoll eines Moderationsseminars. Ich habe bewusst eine Dokumentation mit wenig ergänzendem Text ausgewählt, bei der sich der Zeitaufwand in Grenzen hält.

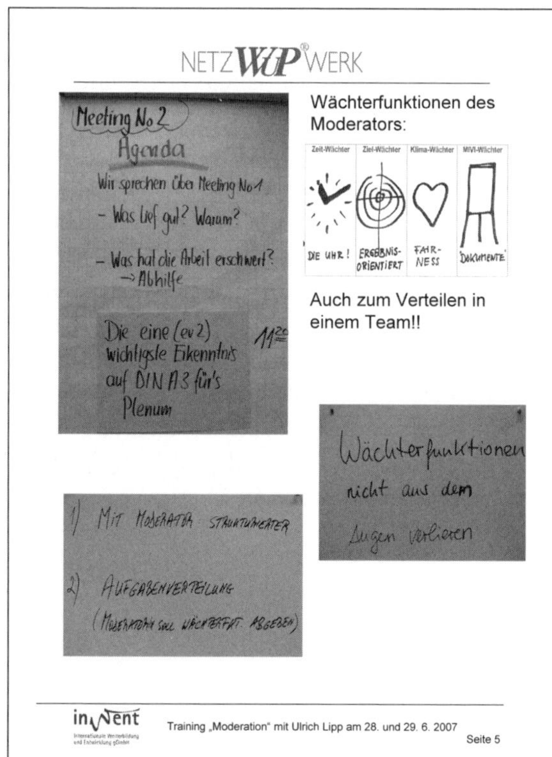

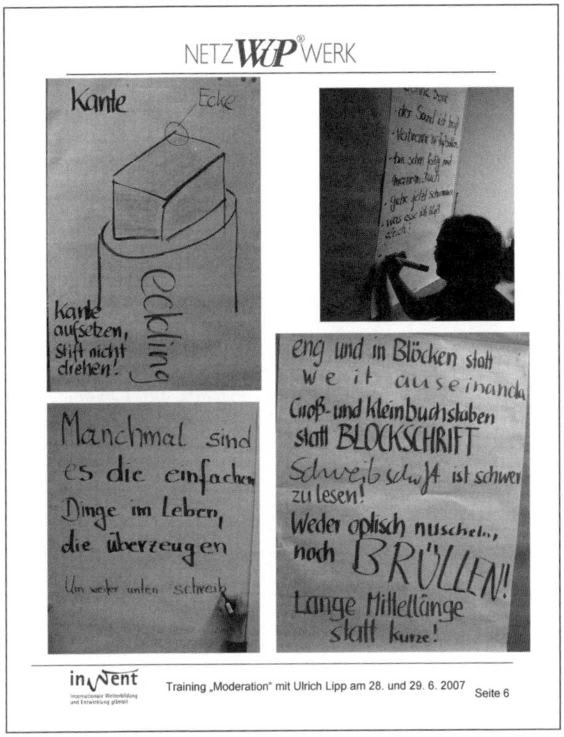

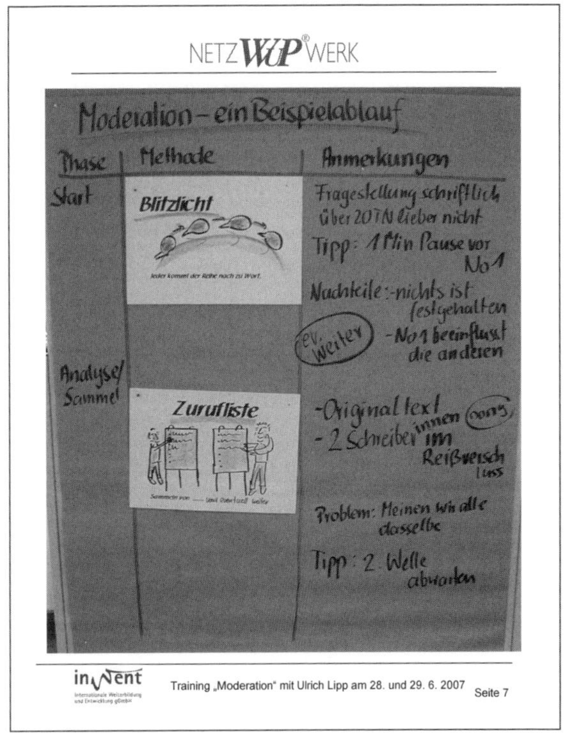

Der Trainer-Nutzen

- *Qualitätssicherung:* Beim Erstellen einer Dokumentation läuft das Training vor meinen Traineraugen mit allen Stärken und Schwächen noch einmal ab. Ein Vorteil ist eine gewisse zeitliche Distanz. Das ist eine gute Basis für Optimierungsideen und Weiterentwicklung.
- *Dokumentation:* Ich führe im Gegensatz zu vielen Kollegen selten das gleiche Seminar öfter durch. Trotzdem schätze ich alte Protokolle von ähnlichen Seminaren als Grundlage der Planung. Protokolle sind mir da fast wichtiger als die ursprünglichen Planungsunterlagen. Sie zeigen das Seminar, wie es tatsächlich abgelaufen ist.
- *Werbung:* »Schöne« Protokolle mit persönlichem Charakter sind gute Werbeinstrumente. Auftraggebern, die ja in der Regel nicht auch Teilnehmer sind, zeigen sie neben den Feedbackbögen der Teilnehmer, was gelaufen ist. Manchmal nehme ich sie (anonymisiert) in Aquisegespräche mit, um zu zeigen, wie so ein Training schon einmal abgelaufen ist.

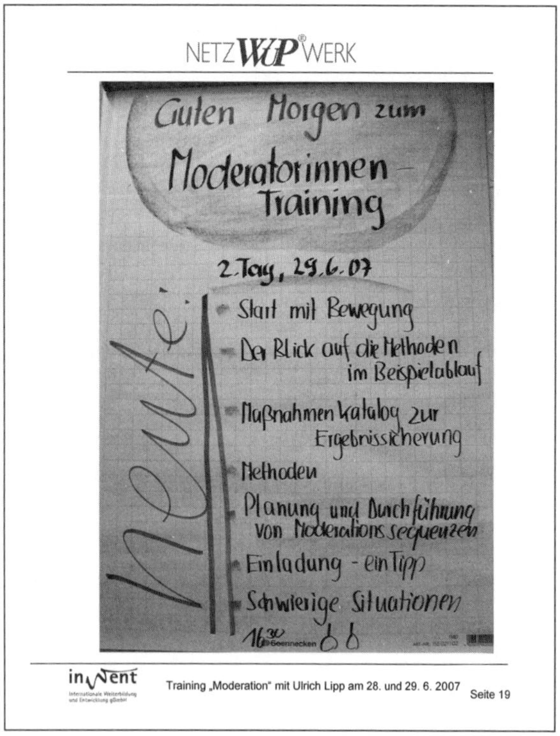

Der Teilnehmer-Nutzen

Die meisten Teilnehmer wissen meine Protokolle zu schätzen. Immer wieder bekomme ich E-Mails mit einem speziellen Dank für die Dokumentation.

Das Protokoll gibt im besten Fall das Training so wieder, dass die Teilnehmer beim Durchblättern das Training noch einmal erleben können. Das kommt zwar nicht an die selbst verfasste Mitschrift heran, aber enthält auch durch die Bilder die Schlüssel zum Gedächtnis: »Wie haben wir das damals gemacht? Ah ja, so ging das! Daran muss ich denken!«

So hilft das Protokoll, wenn ein Teilnehmer gezielt nachblättert. Wenn wir das Protokoll so gestalten, dass die Teilnehmer es auch einmal ohne gezielte Fragestellung durchblättern, erreichen wir den für das Behalten so wichtigen Wiederholungseffekt im zeitlichen Abstand.

Das verlangt eine Gestaltung, die zum in die Hand nehmen und Durchblättern oder zum Öffnen und Ausdrucken der Datei einlädt. Dazu mehr in den Protokolltipps.

Protokolltipps

- Fotos, auf denen auch Teilnehmer im Training abgebildet sind, machen Protokolle attraktiver und unterstreichen den Erlebniswert des Seminars. Schade nur, wenn ein Teilnehmer sich im Protokoll vergeblich sucht, ein anderer aber fünfmal abgebildet ist.
- Wie weit Protokolle verbreitet werden, ist unkontrollierbar. Als Trainer ist man ja auch nicht traurig, wenn Dokumentationen nicht nur für den engen Teilnehmerkreis erstellt werden. Deshalb verzichte ich auf alle Schnappschüsse, auf denen Teilnehmer irgendwie in alberner Pose oder beim abendlichen Bier zu sehen sind.
- Fotos allein reichen selten aus. Oft sind Kommentare und Erläuterungen nötig, damit sich Teilnehmer auch noch später erinnern können, in welchem Zusammenhang das Bild entstanden ist.
- Ergänzungen in Textform lasse ich oft von Teilnehmern machen (s. auch der Tipp »Ein fauler Trainer ist ein guter Trainer«, S. 74). Jeweils eine Gruppe bekommt den Auftrag, einen halben oder einen ganzen Tag zu protokollieren. Das sollten nie mehr als eine bis zwei Seiten werden. »Notieren Sie alles, was Sie für sich festhalten wollen!«
  Diese Aufgabe ist nicht beliebt, aber lernwirksam. Mitschreiben schafft Aufmerksamkeit und Wiederholungsschleifen. Die Fotos von Visualisierungen schließe ich dann an diese Texte an. Sie in die Texte zu integrieren hat sich nicht bewährt, weil die Teilnehmer den Text dann nicht mehr als ihren wahrnehmen.
- Wer fix ist, kann Protokolle einen Tag nach Seminarende verschicken. Wer einen Assistenten hat, kann das Protokoll schon am letzten Tag verteilen. Beides hat sich nicht bewährt. Das wird als netter Service geschätzt, hat aber keine zusätzliche Funktion im Lernprozess. Zwei bis drei Wochen nach Trainingsabschluss ist der optimale Zeitpunkt. Da beginnt die Erinnerung an das schönste Seminar im grauen Alltag zu verblassen. Da kommt die E-Mail mit der Dokumentation, oder es kommt die Post, und die Erinnerungen werden aufgefrischt. Nur wenn jemand die Dokumentation sofort braucht, weil er damit arbeiten muss, bekommt er sie früher.

- Aufwendig, aber sehr hilfreich sind Trainingstagebücher. Manche Auftraggeber verlangen zur Dokumentation ohnehin detaillierte Berichte, die dann aber nur ganz wenige Personen überhaupt anschauen. Ich schreibe diese Berichte inzwischen nicht nur für den Auftraggeber, sondern für die Teilnehmer. Da kann ich ergänzende Tipps geben, Botschaften, die nicht richtig ankamen, noch einmal schärfen, ermuntern, loben ... Wenn diese Tagebücher wirklich als Tagebücher geschrieben sind, werden sie auch gerne gelesen.

Dienstag, 10. April

Am Montagabend erkläre ich laut und deutlich für alle: Ich will noch mehr Teilnehmeraktivität und weniger Vortrag gerade bei der Erklärung der Methode. Frau Mai, die am Dienstag beginnt, spreche ich deswegen noch einmal extra an, ohne nachzuschauen, welches Thema sie macht. Sie hat das Thema Vortrag. Vermutlich habe ich sie etwas irritiert.

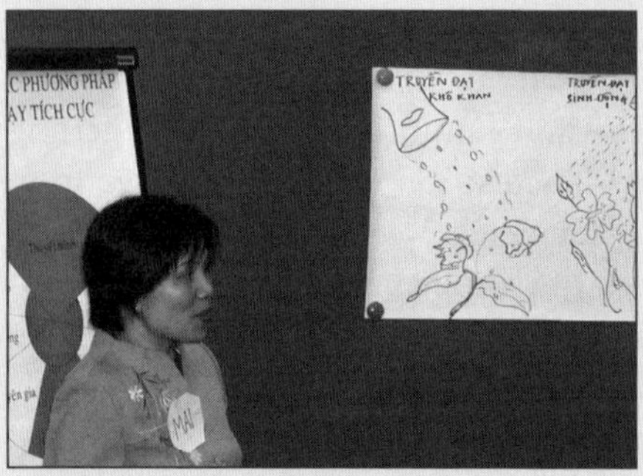

Ich freue mich aber über ihre Stunde. Sie hält eine Unterrichtseinheit über die Methode »Vortrag« ohne Vortrag. Natürlich gibt es da auch Erklärungen von ihr, bei denen sie einmal fünf Minuten am Stück spricht, aber das ist nie länger und selten.

Klar wird bei ihrer Stunde: Auch wenn die Dozenten die aktiven Methoden kennen, bestehen immer noch zwischen 75 Prozent und 99 Prozent des Unterrichts aus Vortrag. Frau Mai baut Blitzlicht, Kartenabfrage, Lehrgespräch, ein Spiel und Gruppenarbeit so geschickt in ihren Unterricht ein, dass niemals der Eindruck entsteht, da wird mit Methoden nur gespielt. Das war wirklich ein effektiver Methodeneinsatz. Die Teilnehmer haben mit aktiven Methoden gelernt, wie sie ihren Vortrag verbessern können.

Kurzer Auszug auf einem Tagebuch für die Teilnehmer eines Train-the-Trainer-Prüfungsmoduls in Vietnam

- Protokolle erstellen wird leicht zum Zeitfresser, besonders, wenn man zur Layoutperfektion neigt. Eine immer wiederkehrende, aber durchaus mit ganz persönlichem Touch versehene Vorlage (s. auch Beispiele auf S. 182) spart Zeit. Ich verzichte auch auf große Bildbearbeitung in einem eigenen Programm. In eine Word-, Publisher- oder PowerPoint-Datei (je nach Textumfang) einfügen, zuschneiden, eventuell aufhellen – das muss reichen.

- Verwende ich PowerPoint im Training, dann füge ich zumindest die erste Folie oder eine andere wichtige Seite ein, damit dieser Teil im ganzen Ablauf mitdokumentiert wird.
- Ich verschicke meine Protokolle per Mail. Auch große Dateien lassen sich in pdf-Dateien mit geringerer Datenmenge (bis 3 MB) umwandeln und in der Regel problemlos versenden. Aufwendiger, aber wirkungsvoller ist ein per Post verschickter und gebundener Farbausdruck. Eine Datei landet schnell in irgendeinem Ordner. Ein Papierprotokoll ist inzwischen schon so antiquiert, dass es durchaus wieder modern ist. Mir ist es trotzdem meist zu viel Aufwand.

Prüfungstipps

Auch ich hatte lange Vorbehalte gegen Prüfungen am Ende von Fortbildungsmaßnahmen. Meine Aversion hatte viel mit der Scheu zu tun, mit Prüfungen bei den Teilnehmern Assoziationen mit Schule und Universität zu wecken. Mit der Ankündigung (oft »Androhung«) von Prüfungen ändert sich der Charakter der Lernprozesse: Der »Sinn« des Lernens ist das möglichst gute Abschneiden und nicht die dauerhafte Erweiterung des Wissens und Könnens.

Unverkrampfter Umgang mit Prüfungen

In anderen Lernkulturen ist Erwachsenenlernen ohne Prüfung undenkbar. Ich kann mich noch gut an einen mehrteiligen Methodenlehrgang an der Ho-Chi-Minh-Akademie in Vietnam erinnern. Die Teilnehmer waren zu drei Viertel altgediente Professoren. Deshalb machte ich ihnen den Vorschlag, doch auf eine Prüfung mit Beurteilung nach dem zehnstufigen Notensystem vietnamesischer Schulen zu verzichten. Ich erntete entrüstete Proteste: Nein, besonders die Professoren wollten geprüft werden und am Ende ein Zertifikat erhalten, auf dem die Note mit zwei Stellen hinter dem Komma dokumentiert ist.

Viele meiner Teilnehmer müssen selbst Prüfungen abnehmen oder auf Prüfungen vorbereiten: Prüfungen zum Gefahrguttransporteur, Meisterprüfungen, Prüfungen in Anatomie für Medizintechniker. Hier zweifelt auch niemand am Sinn der Prüfung. Ich möchte keinem Gefahrgutfahrzeug auf der Straße begegnen, dessen Fahrer sich nicht einer Prüfung unterzogen hat, wie er seine Ladung sicher transportiert und was er im Notfall zu tun hat. Prüfungen können in ganz positivem Sinn Lernanreiz sein, Kontrolle für den Lerner und Feedback für den Trainer, inwieweit seine Lernziele erreicht sind.

Multiple Choice. Methodisch hat sich bei vielen Prüfungen das Multiple-Choice-Verfahren durchgesetzt. Inzwischen hat sich auch herumgesprochen, dass man Mehrfachwahlaufgaben in allen Schwierigkeitsstufen und damit sehr anspruchsvoll konstruieren kann. Ein Problem wird oft verkannt: Gibt es nur drei Antwortmöglichkeiten (bei einer richtigen Lösung), ist die Zufallswahrscheinlichkeit schon bei über 30 Prozent. Lässt sich dann noch eine Antwortmöglichkeit ausschließen, weil sie ganz offensichtlich falsch ist, liegt der Prüfling, der dann ohne profundes Wissen einfach zufällig ankreuzt, zu 50 Prozent richtig. Wer anspruchsvolle und korrekturfreundliche Multiple-Choice-Aufgaben unter Vermeidung der vielen Fehlerquellen erstellen will, findet wertvolle Tipps im Internet (s. auch Gronlund 1998).

Multiple-Choice-Aufgaben sind heute in Form von Quizshows (»Wer wird Millionär?«) nicht nur salonfähig, sondern auch ohne Moderator Günther Jauch beste Unterhaltung.

Kreuzen Sie richtige Antworten an!

Welche Aussagen gelten für Multiple-Choice-Aufgaben?

- ◯ Distraktoren, die niemand ankreuzt, sind überflüssig
- ◯ Vier Antwortmöglichkeiten sind Minimum.
- ◯ Positive formulierte Aussagen sind besser als negative.
- ◯ Mehrere richtige Lösungen erhöhen die Schwierigkeit.

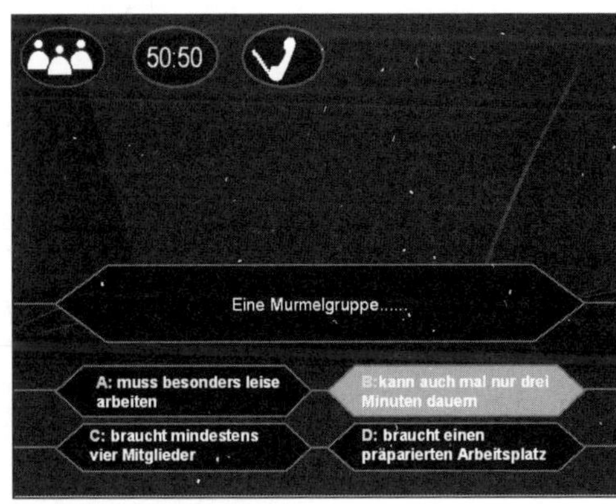

Erwachsenengerechte Klausuren. Bei Trainerausbildungen an Universitäten sind Klausuren Pflicht. Als ich so ein Modul (Thema Präsentation und Moderation) übernahm, hörte ich als Erstes die laute Klage der erwachsenen Teilnehmer: »Alle bisherigen Klausuren fragten im Kern nur auswendig gelerntes Wissen ab. Auswendiglernen und dann wieder vergessen, passt nicht zu einer Ausbildung, bei der moderne Didaktik im Zentrum steht.« Die Teilnehmer hatten Recht! Also gingen wir als Trainer daran, eine Klausur zu entwerfen, die den hohen Ansprüchen der Teilnehmer dann auch genügte.

Die Vergabe der Punkte auf die Antworten durch zwei Trainer erwies sich als weniger kompliziert und langwierig als gedacht. Der Notenschlüssel (= Umrechnung der Punkte in eine Zensur) war von der Universität vorgegeben. Wir diskutierten nur Arbeiten, bei denen wir uns als Prüfer in der Endabrechnung um eine Notenstufe unterschieden.

Die Teilnehmer schätzten vor allem Aufgaben wie die letzte im folgenden Beispiel, bei denen nicht nur Wissen abgefragt wurde, sondern deren Bearbeitung ihre Weiterentwicklung unterstützt.

Erwachsenengerechte Klausur – drei Beispielaufgaben

1. **Ein erfolgreicher Verkäufer soll als Präsentation in einem Seminar seine Erfahrungen und Erfolgsgeheimnisse an Nachwuchsverkäufer weitergeben. Das ist seine erste eigene Fortbildung, deshalb ist er unsicher und bittet um Rat.**

Liebe ...-Präsentationsspezialisten,

Verkaufsgespräche liegen mir viel näher als Seminare. Deshalb möchte ich Ihnen meine Ideen vorstellen und bitte Sie, mir zu sagen, ob das so in Ordnung ist.
Mein Thema ist das optimale Verkaufen. Ich habe zwar viel Erfahrung, aber werde mich noch durch zehn Bücher fit machen, die Leute haben ja schließlich auch das Recht auf Theorie. Diese Präsentation in einem Seminar ist ja keine Festansprache, deshalb kann ich ohne großes Tamtam zum Start gleich mit dem ersten Punkt anfangen. Das kommt mir entgegen, denn allein, wenn ich an meine eigenen Erfahrungen denke, habe ich etwa zehn Hauptpunkte, dazu kommt noch die Theorie. Das ist zwar viel, aber so einen Vortrag von 90 Minuten am Stück kann ich den Leuten in einem eintägigen Seminar ja zumuten.
Zur Visualisierung werde ich eine PowerPoint-Präsentation vorbereiten. Die Teilnehmer erhalten diese Folien als Unterlagen am Anfang des Seminars ausgehändigt. So können sie zu Hause auch noch nachschlagen. Unsicher bin ich mir mit Zwischenfragen. Am liebsten wäre mir, nicht unterbrochen zu werden, denn ich habe etwas Angst, nicht alle Fragen beantworten zu können. Wo ich mir auch nicht sicher bin, ist die Frage des Verankerns. Ich kann mir ja bei Vorträgen herzlich wenig behalten. Da sollen es meine Teilnehmer besser haben! Ich weiß nur nicht, wie ich das anstelle.

Ich freue mich auf Ihre Antwort!
Ihr Alfred Münsterer

Schreiben Sie bitte Herrn Münsterer einen Antwortbrief und geben Sie ihm professionelle Hilfe! (8 Pkte)

2. So führte ein Kollege eine Kartenabfrage durch:

Im Laufe eines Workshops, in dem mit 15 Mitarbeitern Möglichkeiten der Entspannung am Arbeitsplatz erarbeitet werden sollen, macht der Moderator eine Kartenabfrage, um die bei den Teilnehmern, schon vorhandenen Ideen und Erfahrungen zu sammeln. Die Fragestellung (»Womit haben Sie gute Erfahrungen gemacht?«) wiederholt er dreimal. Damit erübrigt sich auch das Aufschreiben.
Als Einführung in die den meisten nicht vertraute Arbeitstechnik, teilt er Filzstifte aus und bittet die Teilnehmer, groß zu schreiben. Die Teilnehmer schreiben in Minigruppen ihre Ideen auf die Karten und heften sie ganz ungeordnet an. Der Moderator bittet alle Teilnehmer vor die Pinnwand und klärt unverständliche Karten (Loreleykarten). Anschließend würdigt er die besten zehn Ideen und Erfahrungen, bevor er als nächsten Schritt das Ordnen der Karten ankündigt.

Geben Sie dem Kollegen bitte 3 Tipps zur Optimierung mit Begründung. (6 Pkte.)

3. Meine persönlichen Stärken als Moderatorin/Moderator und mein nächster Entwicklungsschritt in der Moderation (6 Pkte.)

Verhalten prüfen: Lehrproben. Die in diesem Kapitel am Anfang erwähnten vietnamesischen Professoren wurden nicht in Theorie geprüft. Sie mussten eine 90-minütige Unterrichtssequenz in einem echten Methodentraining für Dozenten vorbereiten und durchführen. Die Beurteilungskriterien wurden vorher festgelegt und bekannt gegeben. Eine Jury aus fünf Beobachtern verfolgte den Unterricht unabhängig voneinander. Jeder schätzte die einzelnen Kriterien auf der in Vietnam üblichen zehnstufigen Notenskala individuell ein. Natürlich gab es Unterschiede, die sich aber in der Summe nur selten auswirkten.

Beim anschließenden Feedbackgespräch fragte ich die geprüften Professoren immer wieder vorsichtig, wie sie die Prüfung sehen. Dass sie geprüft wurden, fanden sie völlig normal. Dass ihre Kollegen zuschauen konnten, nahmen sie als Herausforderung. Der Tenor war: Wir wurden gezwungen, ein uns gestelltes Thema in einem modernen Unterricht zu vermitteln. Das ist gut so, weil wir zeigen können, was wir können.

Inzwischen schätze ich Prüfungen. Ich sehe in den Prüfungsaufgaben und Lehrproben sehr genau, wo mein Unterricht noch Schwächen hat. Die Teilnehmer wollen meinen Ansprüchen in der Prüfung genügen. Tun sie das nicht und tauchen die gleichen Schwächen bei mehreren Prüflingen auf, kann das eigentlich nur daran liegen, dass ich bestimmte Inhalte nicht ausreichend transportieren konnte.

Trainings im Ausland

Ins Reisegepäck: Offenheit und Respekt

Was löst die Ankündigung eines Seminars am anderen Ende der Welt beim Trainer aus? »Oh Gott, auch das noch!« oder »Prima, nichts wie hin!« Meine Erfahrung: Ob und wie ein Trainer im Auslandseinsatz zurechtkommt, hängt von der Haltung und den Erwartungen ab, mit denen er hinfährt. Wer in Afrika, Asien oder Amerika Seminarhotels wie bei uns mit der gewohnten Ausstattung, seminargewohnte Teilnehmer und eine perfekte Organisation erwartet, kann nur enttäuscht werden. Er wird fehlende Pinnwände, zu kleine Räume, organisatorisches Chaos und ungeeignete Teilnehmer beklagen, unzufrieden sein und bleiben.

Diesem Trainer mit seiner negativen Grundhaltung bleiben die vielen neuen Eindrücke, die Besonderheiten und Chancen einer fremden Lernkultur verschlossen.

Neugierde und Offenheit

Meine Einstellung bei meinem ersten Training »weit weg« war eine andere. Ich sollte nach Vietnam fahren, um dort in mehreren Modulen Multiplikatoren (»Master-Trainer«) für aktivierende Lehrmethoden an staatlichen Verwaltungsschulen auszubilden. Ich wurde von Kollegen und Experten gründlich gebrieft. Meine vietnamesischen Partner hatte ich schon in Deutschland kennengelernt. Von daher erwartete ich nicht europäischen Standard, aber viel Unterstützung von der vietnamesischen Seite.

Ich war in erster Linie sehr neugierig und offen für das, was auf mich zukommen sollte. Für mich war der Vietnameinsatz kein Training unter erschwerten Bedingungen, sondern ein exotisches »Zuckerl« in meinem Trainerleben.

Lernzuwächse für den Trainer

Ich wollte nicht nur Wissen weitergeben und unsere Erfahrungen anbieten, sondern auch selbst lernen. In diesem Buch finden sich eine ganze Menge von Tipps, die ich aus Asien und Afrika mitgebracht habe. Ich entdeckte die Vorzüge des Mitschreibens neu (s. S. 212) und lernte ungewöhnliche Übungen und Spiele (s. S. 145) kennen. Einschränkungen und Grenzen, die bei uns diskutiert werden, sind plötzlich alltägliche Rahmenbedingungen: Da gab es Fachunterricht für 100 Teilnehmer in einem Raum und dann Rollenspiel, Lehrgespräch und Gruppenarbeit sinnvoll in einer 45-Minuten-Einheit eingesetzt. Das liefe bei uns schon unter der Rubrik »Geht nicht! Gibt's nicht!«

Ich betrachtete plötzlich unsere europäische Lern- und Seminarkultur durch eine andere Brille mit einer Perspektive aus Vietnam und Namibia. Viel von dem ganzen Seminar-Schnickschnack ist eigentlich überflüssig. Ich brauche keine sechseckigen Karten und Klebepunkte mit Smileys drauf, Visualisieren geht auch viel einfacher mit DIN-A4-Papier und Stiften. Gerade in Afrika habe ich die Gelassenheit der Kolleginnen und Kollegen schätzen gelernt, die den Trainings eine wunderbare Lockerheit geben. Ich weiß jetzt: Wir sehen viele Dinge, die das Training betreffen, viel zu verbissen.

Flexibilität

Der Trainer im Ausland muss improvisieren können. Das gilt nicht nur für das Material und die Ausstattung. Wer zu sehr an seiner in Deutschland erstellten Planung hängt und nicht flexibel ist, kann die Chancen und Möglichkeiten, die sich in fremden Lernkulturen oft ganz unerwartet auftun, nicht nutzen.

Beispiel: Die Entstehung der Praxistage. Die Verwaltungsschulen, für die das Train-the-Trainer-Projekt in Vietnam gedacht war, kannte ich nur vom Erzählen. Während des ersten Trainings in einem Tagungshaus hörte ich immer wieder von den erschwerten Bedingungen in diesen Einrichtungen. Das woll-

Improvisation: Ein Tisch wird zur Pinnwand

Flexibilität: Auch da funktioniert die Gruppenarbeit

te ich sehen und erleben. Kurzerhand schlug ich vor, einen Seminartag vom Trainingshaus in eine Verwaltungsschule zu verlegen. Was bei uns trotz guten Willens kaum zu organisieren wäre, in Vietnam ging es: Zwei Tage später war das ganze Seminar an einem Originalschauplatz. Wir schauten uns dort Unterricht vom besten Mann der Schule an (ein spitzenmäßiger Lehrvortrag über 45 Minuten). Dann probierten wir aus, was an aktivierenden Methoden unter den Gegebenheiten geht und was nicht.

Natürlich musste ich wegen dieses »Praxistags« Inhalte streichen, aber das machte die bei den Teilnehmern aufkeimende Erkenntnis wett: Aktivierung, das geht ja tatsächlich und auch unter unseren Bedingungen. Der Praxistag ist übrigens feste Einrichtung in all den folgenden Modulen geblieben.

Respekt und Wertschätzung

Respekt und Wertschätzung sind viel wichtiger als das Wissen darüber, ob man nun die Visitenkarte in Asien mit einer oder mit zwei Händen überreicht oder ob man jemanden zum Abschied umarmen darf.

Diese grundsätzlichen Haltungen eines Trainers zu seinen Teilnehmern gelten überall auf der Welt. Auch in fremden Lernkulturen sind sie die notwendige Basis für den Kontakt zu den Teilnehmern und Kollegen. Wenn mein Gegenüber spürt, dass ich ihn achte, dass ich mit ihm auf einer Augenhöhe bin und nicht arrogant von oben auf ihn herabblicke, dann darf ich auch Fehler machen. Er wird darüber hinwegsehen, wenn ich die Visitenkarte falsch überreiche und ihn ganz unüblicherweise herzlich umarme. Oder er wird mit mir ganz offen sprechen, weil er glaubt, mir so helfen zu können.

Don't be afraid of running trainings in foreign languages!

For many years I refused to run trainings in English. I learned English at school many years ago and English wasn't my favourite subject, not at all. So I thought my English would be too basic to run whole trainings and workshops.

I worked in Asia with an interpreter. One day I got an offer: You could run the same ToT-course (Training of Trainers) in Southern Africa, but without any interpreter. I love Africa and the Africans, so I agreed. But how could I improve my poor English?

Don't care about mistakes!

I booked a one week course in a language school in Dublin. In the morning I studied in a little group of five and every afternoon I had one teacher for myself. I came to Dublin well prepared with thousands of questions concerning my course in Namibia.

My fear of making mistakes was a big problem. I spoke very slowly always thinking about the right pronunciation and the right order of words.

The second afternoon my teacher Seamus Molony told me: »Ulli, they don't pay you for speaking good English!« This was the break through. I got it: From this moment I could speak English all day long because I didn't care about my mistakes.

Working in Asia and Africa I even realised some advantages of my basic English:

- English wasn't the participant's mother tongue. A perfect English with elaborated vocabulary would be too difficult for those attending the course.
- I was forced to explain very complicated things with my basic English. Everybody could understand these complicated things easily.

Glossare für Fachbegriffe

Jedes Training braucht Fachbegriffe. Sie müssen sehr genau übersetzt werden. Dazu wird am besten im Vorfeld ein Glossar erstellt, das die wichtigsten Fachbegriffe in beiden Sprachen enthält. Der Trainer achtet darauf, dass er für einen deutschen Begriff immer denselben Begriff in der Fremdsprache verwendet. Oft gibt es für ein deutsches Wort eine ganze Reihe von Begriffen in der anderen Sprache, die sich meistens um Nuancen unterscheiden. So gibt es für »(Lern-)Ziele« im Englischen »target«, »goal«, »purpose« und »objective«. Wir haben uns entschieden, Lernziele ausschließlich mit »objective« oder »learning objective« zu übersetzen, um Verwirrung zu vermeiden. Diese Entscheidungen müssen aber vor dem Training fallen, sie gehören in die Vorbereitung.

Ich will noch zwei Beispiele anfügen, die aus unserem didaktischen Fachchinesisch stammen.

- Das Wort »*Didaktik*« in der Bedeutung »Wissenschaft vom Lehren und Lernen« gibt es offensichtlich in vielen Sprachen nicht. Jedes Lexikon bietet als Übersetzung »didactics« an. Dieser Ausdruck ist allerdings wenig gebräuchlich und hat einen negativen Beigeschmack: »To be didactic« meint, sich lehrerhaft benehmen. Ist es nicht besser, Didaktik gleich mit »science of teaching and learning« zu übersetzen?
- Die Methode *Lehrgespräch* haben unsere vietnamesischen Dolmetscher auf die Schnelle mit dem gebräuchlichen Wort »Hoi dap« übersetzt. Das heißt wörtlich übersetzt »Frage und Antwort«. Jetzt erkläre ich den Teilnehmern im Training: Es gibt beim Lehrgespräch (Methode Frage und Antwort) auch andere Wege, die Leute zum Reden zu bringen, als durch Fragen.« Das kann nur zur Verwirrung führen.

Deshalb empfehle ich allen Kollegen, die mit oder ohne Dolmetscher in fremden Sprachen arbeiten, ein Glossar, das die Fachbegriffe enthält. So ein Glossar muss im Vorfeld erarbeitet werden und braucht die Zusammenarbeit mit Leuten, die in der fremden Sprache fachlich absolut fit sind. Das ist oft gar nicht so einfach.

Gottlob ist das Erstellen von Glossaren nicht immer so schwierig wie bei diesen beiden Beispielen. In der Medizin und Technik entwickelt sich ja ohnehin eine internationale Begrifflichkeit. Trotzdem würde ich bei keinem Seminar im Ausland auf ein Glossar verzichten.

Wichtig sind Glossare auch, wenn sich der Trainer und Dolmetscher auf ein Seminar vorbereiten.

Mit Dolmetscher

Das erste Training mit Dolmetscher machte mir im Vorfeld Kopfzerbrechen. Kann ein anderer Mensch überhaupt rüberbringen, was ich sage? Geht nicht die ganze Körpersprache verloren und damit die ganze Lebendigkeit? Wird der Dolmetscher überhaupt verstehen, was ich sage? Dauert das alles nicht furchtbar lang?

Auch bei Energizern ist der Dolmetscher gefragt

Es geht ganz einfach!

Das Kopfzerbrechen war überflüssig. Bei meinem »ersten Mal« in Vietnam nahmen mich zwei versierte Dolmetscher, Herr Hung und Herr Hoai, unter ihre Fittiche. Ich sollte einfach nur reden, sie würden alles andere schon machen. Ich fing also mit dem Training an, Hung wie ein Schatten neben mir, nur ein wenig versetzt nach hinten. Am Anfang redete ich nur in Halbsätzen. Hung sagte mir, ich solle ruhig ganze Sätze und durchaus mehrere hintereinander sprechen. Immer nach ein paar Sätzen übersetzte er, ohne mich abrupt zu unterbrechen. Das ging nach einer halben Stunde wirklich wie geschmiert, obwohl Hung, wie er mir später erzählte, mit meiner bayerischen Sprachfärbung anfangs schon seine Schwierigkeiten hatte. Wenn ich lauter sprach, tat er das auch. Wurde ich langsam und leise, brachte er das ebenfalls in der Übersetzung. Am zeitversetzten Lachen der Teilnehmer konnte ich auch beobachten, wie die Pointen sitzen.

Bei Feedbacksitzungen weicht der Dolmetscher nicht von der Seite des Trainers

Im Laufe der Jahre wurde aus diesen Anfängen ein fast blindes Verstehen. Wertvoll macht die Arbeit der beiden Dolmetscher nicht nur die Übersetzung. Da gibt es Kommentare dazwischen wie »Für die ist das ganz fremd. Erkläre das noch genauer!« oder »Das ist gut angekommen!« Ich kann bitten: »Geh mal zu den Gruppen und schau, ob sie Hilfe brauchen!«, oder fragen: »Warum tun die sich mit dieser Methode so schwer?«

Ich habe später auch mit anderen Übersetzern gearbeitet, die nicht so firm mit der deutschen Sprache waren. Da leidet die Qualität eines Training sehr.

Erlebnisse mit Dolmetscher Hoai

Dolmetscher Hoai in Aktion

- Hoai unvermittelt beim Übersetzen ins Deutsche: »Der ist echt gut.« »Das gefällt den Leuten!« oder »Das ist todlangweilig!«
- Teil meines Feedbacks an eine Teilnehmerin: »Frau Chou, Sie sprechen sehr schnell, fast wie ein Maschinengewehr, aber auch ein Maschinengewehr braucht Zeit zum Nachladen.« Hoai übersetzt, die Teilnehmer kringeln sich vor Lachen. Da frag ich nach, weil so lustig war ja mein Feedback nicht. Hoai: »Weißt du, die Leute hier waren ja noch fast alle im Krieg und kennen die russischen Maschinengewehre, die sehr heiß wurden. Wir haben nachgeladen und durch Draufpinkeln gekühlt. Ich habe zu Frau Chou gesagt: ›Sie reden wie ein Maschinengewehr, aber auch da ist eine Pause zum Nachladen und Draufpinkeln nötig.‹«
- Ich verhasple mich in einem Satz ganz fürchterlich und will gerade noch einmal neu ansetzen, damit es verständlich wird. Da fängt Hoai an und redet und redet und redet. Als ich ihn frage, was er denn gesagt habe, meint er: »Weißt du, ich habe nur gesagt, was du gedacht hast.«
- Hoai beim Dolmetschen in einer Prüfungskommission, in der wir Zensuren für Lehrproben diskutieren: »Ich möchte jetzt meine Position als Dolmetscher kurz verlassen und anmerken, dass ich diese Note für ungerecht halte. Der Prüfling war besser, nicht schlechter als der vorher!«

Hier wird deutlich: Der Dolmetscher geht mit, nimmt Anteil, wird im positiven Sinn zum Co-Trainer. Das unterscheidet ihn auch angenehm von Übersetzungscomputern in Menschengestalt, die mechanisch ohne Anteilnahme von einer Sprache in die andere übertragen.

Meine Tipps für die Arbeit mit Dolmetschern

Der Dolmetscher als Schatten

- Tun Sie so, als könnten Ihre Teilnehmer Sie verstehen, wenn Sie Deutsch sprechen. Halten Sie genauso Blickkontakt und sprechen Sie nicht zum Übersetzer. Halten Sie auch während der Übersetzung Blickkontakt zu den Teilnehmern!

- Das Übersetzen ist eine äußerst anstrengende Arbeit. Im Training habe ich meistens zwei Dolmetscher, damit es auch einmal Entspannungsphasen gibt. Der zweite Dolmetscher schreibt daneben auch Plakate in der Landessprache. Bei Gruppenarbeiten betreuen beide die Gruppen.
- Machen Sie mit dem Dolmetscher einen kleinen Schreibkurs auf Flipchart und Pinnwand, weil er ja die Plakate schreiben soll. Bewährt hat sich, den deutschen Text mit Bleistift klein auf die Plakate zu schreiben. Der Dolmetscher schreibt dann mit Filzstift groß, aber der deutsche Text bleibt sichtbar.
- Ein heikler Punkt sind immer schriftliche Arbeitsaufträge für Gruppenarbeiten. Das ist schon deshalb schwierig, weil in »Frontalkulturen« Teilnehmer oft noch präzisere Anleitung brauchen als bei uns. Ich habe gelernt, die Formulierungen mit den Dolmetschern genau zu diskutieren, bevor sie aufgeschrieben werden. Die Teilnehmer müssen ganz genau wissen, was während der Gruppenarbeit zu tun ist.

Vorsicht bei Sprachbildern

- Ich vermeide Wortspiele und Sprachbilder. Hung und Hoai verstehen die meisten oder fragen auch während des Übersetzens nach, was ich damit sagen will. Weniger erfahrene Dolmetscher wollen sich diese Blöße vor Publikum nicht geben und übersetzen irgendetwas. Ausdrücke wie »Kopfzerbrechen«, »wie geschmiert«, »blindes Verstehen«, »sich kringeln vor Lachen«, »sich eine Blöße geben« können Schwierigkeiten bereiten.
  Bildhaft kann und soll die Sprache trotzdem sein. Bei einem Lehrvortrag über das Verhältnis von Theorie und Praxis verzichte ich auf den Ausdruck »Wissenschaft im Elfenbeinturm«, sondern sage: »Es gibt Wissenschaftler, die sich Theorien ausdenken und sich dabei nicht um die Praxis, das Leben der Menschen kümmern. Die sitzen wie in einem Turm hoch über den Menschen. Der Turm hat keine Fenster, durch das sie das ganz normale Leben sehen könnten. Sie sehen auch nicht, was mit ihren Theorien, die sie im Turm erfinden, passiert.«
- Die Arbeit mit Dolmetscher hat einen großen Vorteil. Ich kann mich als Trainer korrigieren. Wenn ich mit einem Satz inhaltlich nicht zufrieden bin, sage ich: »Stopp! Das bitte nicht übersetzen! Ich beginne den Satz noch einmal neu.«

Beratender Dolmetscher

- Nutzen Sie Dolmetscher als Berater. Sie kennen die Lernkultur, die Gepflogenheiten und Besonderheiten ihrer Landsleute genau. Die wenigsten Übersetzer übernehmen diese Beraterrolle von sich aus. Es gehört nicht zu ihrem Job, Ratschläge zu geben. Da braucht es Ermunterung und Fragen. Aber es rentiert sich, der »beratende Dolmetscher« ist auf alle Fälle ein Gewinn für den Trainer!

Tipps von Dolmetscher Hung

»Manche Trainer betrachten einen Dolmetscher als einen fachlich gesehen Außenstehenden. Ihr Argument: Ein Dolmetscher braucht ja nur zu übersetzen. Für ihn käme es ja nicht auf den Inhalt an. Dabei muss der Dolmetscher vor allen anderen den Inhalt verstehen, um den Trainer, seine Rede, Handlungen, ja sogar seine Gesten rüberzubringen.

- *Beim ersten Training im Ausland soll der Trainer den Dolmetscher möglichst von Beginn an als Mitglied seines Teams behandeln.*
  Er soll ihn als Informationsquelle nutzen und ihn fragen
  - *nach der einheimischen Mentalität,*
  - *nach der Zusammensetzung der Teilnehmer,*
  - *nach den wirklichen Ergebnissen. Es gibt ja nicht selten gekünstelte Komplimente am Schluss eines Seminars. Der Dolmetscher könne am ehestens in Erfahrung bringen, ob das Seminar wirklich bei den Teilnehmern angekommen ist,*
  - *und er kann auch über sich selbst etwas erzählen.*

Tipps für Themen, die dem Übersetzer neu sind:

- *Ein Dolmetscher, der in der Woche davor für ganz andere Themen im Einsatz war, braucht in einem Seminar beispielsweise über Lehrmethoden auch einen kurzen Einstieg. Der Trainer soll dem Dolmetscher erklären beziehungsweise ihm Zeit geben, sich in die Sache einzuarbeiten. Jeder Dolmetscher ist dafür dankbar, wenn ein Trainer ihm Informationen und Lesematerial vor dem Seminarbeginn zukommen lässt.*
- *Der Trainer soll nicht Halbsätze, Halbideen oder Halbausführungen machen. Da der Dolmetscher inhaltlich noch nicht eingeweiht ist, sind ganze Sätze, Ideen und Ausführungen besser.*

Wenn das Projekt umfangreicher ist und aus mehreren Modulen besteht:

- *Es ist ganz natürlich und kommt dem Wunsch eines normalen Dolmetschers auch entgegen, dass zwischen dem Trainer und dem Dolmetscher eine Du-Beziehung entsteht. Das kann der Arbeit nur guttun. Bei (normalen) vietnamesischen Dolmetschern sind darüber hinaus Beziehungen und Freundschaften mit privatem und familiärem Charakter in der Regel willkommen.*
- *Der Dolmetscher soll in die Besprechungen vor und nach jedem Modul einbezogen werden. Das ist gut für das Projekt und die Arbeit des Dolmetschers.«*

Lernkulturen verändern oder sich anpassen?

Soll sich ein Trainer der im Gastland bestehenden Lernkultur anpassen? Für mein Projekt in Vietnam hätte das bedeutet: Ich halte fast ausschließlich Vorträge und verzichte auf aktivierende Methoden. Ich vermeide offene Fragen an Teilnehmer, denn ich könnte ja jemanden bloßstellen, und der würde sein Gesicht verlieren. Ich verzichte auf meinen lockeren Trainingsstil. Das ist niemand gewohnt und führt nur zu Irritationen.

Ganz unabhängig davon, dass es zu meinem Auftrag gehörte, im Train-the-Trainer-Lehrgang Lernkultur zu verändern, verwarf ich die Strategie »totale Anpassung«. Mir fiel da mein erstes Essen mit Vietnamesen in Deutschland noch vor dem Auslandseinsatz ein. Das Tagungshotel wollte sich ganz den asiatischen Gästen anpassen und verzichtete auf deutsche Gerichte. Nur, dieses Essen schmeckte den Vietnamesen überhaupt nicht. Das fing schon damit an, dass der Reis gesalzen war und körnig statt Klebreis. Asiatisch kochen können die Vietnamesen besser. Mich fragten die vietnamesischen Partner danach, wo es Eisbein und Sauerkraut gäbe.

Im Stuhlkreis, mit Namensschildern und an den Wänden Plakate – ganz unüblich für vietnamesische Lernkultur

Teilnehmer wollen die totale Anpassung an ihre Lehr- und Lernkultur nicht. Da steht ein europäischer Trainer, und sie wollen sehen und lernen, wie wir in Europa trainieren und unterrichten. Sie erwarten fremdes Dozentenverhalten. Trainieren wie in Vietnam üblich – das können sie besser.

Teilnehmer wollen europäischen Stil

Zudem ist es schwierig, sich schon im Vorfeld auf die spezifische Lernkultur einzustellen. Eine erdteilspezifische Lernkultur gibt es nicht, das wäre nur eine Ansammlung von Stereotypen. Selbst innerhalb eines Landes gibt es durchaus große Unterschiede, ob Sie als Trainer in einem modernen Industriebetrieb oder in einem Projekt auf dem Land arbeiten. Aber das ist bei uns nicht viel anders.

Tipps

Wiederholt sei die grundsätzliche Erkenntnis, dass der Erfolg eines Trainers im Ausland wie bei uns davon abhängt, ob er es schafft, einen Draht zu den fremden Teilnehmern zu finden.

- *Das Besserwisser-Gehabe vermeiden!* Dolmetscher Hung Phan Trong aus Hanoi gibt Trainern folgenden Rat, ganz unabhängig, ob sie mit oder ohne Übersetzer arbeiten: »Meckern ist zwar menschlich, aber dauernde Kritik ist kontraproduktiv. Ein Trainer, der ständig über die örtlichen Verhältnisse schimpft und mehrfach betont, wie toll und wie ordentlich die Dinge in seinem Land laufen, soll eigentlich zu Hause bleiben.« (s. S. 209)
- *Einen Vertrauten für schnelle Feedbacks suchen!* Ich habe immer schnell engen Kontakt zu einem Kollegen, Auftraggeber oder Dolmetscher gesucht und mir Feedback geben lassen: Wie unterscheide ich mich in meinem Verhalten als Trainer vom dem, was die Teilnehmer gewöhnt sind und im Gastland üblich ist? Antworten bei meinen ersten Vietnamtrainings:
  - »Sie bewegen sich viel weniger als vietnamesische Dozenten.«
  - »Sie haben heute einen Fehler gemacht und ganz offen über diesen Fehler gesprochen. Das würde ein vietnamesischer Dozent nie tun.«
  - »Sie beginnen mit Beispielen und nicht mit Theorie.«

Anpassung nur bei Irritationen

Als Fachtrainer muss ich mich dann etwas mehr anpassen, wenn mein fremdes Trainerverhalten Teilnehmer zu stark irritiert und vom Inhalt ablenkt. In meinem Fall ist Trainerverhalten auch Inhalt. Ich thematisiere Unterschiede in der Lernkultur ganz offen. An die Diskussion über das Thema »Aus Fehlern lernen« denke ich gerne zurück.

Afrikanisches Temperament macht Trainings lebendig

- *Versuch und Irrtum bei Methoden!* Methoden, die bei uns problemlos laufen, funktionieren nicht automatisch im Ausland. Darauf kann ich mich kaum vorbereiten, sondern muss vor Ort flexibel reagieren.
  Beispiel: Das Blitzlicht erwies sich in meinen Auslandseinsätzen häufig als Problem. Die Namibianer lehnten die Regeln »Einer nach dem anderen« und »Keine Kommentare und Diskussionen!« ab. »Ulli, diese Methode gefällt uns nicht, da gibt es keine Spontaneität!« Den Vietnamesen war die Anweisung »ganz kurz« suspekt. Sie standen immer auf, wenn sie dran waren, und wenn sie schon standen, dann wollten sie sich nicht mit einem Satz begnügen.
  Meine Konsequenzen: In Namibia ersetzte ich das Blitzlicht durch eine Diskussionsrunde, in Vietnam bauten wir das Blitzlicht in ein Kurzinterview (»Radio Hanoi« s. S. 112) um. Da müssen wir als Trainer flexibel sein.
- *Nicht jedes Nein als Nein akzeptieren!* Gerade den Asiaten wird nachgesagt, sie würden ein Nein ganz vorsichtig umschreiben und als Fremder solle man sich tunlichst an dieses Nein halten. Das mag für Touristen richtig sein. Ich habe gelernt, auch in Asien nicht jedes Nein zu akzeptieren. Wenn ich frisch ausgebildete Trainer oder Moderatoren sofort noch während des Trainings (s. S. 195) in die Praxis schicken wollte, gab es zuerst ein Nein, das ich nie akzeptierte. Fast immer konnte ich mich bei den Partnern durchsetzen.

Inhalte passend zu Land und Teilnehmer!

- *Anpassung bei den Inhalten und der Zielgruppe!* Bei den Inhalten ist Anpassung an das Gastland und die Teilnehmergruppe notwendig. Das sollte zwar eine Selbstverständlichkeit sein. Die folgende Anmerkung von Dolmetscher Hung nach langer Erfahrung mit ausländischen Kurzzeitexperten lässt vermuten, dass es bisweilen nicht so ist.
  »Manche Trainer haben sich vor ihrem Einsatz kaum mit den örtlichen Gegebenheiten und landestypischen Verhältnissen befasst. So kommen sie hierher für ein paar Tage und stellen inhaltlich eine kopierte Version von dem vor, was sie in ihrem Land vermitteln.
  Manche Trainer haben keine oder nur eine sehr mangelhafte Teilnehmeranalyse durchgeführt und bringen daher Inhaltspunkte, die überhaupt nicht zum Bildungsstand beziehungsweise dem Vorwissen der Teilnehmer passen.«

Anpassung an die Landessitten: Die Zertifikatsübergabe findet im Literaturtempel in Hanoi im Talar statt

Wer glaubt, ein Seminar über Umweltprobleme im Bayerischen Wald sei auch für die Wälder und die Gebirgsregionen an der vietnamesisch-chinesischen Grenze geeignet, oder wer meint, Angehörige des öffentlichen Dienstes in Namibia könnten deutsches Verwaltungsrecht direkt umsetzen, liegt einfach falsch.
Das heißt nicht, dass wir unser Know-how nicht exportieren können. Die Teilnehmer sollen selbst prüfen, was davon tatsächlich auf ihre Verhältnisse übertragen werden kann.

- *Bei gewohnten Ritualen mitspielen!* Eine Seminareröffnung mit Minister und offizieller Ansprache in Namibia. Das war sehr steif – alles geregelt durch den Master of Ceremony – und dauerte ewig. Nicht weniger steif war die Zertifikatsübergabe im Literaturtempel in Hanoi mit Räucherstäbchen und schweißtreibendem Talar. Die Teilnehmer und Partner schätzen diese Rituale, und es ist für uns als Gäste schon ein Gebot der Höflichkeit, sich anzupassen und mitzuspielen.

Das gemeinsame Feiern nach dem Training gehört zu den angenehmen Ritualen

- Das Gleiche gilt für die vielen »kleinen« Rituale, die zu Trainings in fremden Kulturen gehören: Karaoke mit den Teilnehmern am Abend, gemeinsame exotischste Essen im Restaurant, Tanzen in Afrika oder Lieder (auch mindestens eins vom Gast aus Deutschland, selbst wenn er unmusikalisch ist) am Ende eines Trainings zum Ausklang. Wer sich bei solchen Ritualen nicht anpassen und nicht mitspielen will, sollte sich wirklich überlegen, ob er auf Auslandseinsätze nicht doch verzichten sollte. Für mich waren solche Erlebnisse immer das Salz in der Suppe.
- *Einheimische Multiplikatoren einsetzen!* Für manche Themen scheint es besser, einheimische Multiplikatoren auszubilden. Ich denke dabei an ein Projekt, wo es darum ging, europäische Qualitätsansprüche in der Autoindustrie in Indien und China zu implementieren. Perfekt ausgebildete Multiplikatoren haben da mehr Erfolgschancen bei ihren Landsleuten als europäische Ingenieure.

Tipp-Fundgrube

Für eine Renaissance des Mitschreibens

Das Mitschreiben der Teilnehmer bei Trainings und Seminaren haben wir selbst kaputt gemacht. Ich gestehe, dass ich dabei ganz kräftig geholfen habe. Vor zwanzig Jahren schrieb noch fast jeder Teilnehmer akribisch alle Seminarinhalte mit. Dann kamen die Zeiten des Fotoprotokolls. »Sie brauchen nichts mitschreiben. Sie bekommen alles als Fotoprotokoll.« Ich glaubte damals auch noch, Argumente für diese »Sterbehilfe« zu haben. Die Pausen fielen weg, die wir immer wieder einlegen mussten, damit die Teilnehmer schreiben konnten. Die Tische konnten wir bedenkenlos aus den Seminarräumen schaffen. Schreibbretter waren ebenso überflüssig. Heute erkenne ich, welches Juwel wir damals achtlos wegwarfen. Ich versuche alles, um das Mitschreiben durch die Teilnehmer wieder zu beleben.

In Asien erkannte ich die Vorteile. Die Vietnamesen notierten jedes Wort, malten jeden Eddingstrich von der Pinnwand ab. Anfangs irritierte mich das, weil es die Aufnahme von Blickkontakt erschwerte und bei vielen aktiven Methoden etwas störte. Wenn es aber am Abend oder am nächsten Morgen darum ging, die Inhalte zu rekapitulieren, musste ich eingestehen: Allein durch das Mitschreiben werden viel mehr Inhalte behalten als ohne.

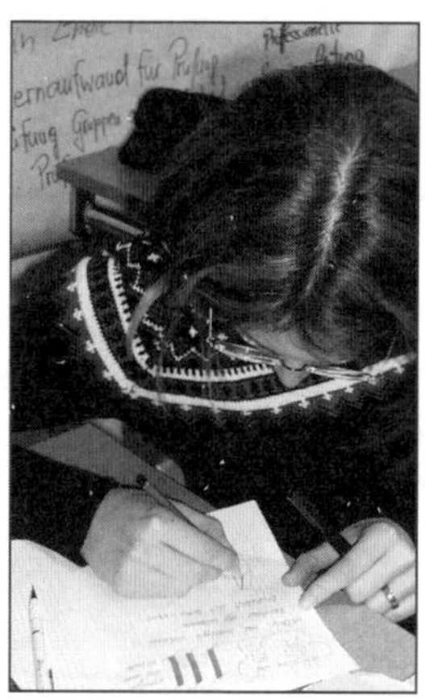

Da lacht das Trainerherz: Mitschreibende Teilnehmerinnen in Europa und Asien

Mitschreibende Teilnehmer …

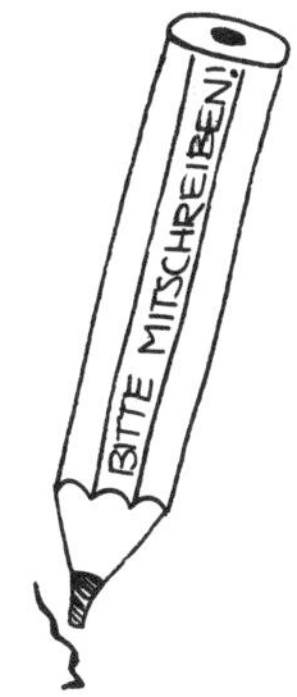

- wiederholen selbst und verankern dabei,
- schaffen eigene individuelle Erinnerungshilfen auf Papier,
- sind immer besonders aufmerksame Teilnehmer,
- unterscheiden Wichtiges von weniger Wichtigem und haben im Idealfall das Wesentliche zusammengefasst,
- integrieren Neues in das vorhandene Wissen,
- verlangsamen den Lernprozess,
- können beim Mitschreiben gleich eigene Gedanken, Querverweise oder Ideen zur praktischen Umsetzung ergänzen,
- fangen mit der Nacharbeit schon im Training an.

Mitschreibehilfen aus Papier

- *Blöcke* liegen in Seminaren ohnehin immer bereit. Jeder Trainer sollte aber eine Reserve dabeihaben. Mich erstaunt aber häufig, dass manche Teilnehmer ganz ohne Schreibzeug ins Seminar kommen.
- Bei längeren Lehrgängen wie der Trainerausbildung haben wir *Lerntagebücher* verteilt. Das sind schöne gebundene Bücher, die den Teilnehmer durch alle Module begleiten – zum Mitschreiben, aber auch für Reflexionsphasen. Das Lerntagebuch kann immer nur Angebot sein, weil einige Teilnehmer eigene und ganz individuelle Bücher, Blöcke oder Hefte haben.
- *Der Brief an mich selbst.* Eine bekannte, aber oft zu wenig zelebrierte Mitschreibehilfe. Jeder Teilnehmer bekommt im ersten Drittel des Seminars zwei Blätter Papier, am besten mit passender Kopf- und Fußzeile und schreibt während des Trainings immer wieder auf, was er ganz persönlich für besonders wichtig oder nutzbringend hält. Am Ende steckt er den Brief in den Umschlag und schreibt seine Adresse darauf. Der Trainer bekommt alle Briefe und steckt sie nach einigen Monaten in den Briefkasten. So erinnern die Teilnehmer sich selbst mit ihrer eigenen Mitschrift und den im Seminar gefassten Vorsätzen.

- *DIN-A5-Karten einseitig bedruckt.* In intensiven Methodentrainings bekommt bei mir jeder Teilnehmer zu jeder Methode eine eigene Methodenkarte. Auf einer Seite stehen nur der Methodenname und eine Zeichnung als Merkanker. Nachdem die Methode im Seminar besprochen ist, schreibt sich jeder Teilnehmer die Regeln, Tipps und Anwendungsmöglichkeiten selbst auf die leere Rückseite. Das funktioniert nur, wenn ich mich als Trainer nach jeder Methode ein paar Minuten hinsetze und die Pause zum Aufschreiben ansage. Das kostet Zeit, aber die ist gut angelegt. Nach dem Seminar hat jeder den Beginn einer individuellen Methodenkartei.

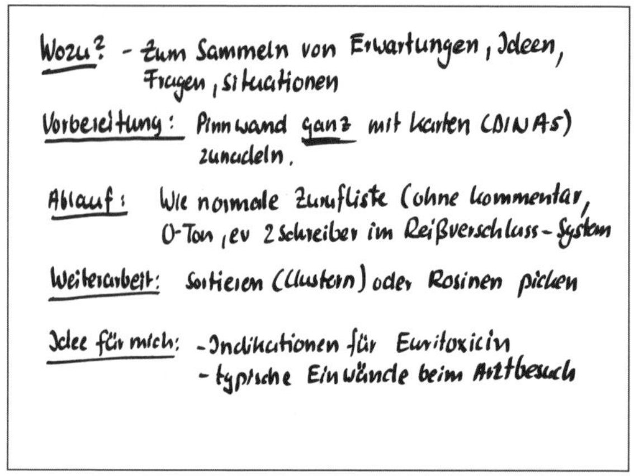

- *»Mitschreibefreundliches« Skript.* Unterlagen laden oft nicht gerade zum Mitschreiben ein. Da helfen eine breite Randspalte oder einfach einige leere Blätter verstreut im Skript. Noch besser sind Lücken, die Teilnehmer individuell füllen können. Nicht immer muss alles, was per Beamer an die Wand geworfen wird, auch im Skript stehen. Vermeiden Sie aber unbedingt Assozitionen mit Schule, die garantiert bei Lückentexten entstehen, wo nur einzelne Wörter einzusetzen sind.

Tipps für die Wiedergeburt des Mitschreibens

- Unterbrechen Sie den Unterricht explizit für das Mitschreiben. In diesen Pausen soll Stille sein. Vermeiden Sie dabei das Wort Pause, sonst nutzen die Raucher das gleich zum Verschwinden.
- Stimmen Sie täglich das Loblied auf das Mitschreiben und seinen Mehrfachnutzen an.

- Gute Erfahrungen haben wir gemacht, wenn Teilnehmer oder kleine Teilnehmergruppen ganze oder halbe Tage für die *Dokumentation* protokollieren (s. S. 76).
- In manchen Seminaren vermittle ich *Mind-Mapping* und nenne als eine Anwendungsmöglichkeit das Mitschreiben in allen möglichen Situationen. Dann bitte ich die Teilnehmer, gleich einmal ein Mind Map als Tagesmitschrift auszuprobieren. So bekommen die Teilnehmer eine Anleitung zum Mitschreiben.

Mind-Mapping als Mitschreibe-Technik

- Bewährte Mitschreibkiller sind neben dem Satz »Sie brauchen nichts mitschreiben«:
  - keine oder im Gegenteil zu viel Visualisierung durch den Trainer,
  - fehlende oder schwer erkennbare Struktur,
  - zu hohes Tempo,
  - reine PowerPoint-Präsentation mit vielen Folien,
  - fehlende Schreibunterlagen (Tische oder Schreibbretter).

Tipps zur Vermeidung von Konkurrenz

Erst wenn man »hinten« sitzt und Trainer und ihre Teilnehmer bei ihrer Arbeit beobachtet, fällt auf, wie oft es Konkurrenzsituationen gibt. Der Trainer muss die Aufmerksamkeit der Teilnehmer mit einem Konkurrenten teilen. Für eine ganze Reihe von Konkurrenzsituationen, die im Folgenden kurz skizziert werden, ist der Trainer selbst verantwortlich.

Blätternde Teilnehmer passen nicht auf!

Konkurrent Unterlagen. Das Austeilen von Unterlagen zu Beginn eines Trainings schafft immer Konkurrenz. Teilnehmer blättern, schauen, wie es weitergeht, hören nicht zu. Meine eigenen Unterlagen sind oft nur Lesestoff im Nachhinein. Brauche ich einen bestimmten Teil aus den Unterlagen zum Arbeiten, teile ich den als Einzelblätter aus.

Für die meisten Kollegen ist das kein guter Rat. Sie brauchen die Unterlagen im Seminar. Je mehr sie direkt einbezogen werden (zum Beispiel Schlagen Sie bitte jetzt Seite xy auf und ...), umso weniger wird »wild« geblättert. Ganz vermeiden lässt sich das nicht.

»Ich lasse das neue Kupplungsteil schnell durchgehen ...« Gegenstände unter den Teilnehmern herumgehen zu lassen, manchmal Prospekte, Flyer oder ganze Bücher, ist eine verbreitete Unsitte. Mindestens der Teilnehmer, der den Gegenstand in den Händen hält und seine unmittelbaren Nachbarn hören nicht zu. Zudem gibt es Unruhe.

Ausweg: Die Bücher und Prospekte liegen auf einem Büchertisch, und für Anschauungsteile gibt es einen eigenen Tisch. Der Trainer gibt den Teilnehmern Zeit zum Anschauen und »Begreifen« im wahrsten Wortsinn.

»Das können Sie aber auch, so ... oder so ... oder auch so machen!« In vielen Software-Schulungen habe ich als Teilnehmer Probleme. Da habe ich einen Weg, ein Bild digital zu bearbeiten, gerade erfahren und verstanden. Jetzt packt der Trainer sein unendliches Wissen aus: »Sie können das auch so, oder so oder auch ganz anders machen ...« Der Trainer schafft eine Konkurrenzsituation verschiedener Lösungswege. Am Ende habe ich oft keinen richtig verstanden.

Konkurrenz zwischen Bild und Sprache. Die wenigsten Menschen können gleichzeitig aufmerksam zuhören und ein Bild anschauen. Wer ein neues Bild zeigt – und sei es nur eine neue Folie in PowerPoint – und gleichzeitig dazu spricht, schafft eine leicht vermeidbare Konkurrenzsituation. Die meisten Menschen schauen neugierig das neue Bild an, die ersten Sätze des Referenten gehen dabei verloren. Ausweg: Bild oder Folie zeigen. Schweigend Zeit lassen zum Anschauen. Dann erst zum Bild sprechen.

»Gemischter Braten« zur Mittagszeit. Der gemischte Braten mit Knödel- und Fleischbergen, Sauerkraut und Kartoffelsalat war lange Zeit Aushängeschild eines Tagungshauses im Schwarzwald. Nach der Mittagspause konkurriert die Aufmerksamkeit mit der Verdauung und verliert oft. Zu einem guten Tagungshotel gehört ein leichtes Essen, und trotzdem kämpfen wir Trainer oft mit dem »Mittagsloch« (s. auch Tipp: Wege aus dem Mittagsloch, S. 226).

Gruppendynamik. Bei längeren Trainings (früher gab es noch Seminare und Trainings, die eine ganze Woche und länger dauerten) können etwa in der Mitte der Trainingszeit Konflikte in der Gruppe auftreten. Das ist ein ganz normaler, fast natürlicher Vorgang in der Entwicklung der Gruppe. Es »gärt« wie beim jungen Wein (»Sturm« oder »Federweißer«). Da werden die Vorgänge in der Gruppe für die Teilnehmer manchmal interessanter als der Inhalt des Seminars.

Das lässt sich nicht umgehen oder vermeiden. Der Trainer versucht die Balance zwischen Inhalt, Bedürfnissen der Einzelteilnehmer und der Gruppe wieder herzustellen. Auf alle Fälle konkurriert er mit seinem Anspruch auf Aufmerksamkeit für die Lerninhalte mit der Aufmerksamkeit der Teilnehmer für die Prozesse, die in der Gruppe ablaufen.

Hilfreich in diesen Phasen sind gemeinschaftliche Aktivitäten (Ausflug, Theaterbesuch, Rafting ...).

Wenn der Inhalt es erlaubt, wird das Training auf drei Tage gekürzt, da entsteht das Problem in der Regel nicht.

Verkaterte Köpfe lernen schlecht

Freizeitangebote. Ein Training in Mallorca, das Tagungshotel mit angegliedertem Golfplatz und üppiger Wellness-Oase oder das Seminar in München zur Oktoberfestzeit. Entspannungsmöglichkeiten sind gerade bei sehr intensiven Trainings notwendig. Ich selbst liebe es, frühmorgens den Trainingstag mit Schwimmen zu beginnen. Doch manchmal konkurrieren die Freizeitangebote mit dem Seminarziel. Teilnehmer, die mit dem Kopf woanders oder verkatert sind, nehmen schlecht auf. Auswege gibt es nur dann, wenn der Trainer einen Einfluss auf die Wahl des Tagungsortes hat.

Konkurrierende Trainer. Der nicht ganz einfachen Aufgabe, zu zweit als Trainer zu arbeiten, ist ein eigener Abschnitt gewidmet (s. S. 72). Hier entstehen häufig ganz ohne Absicht Konkurrenzsituationen. Ein Trainer steht vor der Gruppe und spricht. Der Kollege räumt eine nicht zum Thema passende Pinnwand weg oder packt seine Unterlagen ein. Schon ist die Aufmerksamkeit einiger Teilnehmer gestört.

Sitzordnung: Gestalten statt hinnehmen!

Wer sich in Seminarhäusern in den verschiedenen Räumen umschaut, wird zweierlei bemerken: Erstens scheint es nur eine sehr begrenzte Anzahl von Sitzordnungsmustern zu geben, und zweitens nehmen die meisten Trainer die Sitzordnung so hin, wie sie sie vorfinden und lassen sie auch bis Seminarende unangetastet.

Meine Erfahrungen: Die »Topografie des Raumes« kann Lernprozesse unterstützen oder behindern. Und: Nur ganz selten kann ich die Raumgestaltung nicht beeinflussen. Oft greife ich selbst zu und richte mir den Raum so ein, wie ich ihn haben will. Wir haben auch schon aneinandergeschraubte Tischmonster wieder getrennt.

Jeder von uns Trainern hat eine Lieblingssitzordnung. Meine habe ich in der nebenstehenden Abbildung aufgezeichnet. Sie braucht sehr viel Platz, aber ermöglicht einen raschen Wechsel von Plenums- und Kleingruppenarbeit. Mit Material- und Büchertischen ausgestattet, entsteht schnell eine Arbeitsatmosphäre, die durch Arbeitsergebnisse an den Wänden noch unterstützt wird. Natürlich brauche ich dafür schon bei zwölf Teilnehmern Räume in Saalgröße.

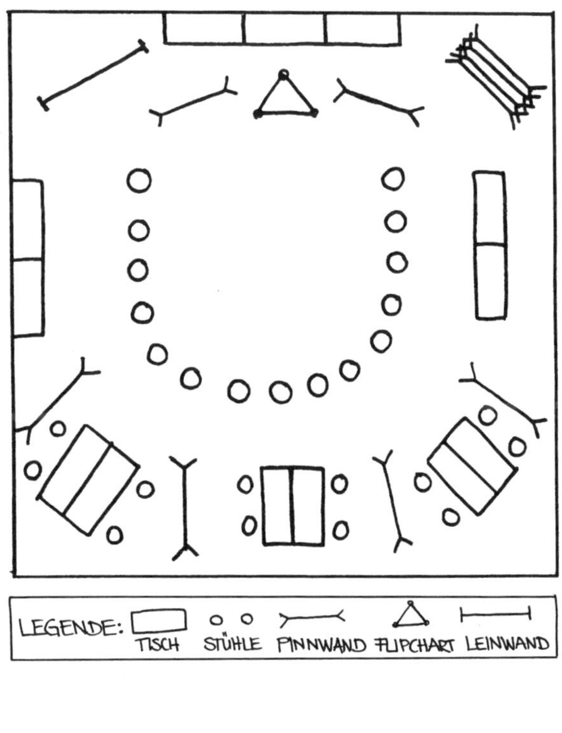

Meine Lieblings-sitzordnung

Was bestimmt die Sitzordnung?

Die Vorlieben des Trainers sind aber nur einer von vielen Faktoren bei der Raumgestaltung. Es gibt wichtigere:

- *Die Zahl der Teilnehmer.* Eine U-förmige Sitzordnung mit mehr als 30 Leuten ist nicht zweckmäßig. Da wird der Platz trotz großer Räume schnell zu wenig und die Entfernung zwischen den Teilnehmern und zwischen Teilnehmer und Trainer zu groß. Da ist die »Zwiebel« (siehe Übersicht) besser. Kleine Gruppen mit bis zu sechs Leuten haben auch gut und gemütlich an einem großen Tisch Platz.
- *Die Arbeitsmethoden.* Ein Vortrag, eine Präsentation oder eine »Predigt« braucht eine andere Sitzordnung (mit guter Sicht und zentriert nach vorne) als workshopartiges Arbeiten mit viel Gruppenarbeiten oder Diskussionen, bei denen die Teilnehmer zueinander Blickkontakt haben sollen.
- *Die Medien.* Jeder Teilnehmer sollte alles gut sehen können. Kreis- oder U-förmige Sitzordnungen lassen immer ganz schlechte Plätze entstehen, von denen die Leinwand oder Pinnwand nur schwer zu sehen ist.
- *Der Inhalt.* Manche Themen (zum Beispiel persönlichkeitsorientierte Themen) verlangen einen direkten Draht zum Teilnehmer, der bei allen Stuhl- oder Sitzreihen hintereinander nur schwer herzustellen ist.
- *Die Lernkultur.* Es gibt Unternehmen und Organisationen, wo ein Stuhlkreis besonders im Zusammenhang mit dem Thema ganz negative Assoziationen auslöst. In manchen asiatischen Ländern erwarten Teilnehmer bei einem Seminar schweres Mobiliar und Blumengebinde vor einem Rednerpult. Die Frage ist dann immer: Wie viel Verstörung der Teilnehmer kann ich mir am Anfang leisten? Muss ich vielleicht konventionell beginnen und dann den Raum wechseln oder ändern?
- *Der Raum.* Manche Räume, die auf den ersten Blick groß und auch sonst ideal zu sein scheinen, werden manchmal schon durch zwei Säulen fast unbrauchbar, weil immer jemandem die Sicht verstellt ist.
  Statt in einem Seminarraum sitzt man plötzlich in einer Art Wintergarten mit tausend Fenstern und Betrieb im Biergarten draußen.

Fazit: Die allgemeingültige Regel für die »Topografie des Trainingsraumes« gibt es nicht. Ideal ist Flexibilität. Manchmal ist das Umgestalten eines Raumes sogar während des Trainings sinnvoll, zum Beispiel beim Wechsel von einer Workshopp-Phase zu einer längeren frontalen Phase. Längeren Trainings tut es auch gut, den Raum von einem Tag auf den nächsten zu verändern. Ich ändere gerne, wo »vorne« ist. Die Teilnehmer sehen das Training aus einer anderen Perspektive. Wenn sie auch noch notgedrungen den Platz wechseln müssen, bekommen sie neue Nachbarn für Partnerarbeiten oder Austauschphasen.

Tische oder keine Tische?

Tische sind Barrieren. Tischreihen sind mehrere Barrieren hintereinander. Mir fällt es schwer, in einem Raum mit vier Tischreihen einen schnellen und intensiven Kontakt zu den Teilnehmern herzustellen. Dabei setzen sich die Skeptiker, die dem Training schon von Beginn an wenig abgewinnen können, oft in diese letzten Reihen. Gerade mit ihnen wäre aber der direkte Kontakt so wichtig.
Andererseits sind Tische Schreibunterlagen. Das Notebook und ein Ordner mit Unterlagen auf den Knien, das ist ein Unding!
Ich entscheide mich am Anfang meist gegen Tische und damit für den schnellen und leichten Kontakt.

Weitere Tipps zur Raumgestaltung

- Tagungshäuser wollen für die Raumzuteilung meist nur die Teilnehmerzahl wissen. Dann bekommen Sie nicht selten für zwölf Teilnehmer einen Raum, der gerade groß genug ist für sieben Tische und 13 Stühle. Umdrehen ist oft nicht mehr drin. Fragen Sie also immer nach, erkundigen Sie sich nach den Raummaßen!
- Wenn Sie ohne Tische arbeiten, legen Sie am besten Klemmbretter bereit, wenn etwas zu schreiben ist.
- Achten Sie darauf, dass Gruppenarbeitstische nicht zu groß sind. Für Gruppen von mehr als vier Leuten werden manchmal drei Tische zusammengestellt. Für Kleingruppenarbeit sitzen die Leute zu weit auseinander. Meist genügt ein Tisch, und wenn ein Flipchart oder eine Pinnwand dabeisteht, kann auf den einen Tisch eventuell auch noch verzichtet werden.

- Die IHK-Akademie Oberbayern hat mit Polsterstoff bezogene Schaumstoffwürfel von ungefähr 50 cm Seitenlänge. Die werden bei den Sitzordnungen ohne Tische zwischen den Stühlen platziert (Stuhl, Stuhl, Würfel, Stuhl, Stuhl, Würfel usw.). Sie sind nicht nur Ablagefläche, sondern auch sonst vielfach nutzbar.
- Bei Software-Schulungen und anderen Trainings mit Bildschirm hat sich bewährt, im Raum auch noch einen Stuhlkreis oder ein U unterzubringen, um zwischendurch einmal die Teilnehmer hinter ihren Bildschirmen hervorzulocken.

- Es gibt spezielle Tischprogramme für Schulung und Unterricht, mit denen sich Räume blitzschnell und kreativ umgestalten lassen (das Beispiel ist von Nitor, www.nitor.de).

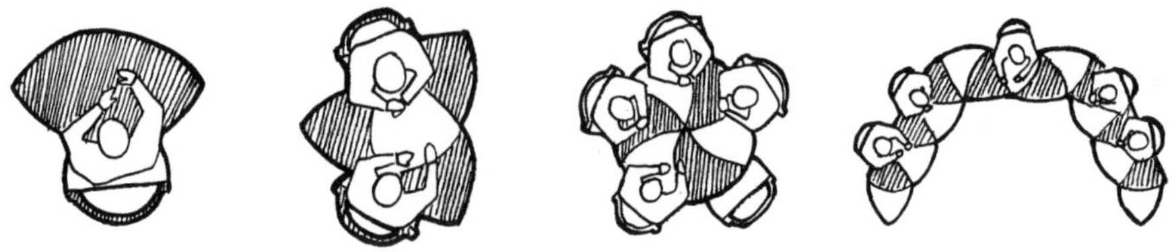

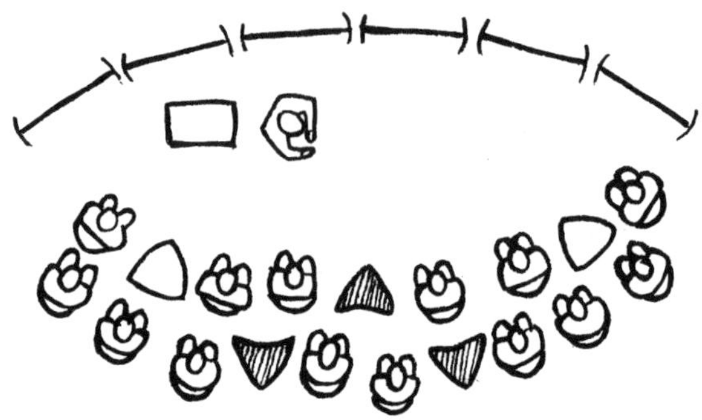

Einige gängige Sitzordnungen			
Zeichnung	*Bezeichnung*	*Vorteile*	*Nachteile*
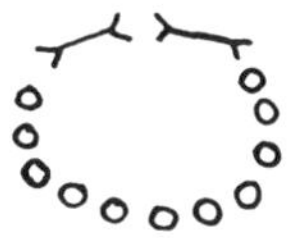	**U ohne Tische um zwei Pinnwände**	• Jeder sieht jeden. • Schneller, direkter Kontakt mit Medien.	• Teilnehmer können nur schlecht mitschreiben. • Teilnehmer (ganz vorne und ganz hinten) haben schlechte Sicht.
	**Tische in Reihen**	• Zentrierung nach vorne. • Kennt jeder.	• Eingeschränkter Blickkontakt der TN untereinander. • Hintere Reihen brechen leicht weg. • Schulassoziationen.
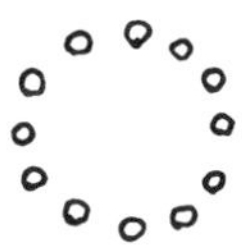	**Stuhlkreis**	• Schneller, direkter Kontakt. • Niemand kann sich verste-cken. • Gut für Start und Schluss.	• Medien bleiben draußen. • Keine Chance für Rückzug.
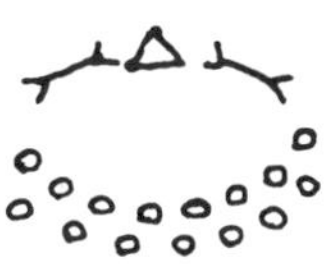	**Zwiebelschalen**	• Gute Sicht nach vorn. • Kurze Distanz Dozent – Teil-nehmer. • Fast unbegrenzte Teilneh-merzahl durch neue Reihen	• Eingeschränkte Sicht der Flanken zu den Medien gegenüber.
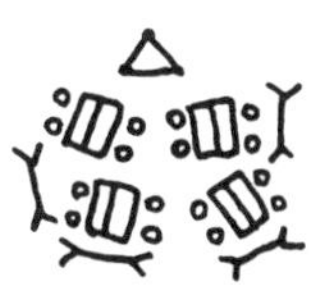	**Gruppentische**	• Ideal für die Arbeit in gleich-bleibenden Gruppen. • Kommunikativ.	• Zementiert einmal getroffene Gruppeneinteilung.
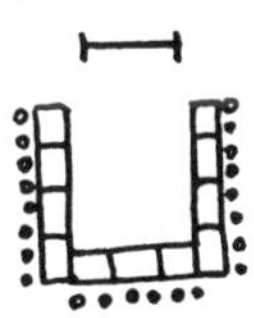	**U mit Tischen**	• Guter Blickkontakt zwischen Teilnehmern. • Gut für viel Unterlagen und Material.	• Erschwert Bewegung. • Eingeschränkte Sicht nach vorn für einige Teilnehmer.
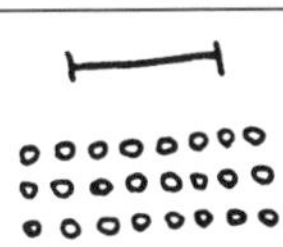	**Kinobestuhlung**	• Zentrierung nach vorne zu Referent und Medien.	• Erschwerter Kontakt der Teilnehmer untereinander. • Erschwerter Kontakt des Do-zenten zu hinteren Reihen.

Was Sie lieber nicht sagen sollten

Manche Redewendungen in dieser »Liste der verbotenen Sätze« werden Sie überraschen. Erst beim zweiten Hinhören wird klar, dass sie überflüssig und oft schlicht unsinnig sind.

»Arbeiten Sie bitte ganz aktiv mit!« Es ist Job des Trainers, das Training so zu gestalten, dass der Teilnehmer aktiv werden muss. Durch die richtige Wahl der Methoden wird der Teilnehmer aktiviert, nicht durch Appelle, den inneren (trägen) »Schweinehund« zu überwinden.

»Ich hoffe, man kann das auch noch von hinten lesen.« Der Satz wird auch durch tausendfache Wiederholung nicht akzeptabel. Der Dozent hat seine Medien so vorzubereiten, dass Schrift (gerade auch mit Beamer projizierte) selbst vom letzten Platz zu sehen ist. Was tun, wenn man beim Kontrollgang in die letzte Reihe ***vor*** Trainingsbeginn erkennt, dass die Schriften zu klein sind?

Das Verändern der Schriften ist auf die Schnelle oft mühsam. Alternativen: Die Projektionsfläche vergrößern (an die weiße Wand statt an die Leinwand)! Oder die Teilnehmer mit oder ohne Stühle näher heranholen! Bei der Arbeit mit Karten machen wir oft eine kurze »Stehparty«. Dann sieht jeder alles.

»Sie haben 40 Minuten Zeit für die Gruppenarbeit.« Der Satz wird auch nicht besser, wenn ein Trainer zum Arbeitsauftrag auf dem Flipchart 40 Minuten schreibt. Beim Beginn der Gruppenarbeit denkt jeder (hoffentlich) an die Aufgabe. Niemand schaut auf die Uhr und notiert die Anfangszeit. Wann also sind die 40 Minuten um? Deshalb, Trainerinnen und Trainer, schauen Sie auf die Uhr und geben die Zeit an, wann die Gruppenarbeit fertig sein soll. Zum Beispiel: »Die Präsentation der Ergebnisse erfolgt um 14:30 Uhr!«

»Wenn Sie verstehen, was ich meine …« Für ein bloßes Füllwort ist der Nebensatz zu lang. Sucht man aber nach Bedeutung, ist irgendjemand immer der »Depp«: Entweder der Zuhörer, der nichts versteht, oder der Trainer, der sich nicht verständlich macht. Empfehlung: Einfach weglassen!

»Die Teilnehmer kapieren nichts!« Zu den Teilnehmer selbst sagt das ja ohnehin kein Trainer. Ich habe solche und ähnliche Sprüche aber schon von Kollegen über deren Teilnehmer gehört. Die Kollegen liegen mit ihrer »Denke« falsch. Wir sind Dienstleister, und unser Dienst besteht darin, Menschen etwas beizubringen. Wenn das nicht klappt und das Lernziel nicht erreicht wird, ist das unser Problem, nicht das der Teilnehmer. Wir haben so zu unterrichten, dass jeder Teilnehmer die Chance hat, den Inhalt zu »kapieren«.

»Haben Sie noch irgendwelche Fragen?« Im richtigen Tonfall gesprochen erreichen Sie damit, dass garantiert niemand fragt. Bei mir selbst als Zuhörer kommt der Satz meistens so an: » Ich bin jetzt fertig und stelle diese Floskel ans Ende, weil sich das so gehört, aber eigentlich möchte ich jetzt aufhören und keine Fragen beantworten.« Wenn Sie wirklich Fragen wollen: »Ich bin jetzt mit meinem Teil fertig. Jetzt sind Sie dran. Löchern Sie mich mit Ihren Fragen.« Dazu setze ich mich vor das Publikum und warte geduldig auf die erste Frage. Das dauert manchmal, aber die Fragen kommen.

»Wegen der fortgeschrittenen Zeit ...« Ganz gleich wie der Satz weitergeht, er verändert die Lernatmosphäre enorm. Der Zeitdruck, den der Dozent im Kopf hat, überträgt sich auf die Gruppe. Hektik entsteht, und die ist alles andere als hilfreich für das Lernen (s. im Detail: Kampf dem »Time-eating-Tiger! S. 235). Wie durcheinander das Zeitmanagement des Trainers auch sein mag, der Teilnehmer sollte immer das Gefühl haben: Wir haben alle Zeit der Welt!

»Das ist jetzt nicht so wichtig!« Den Satz habe ich schon in vielen Variationen gehört: »Das will ich nur am Rande erwähnen ...« oder »Was ich jetzt sage, kommt in der Prüfung nicht dran« oder »Das brauchen Sie sich nicht zu merken ...«. Die Wirkung ist immer die gleiche. Das ist wie ein Schalter, der auf »Off« umgelegt wird: Die meisten Teilnehmer gönnen sich eine Aufmerksamkeitspause. Alles was ein Dozent sagt ist wichtig. Was er für nebensächlich hält, lässt er weg.

»... leider ...« Bis auf ganz wenige Ausnahmen können uns als Trainer Sätze, in denen »leider« vorkommt sparen. Kostproben: »Ich hatte für den Start eine wunderbare Folie vorbereitet. *Leider* habe ich sie auf dem Küchentisch liegen lassen!«, »Der Beamer funktioniert *leider* nicht, ich kann Ihnen das jetzt nur so erzählen.«, »*Leider* haben wir den schönen großen Raum nicht bekommen!«

Wir nennen solche Sätze »Referentengedanken«. Die sind im Kopf ganz vorne, weil sie uns gerade beschäftigen, und wollen raus. Sollen sie aber nicht!

Wege aus dem Mittagsloch

Das Mittagstief ist ein Zustand kollektiver Trägheit der Teilnehmer, das unter den verschiedensten Bezeichnungen in mehreren Sprachen auftaucht: »Suppenkoma«, »Mittagsloch«, »after lunch grogginess«, »Fressnarkose«, »graveyard session«, »Futterschwere«.

Die Stunde nach der Mittagspause ist offensichtlich in der Tagesrhythmik vieler Menschen die schlechteste Zeit für Konzentration, Arbeiten und Lernen. Für die Wissenschaft mag das ganz normal sein, aber für uns Trainer ist es ein Graus.

Tolerierte Müdigkeit

Einige der blumigen Umschreibungen enthalten auch Erklärungen für das Phänomen: Der Körper ist mit Verdauung beschäftigt. Das Gehirn wird weniger mit Sauerstoff versorgt, und das macht müde. Ich will noch eine Erklärung hinzufügen: Das Mittagsloch ist die einzige Zeit am Tag, wo man die Müdigkeit ungestraft zeigen und ausleben darf. Oft habe ich erlebt, wie Kollegen das Mittagstief regelrecht herbeigeredet haben. Sie fangen die Einheit nach der Pause mit Sätzen an wie: »Auch wenn es jetzt nach dem Essen nicht für alle leicht ist, bitte ich um Aufmerksamkeit …«

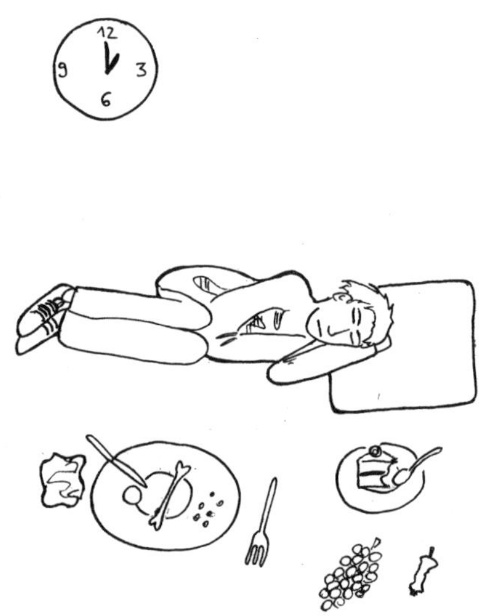

Vermeidungsstrategien. Das Mittagstief oder besser den Energie- und Konzentrationsabfall bei den Teilnehmern nach der Mittagspause können wir offensichtlich nicht verhindern. Was wir vermeiden können, sind alle Dinge, die aus dem Absinken ein richtiges Tief und ein tiefes Loch machen. Stellen Sie sich vor, Sie sind müde, gaaaanz müüüüde. In diesem Zustand wird der Raum abgedunkelt. Sie sitzen in einem bequemen Sessel. Sie haben nichts zu tun außer zuzuhören und immer die gleichen Bilder an der Wand anzuschauen. Ob Sie wollen oder nicht, die Augendeckel werden immer schwerer.

PowerPoint = Schafe zählen

Nichts anderes passiert, wenn wir nach der Mittagspause eine Standard-PowerPoint-Präsentation vorführen. Monoton gestaltete Folien mit Überschrift, Bulletpoint, Bulletpoint, Bulletpoint und auf dem nächsten Slide das Gleiche. Das ist wie die Übung »Schafe zählen«, die Menschen mit Einschlafstörungen empfohlen wird.

Grundsätzlich vermeiden wir zu Beginn der Nachmittagseinheit reine Informationsphasen, in denen die Teilnehmer oder fast alle Teilnehmer passiv bleiben.

Möglichst wenig Sitzen und Zurücklehnen. Auch bei uns lässt sich manchmal ein frontaler »Input« nach der Mittagspause nicht vermeiden, weil sonst im Seminar nicht vernünftig weitergearbeitet werden kann. Wir vermeiden in dieser Situation das Sitzen. Es gibt eine »Ein-Führung«. Die Inhalte sind auf Pinnwänden oder Großplakaten in verschiedenen Ecken des Raumes verteilt. Wir führen die Gruppe durch das Thema. Die Teilnehmer stehen dabei vor den Pinnwänden. Eingestreut in den ohnehin knapp gehaltenen Vortrag sind viele »Aktivierungsinseln« (s. S. 111).

Diese Führungen machen die Teilnehmer dann besonders wach, wenn die einzelnen Gliederungspunkte des Lehrvortrags in verschiedenen Räumen stattfinden. Da kann eine Pinnwand auch im Freien stehen.

Lernen durch Lehren. Ich muss trockenen, neuen Stoff im Mittagsloch vermitteln. Wenn ich das mit einem Vortrag mache, ist das ein mühsames Unterfangen, und es kostet mich viel Energie, den Aufmerksamkeitspegel und die Energie bei den Teilnehmern hochzuhalten. Wenn ich statt des Vortrags die Methode »Lernen durch Lehren« (s. S. 122) einsetze, ist das eigentlich kein Problem. Das sind zwei Gruppenarbeiten hintereinander. In der ersten erarbeiten sich Mitglieder einer Kleingruppe einen Text so intensiv, dass sie den Inhalt in der zweiten Gruppenarbeit weitergeben können. Der Clou dabei: Alle Teilnehmer werden aktiv, weil jeder zum Lehrenden wird.

Energizer mit Bewegung. Ich starte in den Nachmittag gerne mit Bewegung. Das Satellitenspiel ist dabei ein guter Energizer. Alle Teilnehmer stellen sich im Kreis auf. Ich bin Teil des Kreises und werfe einen kleinen Ball (Jonglier- oder Tennisball) zu einem Teilnehmer, der wirft ihn zum nächsten und so weiter. Aufgabe: »Bitte merken Sie sich genau, von wem Sie den Ball bekommen und zu wem Sie ihn hingeworfen haben!« Damit jeder nur einmal drankommt, dreht sich in der ersten Runde jeder, der dran war, um. In der zweiten Runde (ohne Umdrehen) macht der Ball genau dieselbe Reihenfolge. Wenn ich sehe, dass es mit einem Ball klappt, gebe ich laufend neue Bälle dazu, bis die Gruppe an ihr Limit kommt. Diese Übung weckt auf, weil sie eine Bewegungsaufgabe mit Konzentration und Geschwindigkeit mischt.

Eine Gruppe in Balance halten und dabei Sauerstoff tanken

Sauerstoff. Wenn ich die Nachmittagseinheit schon begonnen habe und nach einer halben Stunde erkenne, die Energie geht weiter nach unten statt nach oben, ansteckendes Gähnen macht sich breit, dann unterbreche ich schon mal, führe die Gruppe ins Freie und mache dort einen gemeinsamen Energizer. Bevor ich den Raum verlasse, öffne ich alle Fenster, um Frischluft in den Raum zu bekommen.

Arbeit in Kleingruppen. Auch ich plane nach der Mittagspause gerne Kleingruppenarbeit ein. Aber Vorsicht! Es gibt nichts Schlimmeres als der Eindruck: Der einzige Zweck der Gruppenarbeit sei die Überbrückung des Mittagslochs. Das Ergebnis der Arbeit sei ohnehin nebensächlich.

Vorsicht mit der Gruppenarbeit im Mittagsloch!

Ich bevorzuge Gruppenarbeiten, bei denen möglichst alle aktiv eingebunden sind: Herstellen eines Plakats, Vorbereiten eines Rollenspiels, Probelauf zu einer Präsentation oder einem Unterrichtsversuch, Drehen eines Barfuß-Videos und vieles mehr.

»Gas geben«. Als Trainerinnen und Trainer können wir die Energiekurve einer Gruppe auch über das Tempo regeln. Mittel, um die Geschwindigkeit zu erhöhen, sind zum Beispiel:

- knappe Zeit für Gruppenarbeiten ansetzen,
- Flash-Präsentationen (zwei bis drei Minuten) durch Trainer und Teilnehmer,
- Blitzlicht (der zweite Satz kostet!) anstatt offene Diskussionen,
- schnelle inhaltliche und methodische Wechsel,
- Verschieben ruhiger Reflexionsphasen auf einen späteren Zeitpunkt.

Tempoerhöhung bedeutet nicht abruptes Umschalten oder gar Hetze, sondern eine langsame, eigentlich kaum wahrnehmbare »Erhöhung der Schlagzahl«.

Adrenalinzufuhr. Wenn Gruppen oder einzelne Teilnehmer einen Auftritt (beispielsweise Präsentation, Rollenspiel, praktischer Unterrichtsversuch) vorbereiten, entsteht Stress. Der wird erhöht, wenn der Auftritt bewertet wird. Da reichen die anderen Teilnehmer als kritische Beobachter und Feedbackgeber schon aus. Stress ist gleichbedeutend mit erhöhtem Adrenalinausstoß. Adrenalin verhindert Entspannung, macht hellwach und verdrängt alle Müdigkeit. Was spricht also dagegen, solche Seminarphasen in die Zeit nach der Mittagspause zu legen, um dem Spannungsabfall zu begegnen. Auffallend ist ohnehin, dass das Mittagsloch zur ganz flachen Delle wird, wenn die Teilnehmer Inhalt und Aufgabenstellungen als spannend und als Herausforderung empfinden.

Das Mittagsschläfchen oder Powernapping. Als ich bei meinem ersten Training in Vietnam eine Stunde Mittagspause ankündigte, sah ich in entsetzte Augen. Zuerst dachte ich noch: »Vielleicht ist das für die Vietnamesen zu lange!« Schnell wurde ich eines Besseren belehrt. In einer Stunde Essen und Schlafen, das ist zu kurz. Nach dem Mittagessen ein für uns ungewohntes Bild.

Stühle wurden zusammengeschoben, Tische zu Liegeflächen umfunktioniert und alles schlief 15 Minuten lang tief und fest. Mir als Referent wurde sogar ein Ruheraum mit Bett und Dusche zur Verfügung gestellt. Nach der Mittagspause war von Müdigkeit keine Spur, alle waren topfit.

Ich würde es nicht wagen, den Mittagsschlaf als Tipp gegen das Mittagstief weiterzugeben, gäbe es nicht auch in Amerika und Europa die neue Kultur des Powernappings. So heißt der kurze Mittagsschlaf neuerdings. In Firmen werden Ruheräume eingerichtet, um die Mitarbeiter zum Nickerchen in der Mittagspause zu animieren. Ein (geringer) positiver Effekt eines Mittagsschlafs auf Lernprozesse ist auch empirisch belegt (Mednick 2002). Vielleicht wird in Zukunft Powernapping bei uns auch so selbstverständlich wie in Vietnam.

Meine persönliche Strategie: Verzicht auf Mittagessen und Pause. Mich hat das Zusammenfallen des Mittagslochs bei den Teilnehmern mit meinem Energieabfall immer schon gestört. Meine persönliche Konsequenz: Während des Trainings lasse ich das Mittagessen weg und arbeite die Mittagspause durch. Ich mache Fotos für die Dokumentation oder die Feinjustierung und die Vorbereitung für den Nachmittag. Wenn die Teilnehmer kommen, bin ich immer noch auf Touren. Ich will das jetzt nicht als Tipp für alle weitergeben, weil ich weiß, dass viele Kolleginnen und Kollegen das Essen und die Pause brauchen.

Energizer: Im Kreis aufgestellt, werfen sich die Teilnehmer Bälle zu

Materialtipps

Das Buch »100 Materialtipps für Training und Seminar« gibt es (noch) nicht. Angesichts der Fülle an Material ergäbe sich für den Autor die Qual der Wahl: Was lasse ich weg, wenn ich mich auf 100 Tipps zum Material beschränken soll?

Selbst wenn man heute Pinnwände, Flipcharts, Beamer und Moderationskoffer in Tagungshäusern voraussetzen kann und nicht mitschleppen muss, braucht der Trainer einen Kombi als Auto, um für alle Fälle im wahrsten Sinn »gerüstet« zu sein. – Ist das wirklich so?

Die Gegenposition: Eine Auftraggeberin in Namibia auf meine Frage, was ich dort für mein Training an Ausstattung zu erwarten habe: »Ein guter Trainer stellt sich unter einen Baum und fesselt die Leute ohne Material!«

Sie hat Recht, aber nicht uneingeschränkt. Natürlich kann ich auch durch Sprache Bilder im Kopf entstehen lassen. Einfacher geht es aber, wenn ich gleichermaßen die Augen nutze und visualisiere. Natürlich können die Leute in der Kleingruppenarbeit mit dem Kugelschreiber auf ihrem mitgebrachten Block schreiben. Einfacher ist das mit großformatigem Papier, besonders wenn das Ergebnis der Kleingruppenarbeit präsentiert wird. Also Material ja, aber in Maßen.

Weg von der Materialschlacht!

Unüblich, aber praktisch!

- *Blu Tack:* Britisch wie die Queen ist Blu Tack, eine Klebemasse, die an Kaugummi oder Kitt erinnert, dauerelastisch und daher wieder verwendbar. Mit kleinen Kügelchen Blu Tack lassen sich Plakate auch im Großformat an die Wand kleben und ganze Kartenabfragen ohne Pinnwand durchführen. Das sieht besser aus als das gewohnte Kreppband und lässt sich rückstandsfrei von Wänden und Papier lösen.
- *Wachsmalkreiden in Blockform* (etwa 2 cm × 1 cm × 4 cm) gibt es inzwischen von verschiedenen Herstellern. Damit lassen sich auf Papier Überschriften unterstreichen, einzelne Begriffe hervorheben oder Zeichnungen ganz einfach kolorieren.
- *Pin-on-Folie:* Das ist eine Folie in Flipchartgröße, die man mit Filzstiften und Wachsmalkreiden wie ein ganz normales Papier beschreiben und bekleben kann. Vorteil: Die Pin-on-Folie haftet allein durch die Adhäsionskraft praktisch auf jeder Fläche, und ich kann sie bequem umhängen.
- *DIN-A3-Karton* verwende ich für vorbereitete Elemente an der Pinnwand. Diese Größe lässt sich ohne Falten, Rollen und Knicken transportieren und archivieren. Ich muss dann nicht jedes Pinnwandplakat jedes Mal ganz neu machen. Aber auch sonst ist das Format praktisch: Zum Markieren von Positionen für Aufstellungen, zum Visualisieren von ganz kurzen Präsentationen, für Überschriften an der Pinnwand, die über den oberen Rand hinausragen und mir so mehr Platz auf den »guten« oberen zwei Dritteln der Pinnwand lassen, zum Zerschneiden für Visualisierungselemente …
  Wie das Bild (S. 233) zeigt, kann ich mit DIN-A3 auch ohne Pinnwand gut visualisieren.

DIN-A5-Format statt kleiner Moderationskarten

- *»Die Senioren-Karte« im DIN-A5-Format:* Den Spitznamen gab ihr ein Teilnehmer nicht zu Unrecht. In DIN-A5-Größe können Teilnehmer auch ohne jugendliche Adleraugen lesen. Sie hat aber auch andere Vorteile: Bei Kartenabfragen muss man nicht alles auf ein oder zwei Wörter reduzieren.

Mit DIN-A3-Karten wird der Seminarablauf visualisiert, diesmal ohne Pinnwand

Man bekommt sie in jedem Copy-Shop: Dort wird einfach DIN-A4-Karton in zwei Hälften geschnitten.

- *Fünf Meter Beamerkabel:* Ich arbeite nie mit Beamer und Leinwand allein. Da gibt es andere Phasen mit Pinnwand und Flipchart. Das normale Beamerkabel ist so kurz, dass dort, wo freie Sicht auf Pinnwände sein sollte, ein Tisch mit dem Laptop steht. Das lange Beamerkabel ermöglicht, dass ich den Laptop irgendwo seitlich aufstellen kann, auf alle Fälle raus aus dem Blickfeld. Ist der Beamer nicht an der Decke montiert, fahre ich ihn bei Bedarf auf einem kleinen Tisch (vergleichbar dem, auf dem früher der Overheadprojektor stand) vor die Leinwand und lasse ihn danach wieder verschwinden.

Die »Für alle Fälle«-Notausrüstung

Wenn ich außerhalb Mitteleuropas arbeite, weiß ich oft nicht, was ich an Material erwarten kann. Dann packe ich auf alle Fälle eine Notausrüstung ein. Ich will nicht in die Situation kommen, ohne irgendeine Visualsierungsmöglichkeit unter einem Baum zu stehen.

An *Papieren* habe ich dabei:

- 5 Bögen Pinnwandpapier (eine Fläche zum Aufkleben habe ich immer noch gefunden, zur Not ein aufgestellter Tisch)
- 10 Bögen Flipchartpapier für Gruppenarbeiten
- 20 Blatt DIN-A3-Karton

Zum Schreiben:

- 6 Filzstifte klein in Schwarz und Blau und 4 dicke Marker in verschiedenen Farben
- Wachsmalkreideblocks (meist eine kleine Schachtel mit 6 Farben)

Zum *Befestigen* (weil diese Dinge nicht schwer oder groß sind, für alle Untergründe geeignet)

- 1 Packung Pinnwandnadeln
- 1 Rolle Kreppband
- 1 Packung Blu Tack

Diese Notausrüstung ist immer im Koffer dabei

Diese wenigen Sachen passen flach in jeden Koffer und geben mir das Gefühl, für alle Fälle gewappnet zu sein. Was ich nicht einpacke, weil ich es noch überall bekommen habe, ist ganz normales DIN-A4-Papier.

Kampf dem »Time-Eating-Tiger«!

Zeitmanagement ist allein Trainersache! Trotzdem geben wir den Zeitdruck gerne und manchmal ganz unbewusst an die Teilnehmer weiter. Das verbirgt sich in Sätzen wie »Aus Zeitgründen gehe ich hier nicht in die Details ...« oder »Wir sind spät dran, deshalb muss ich die interessante Diskussion leider abbrechen.« Mit dem Hinweis auf die Zeit werden Inhalte weggelassen, Gruppenarbeitszeiten auf ein Minimum reduziert, Lerninhalte im Schnelldurchgang durchgehechelt.

Fatale Folgen von Hektik

Das sorgt für Hektik auch bei den Teilnehmern. Der Lernprozess bleibt an der Oberfläche. Gruppenarbeiten werden schnell, schnell erledigt. Es geht um die Einhaltung des Zeitplans, nicht um gründliches Lernen.

Wir haben als Trainer das Zeitproblem, der Teilnehmer kennt ja unsere Planung in der Regel nicht. Wenn wir erkennen, dass wir schlicht nicht fertig werden, müssen wir alleine entscheiden, Teilnehmer sollen das am besten gar nicht mitbekommen.

Woher kommt eigentlich das Zeitproblem, das wir Trainer auch nach vielen Jahren nicht vermeiden können. Für mich ist es klar: Das liegt an einem der Hauptfeinde von allen Trainern und Dozenten: dem Time-Eating-Tiger. Er lauert überall.

Ich will nur einige Beispiele aufzählen: Zehn Minuten später anfangen, weil noch nicht alle da sind, eine Gruppenarbeit, die länger als vorgesehen dauert, eine Präsentation, die man nicht nach den vorgesehenen fünf Minuten abbrechen will. Alles Anzeichen, dass der Time-Eating-Tiger wieder zugeschlagen hat. Er greift oft getarnt an. Das sind die Teilnehmer, die sich nicht kurz fassen können oder die Diskussionen ohne ihren Kommentar nicht enden lassen wollen. Hinterlistig ist die Strategie des Tigers, wenn er Teilnehmer sehr interessante Fragen stellen lässt, die den Referenten in Spezialaspekte des Themas führen, ohne die die Teilnehmer auch glücklich wären. Dafür ist plötzlich keine Zeit mehr für einige Kernpunkte oder die Zusammenfassung und einen runden Schluss.

Vorbeugung: Wie lässt sich der Time-Eating-Tiger im Käfig halten?

- Das Wichtigste ist eine klare Zeitplanung. Nur so lässt sich frühzeitig erkennen, dass er zugeschlagen hat und die Zeit für das geplante Vorgehen nicht reichen wird. Wenn ich bei einer eintägigen Veranstaltung mittags merke, dass ich eine Stunde verloren habe, kann ich in der Mittagspause den Nachmittag umplanen.
- Wir füttern ihn so, dass er Ruhe gibt. Am Anfang, bei den Pausen, beim Wechsel in Gruppenräume wird es immer »Verkehrszeiten« geben, Diskussionen und Fragen sind nicht genau kalkulierbar. Wer 80 Prozent der zur Verfügung stehenden Zeit tatsächlich nutzen kann (die Pausenzeiten schon abgezogen), hat den Zeitfresser in vernünftige Schranken gewiesen. Wir verplanen also nur 80 Prozent der Zeit.
- Tiger sind listig. Deshalb ist Vorsicht geboten! Gerade bei Diskussionen, Gruppenarbeiten und Präsentationen von Teilnehmern ist er besonders gefräßig. Trainer, die nicht pünktlich beginnen, die nicht pingelig auf die Einhaltung der Pausenzeiten achten, locken ihn unausweichlich an. Da gehen bei der ersten Pause fünf Minuten verloren, bei der zweiten sind es dann schon zehn.

Zeitpuffer gegen Zeitstress

- Gegen Ende baue ich einen »Pufferinhalt« ein. Der steht nicht auf der Agenda, und es ist kein Problem, den auch zu »opfern«, wenn die Zeit nicht reicht. Noch lieber sind mir Inhalte, deren Behandlung flexibel ist. So kann ich Mind-Mapping in einem Zeitrahmen von 20 Minuten bis zwei Stunden vermitteln.

Was tun, wenn es doch passiert?

Trotz bester Vorbeugung, trotz klarer Planung, trotz Einbeziehung der Verkehrszeiten und trotz größter Wachsamkeit passiert es manchmal doch: Der Tiger hat zugeschlagen. Um vernünftig fertig zu werden, fehlt einfach eine Stunde. Wenn ich schneller spreche oder alles nur sehr verkürzt behandle, bleibt nichts hängen. Wenn ich überziehe, wird der Lerninhalt von der Frage »Wann wird er endlich fertig?« überdeckt.

- *Einfach weglassen:* Wir tun uns da leicht. Bei unseren Inhalten (Train-the-Trainer oder Präsentation zum Beispiel) können wir ohnehin nur einen Ausschnitt vermitteln, und wenn die Zeit nicht reicht, lassen wir einfach ohne großes Lamento noch etwas mehr weg. Die Kollegen, bei denen das nicht so leicht geht, werden nicht umhinkommen, das ebenso zu machen. Ungeschickt ist es, einfach das Letzte wegzulassen. Auch wenn es schwer ist, weil einem die Zeit zwischen den Fingern zerrinnt: Ich muss mir die Zeit nehmen und die zu wenige Zeit planen. Welchen Inhalt muss ich auf alle Fälle behandeln? Wie kurz kann ich das machen? Welcher Inhalt wird den Teilnehmern am wenigsten fehlen?
- Ich lasse mir meine Gewissensnöte beim Weglassen nicht anmerken und vermeide, viel darüber zu reden.
- Der »ganz heiße« Tipp: Ein richtiger Schluss muss sein, auch wenn er kurz ausfällt. Ohne Zusammenfassung, Verankerung und zumindest einem Hauch von Abschlussritual wird die Veranstaltung nicht rund. Also lieber am Inhalt als am Schluss kürzen.

Ohne Schluss kein Ende!

- Eine Erfahrung: Meistens ist das Unbehagen des Trainers, nicht alles geschafft zu haben, schlimmer als das Gefühl der Teilnehmer, etwas zu vermissen.
- »Nachsitzen« statt Überziehen: Hören Sie immer pünktlich auf! Freiwilliges Nachsitzen ist dagegen kein Problem: »Das Thema xy schaffen wir in der vorgegebenen Zeit nicht mehr. Wen es brennend interessiert, für den nehme ich mir Zeit nach dem offiziellen Seminarende.« Oft gehen alle beim Seminarschluss. Manchmal bleiben tatsächlich noch ein paar wirklich interessierte Teilnehmer. In ganz kleinen Gruppen waren das immer ganz ergiebige Lerneinheiten ohne Zeitstress.

Alle Zeit der Welt!

Ganz gleich, ob der Trainer gut in der Zeit ist oder ob er sich wieder einmal zu viel vorgenommen hat. Der Teilnehmer sollte immer und bis zum Ende das Gefühl haben: Wir haben alle Zeit der Welt.

Literaturverzeichnis

Anderson, L.W./Krathwohl, D.R. (Eds.) (2001): A Taxonomy for Learning, Teaching and Assessing. A Revision of Bloom's Taxonomy of Educational Objectives. Addison Wesley Longman.

Baer, U. ([14]2003): 666 Spiele – für jede Gruppe, für alle Situationen. Kallmeyersche Verlagsbuchhandlung, Seelze-Velber.

Besser, R. ([3]2004): Transfer: Damit Seminare Früchte tragen. Strategien, Übungen und Methoden, die den Lernerfolg sichern. Beltz, Weinheim und Basel.

Birkenbihl, V. ([2]2001): StoryPower. Verlag moderne Industrie, Landsberg am Lech.

Blenk, D. ([2]2006): Inhalte auf den Punkt gebracht. 125 Kurzgeschichten für Seminare und Trainings. Beltz, Weinheim und Basel.

Bloom, S.B. ([5]1976): Taxonomie von Lernzielen im kognitiven Bereich. Beltz, Weinheim und Basel.

Brown, J./Isaacs, D. (2007): Das World Café. Kreative Zukunftsgestaltung in Organisationen und Gesellschaft. Carl Auer, Heidelberg.

Buzan, T./Buzan, B. ([5]2005): Das Mind-Map-Buch. Die beste Methode zur Steigerung Ihres geistigen Potenzials. mvg, Heidelberg.

Czichos, R. ([2]2004): Entertrainment für Knowbodies. Train-the-Trainer einmal anders. Klett-Cotta, Stuttgart.

de Bono, E. (1982): Edward de Bono's Thinking Course Powerful Tools to Transform Your Thinking. BBC Worldwide.

Donnenberg, O. (Hrsg) (1999): Action Learning. Klett-Cotta, Stuttgart.

Döring, K.W. (2008): Handbuch Lehren und Trainieren in der Weiterbildung. Beltz, Weinheim und Basel.

Draf, D./Höfer, F./Schubert, K. ([3]2004): Pädagogischer Wegweiser. Pädagogische Schriften Heft 6. Herausgegeben von der Bayerischen Verwaltungsschule, München.

Dürrschmidt, P./Koblitz, I./Mencke, M./Rolofs, M./Rump, K./Schramm, S./Strasmann, I. ([3]2007): Methodensammlung für Trainerinnen und Trainer. managerSeminare, Bonn.

Frank H.-J. (2004): Ideen zeichnen. Ein Schnellkurs für Trainer, Moderatoren und Führungskräfte. Beltz, Weinheim und Basel.

Funcke, A./Havermann-Feye, M. (2004): Training mit Theater. managerSeminare, Bonn.

Geißler, K.A. ([10]2005): Anfangssituationen. Was man tun und besser lassen sollte. Beltz, Weinheim und Basel.

Geißler, K.A. ([4]2005): Schlusssituationen. Die Suche nach dem guten Ende. Beltz, Weinheim und Basel.

Gronlund, N.E. (1998): Assessment of Students Achievement. 6th. edition: Allyn & Bacon. Boston.

Große Boes, S./Kaseric, T. (²2008): Trainer-Kit. Die wichtigsten Trainingstheorien, ihre Anwendung im Seminar und Übungen für den Praxistransfer. managerSeminare, Bonn.
Hartmann, M./Funk, R./Nietmann H. (⁸2008): Präsentieren. Präsentationen: zielgerichtet und adressatenorientiert. Beltz, Weinheim und Basel.
Heckmair, B. (³2008): 20 erlebnisorientierte Lernprojekte. Szenarien für Trainings, Seminare und Workshops. Projekte und Szenarien für erlebnisintensive Seminare und Workshops. Beltz, Weinheim und Basel.
Hentig, H. von (1984): Das allmähliche Verschwinden der Wirklichkeit. Hanser, München.
Hentig, H. von (2002): Der technischen Zivilisation gewachsen bleiben. Beltz, Weinheim und Basel.
Hierhold, E. (⁷2005): Sicher präsentieren – wirksamer vortragen. Ueberreuter, Wien.
Hofmann, L.M./Regnet, E. (Hrsg.) (2003): Innovative Weiterbildungskonzepte. Hogrefe, Göttingen.
Kalmbach, G. (2008): Jour fix um 11. Aktivierendes Lehren im Unternehmen. Ein Fachroman. Rosenberger, Leonberger.
Kalnins, M./Röschmann, D. (2000): Icebreaker. Wege bahnen für Lernprozesse. Ein Logbuch für Trainer. Windmühle, Hamburg.
Kießling-Sonntag, J. (2003): Handbuch Trainings- und Seminarpraxis. Konzepte des Trainingshandelns – Trainingszyklus von der Auftragsklärung bis zur Transfersicherung – Werkzeuge erfolgreicher Seminargestaltung. Cornelsen, Berlin.
Kirckhoff, M. (1992): Mind Mapping. Die Synthese von sprachlichem und bildhaften Denken. Synchron, Krottenmühl.
Klein, S. (2001): Trainingstools. Gabal, Darmstadt.
Klein, Z./Klein, M. (²2007): Kreative Geister wecken. Kreative Ideenfindung und Problemlösungstechniken – Ein Seminarkonzept für Trainer. managerSeminare, Bonn.
Knigge, Adolf Freiherr von (1788): Über den Umgang mit Menschen. Nikol, Hannover.
Knoll, J. (1997): Kleingruppenmethoden. Effektive Gruppenarbeit in Kursen, Seminaren, Trainings und Tagungen. Beltz, Weinheim und Basel.
König, S. (³2007): Warming-up in Seminar und Training. Beltz, Weinheim und Basel.
Königswieser, R./Keil, M. (Hrsg.) (2000): Das Feuer großer Gruppen. Klett-Cotta, Stuttgart.
Krapp, A./Weidenmann, B. (Hrsg.) (⁵2006): Pädagogische Psychologie. Ein Lehrbuch. Beltz PVU Weinheim.
Kuhnt, B./Müllert, N.R. (1997): Moderationsfibel Zukunftswerkstätten. Ökotopia Verlag.
Kushner, M. (2000): Erfolgreich präsentieren für Dummies. Verlag moderne Industrie, Landsberg.
Langner-Geißler, T./Lipp, U. (²1994): Pinnwand, Flipchart und Tafel. Beltz, Weinheim und Basel.
Lipp, U./Schlüter, P. (2004): Erneuerung der Lehrmethoden. InWEnt, Bonn.
Lipp, U./Will, H. (⁸2008): Das große Workshop-Buch. Beltz, Weinheim und Basel.
Lipp, U.: Mindmapping im Unterricht. In Praxis Schule 5–10, 10/2007.
Lipp, U.: Moderationstechniken in der Schule. In Praxis Schule 5–10, 10/2007.
Maleh, C. (2000): Open Space: Effektiv arbeiten mit großen Gruppen. Beltz, Weinheim und Basel.

Mednick, S. u.a. (2002): The restorative effect of naps on perceptual deterioration, Nature Neuroscience 5, 677–681.

Meyer, E./Widmann S. (2006): Flichart Art. Publicis, Frankfurt am Main.

Meyerhoff, J./Brühl C. (2004): Fachwissen lebendig vermitteln. Rosenberger Fachverlag, Leonberg

Müller, R. (2003): Mehr Bewegung ins Lernen bringen. Energie aufbauen, Leistungsfähigkeit und Lernmotivation erhöhen, Lernstoff verankern. Beltz, Weinheim und Basel.

Nückles, M./Gurlitt, J./Pabst, T./Renkl, A. (2004): Mind maps & Concept Maps. dtv, München.

Obermann, C./Schiel, F. (Hrsg.) (2001): Trainingspraxis. Schäfer-Poeschrel, Stuttgart.

Quilling, H./Nicolini, J. (2007): Erfolgreiche Seminargestaltung. Strategien und Methoden in der Erwachsenenbildung. VS Verlag für Sozialwissenschaften, Wiesbaden.

Rost, D. (Hrsg.) (^{3}2006): Handwörterbuch Pädagogische Psychologie. München: Beltz PVU, Weinheim.

Schiefele, U./Wild, K.-P. (Hrsg) (2000): Interesse und Lernmotivation. Waxmann, Münster.

Schildt, T./Kürsteiner, P. (^{2}2006): 100 Tipps & Tricks für Overhead- und Beamerpräsentationen. Beltz, Weinheim und Basel.

Schildt, T./Zeller, G. (2005): 100 Tipps & Tricks für professionelle PowerPoint-Präsentationen. Beltz, Weinheim und Basel.

Schmidt, T. (^{3}2007): Kommunikationstrainings erfolgreich leiten. Der Seminarfahrplan. managerSeminare, Bonn.

Seifert, J.W./Göbel H.-P. (1998): Games: Spiele für Moderatoren und Gruppenleiter: kurz, knackig, frech. Gabal, Darmstadt.

Siebert, Horst (2003): Vernetztes Lernen. Systemisch-konstruktivistische Methoden der Bildungsarbeit. Luchterhand, Neuwied.

Steiner, G. (1996): Lernen. 20 Szenarien aus dem Alltag. Hans Huber, Bern.

Thoma, L. (1993): Ein Münchner im Himmel. Ludwig, München.

Wallenwein, G.F. (^{5}2003): Spiele: Der Punkt auf dem i. Kreative Übungen zum Lernen mit Spaß. Beltz, Weinheim und Basel.

Watzlawick, P. (1983): Anleitung zum Unglücklichsein. Piper, München.

Weidenmann, B. (^{4}2008): 100 Tipps & Tricks für Pinnwand und Flipchart. Beltz, Weinheim und Basel.

Weidenmann,B. (^{2}2008): Handbuch Active Training. Die besten Methoden für lebendige Seminare. Beltz, Weinheim und Basel.

Will, H. (^{6}2006): Mini-Handbuch Vortrag und Präsentation. Beltz, Weinheim und Basel.

Zelazny, G. (^{6}2005): Wie aus Zahlen Bilder werden. Wirtschaftsdaten überzeugend präsentiert. Gabler, Wiesbaden.